DOLORÈS

OUVRAGES DU MÊME AUTEUR.

LE CAPITAINE SABRE DE BOIS.

LA VIVANDIÈRE DE LA DIX-SEPTIÈME LÉGÈRE.

LE JOUG DE L'AIGLE.

LES ENFANTS DE LA BAZOCHE.

CROCHETOUT LE CORSAIRE.

LA CORVETTE LA BRULE-GUEULE.

ETC., ETC., ETC.

DOLORÈS

PAR

ERNEST CAPENDU

PARIS

E. DENTU, LIBRAIRE-EDITEUR

PALAIS-ROYAL, 17 ET 19, GALERIE D'ORLÉANS.

1865

LES CHEVALIERS D'AVENTURES

PAR

OCTAVE FÉRÉ ET D.A.D. SAINT-YVES

Ce livre, dès l'apparition de ses premiers chapitres dans la presse parisienne, a conquis l'attention et l'importance qui ne s'attachent jamais qu'à des œuvres hors ligne. Cet intérêt ne s'est bientôt plus concentré dans le monde littéraire français. L'ouvrage n'était pas paru que les journaux les plus importants de l'étranger s'en emparaient pour le reproduire. Il ne s'agit pas, en effet, d'un roman vulgaire ; les auteurs, depuis longtemps connus et aimés du public, ont réussi tout en restant fidèles à l'histoire, dans une de ses périodes d'ailleurs les plus attrayantes, à donner carrière à leur imagination à leurs inspirations, par la peinture de scènes toujours variées. En même temps qu'ils répandaient sur leurs principaux personnages, un intérêt plein de cœur et de sensibilité vraie, ils semaient à profusion les scènes de la plus franche gaieté. On trouve dans ce livre tout à la fois, des épisodes qui donnent le frisson, qui amènent des larmes et des péripéties divertissantes. Tout cela exprimé dans un style facile et attachant, d'un goût irréprochable.

JEAN LE MATELOT

PAR

H. DE SAINT-GEORGES

Jean le Matelot a produit une grande impression à son apparition.
Cette impression est due non-seulement au mérite de ce livre et au nom de l'auteur, mais à ce qu'on y retrouve les brillantes qualités des meilleures productions de M. de Balzac.

Originalité puissante du sujet, observation merveilleuse du cœur humain et de la vie sociale, de la vie de Paris, surtout ; cette tendre et religieuse philosophie de l'âme qui touche parfois aux idées les plus élevées, et explique la popularité si générale, si européenne des romans de Balzac, voilà ce qui existe à un degré très-éminent dans *Jean le Matelot*.

Quant à la partie théâtrale et saisissante du drame, on peut s'en rapporter à M. de Saint-Georges, l'auteur de tant d'ouvrages dramatiques qui depuis quinze années font la fortune de tous les théâtres de notre capitale et des pays étrangers.

Wassy. — Imp. Mougin-Dallemagne

DOLORÈS

I

LA VILLE ANDALOUSE.

Quand même Grenade, la reine andalouse, n'aurait pour captiver l'attentive curiosité du voyageur ni son Alhambra, ni son Génératif, ni ses Tours Vermeilles (*Torres Bermejas*), ni ses églises, ni ses innombrables richesses artistiques, ce serait encore une ville exceptionnelle par excellence et l'un des plus beaux joyaux du riche trésor des Espagnes.

Que ceux de nos lecteurs auxquels il n'a pas été permis de contempler de leurs yeux l'éclat fascinateur de cette perle étincelante arrachée à la main expirante du Maure, se figurent une ville de moyenne étendue, plutôt petite que grande, mais gaie, riante, animée, occupée exclusivement de fêtes, de plaisirs, de danses et d'amour, avec ses constructions orientales, ses clochers à jours, ses pignons gothiques, ses toits en terrasse, ses maisons espagnoles historiées de la façon la plus bizarre, aux ornements en grisaille, aux architectures simulées, aux faux bas-reliefs peints sur des fonds roses, bleus, vert pomme, jaunâtre, et qui ont fait dire à Victor Hugo en parlant de Grenade dans sa plus charmante orientale : « Elle peint ses maisons des plus riantes couleurs. »

Dans ces rues étroites, inextricables, s'enchevêtrant les unes dans les autres comme les lignes capricieuses d'une arabesque compliquée, ce ne sont que balcons ornés de stores, de pots de fleurs et d'arbustes, que brindilles de vigne qui se hasardent d'une fenêtre à l'autre, que lauriers et rosiers qui lancent leurs bouquets étincelants par-dessus les murs des jardins sur lesquels viennent s'épanouir les jeux puissants du soleil et de l'ombre.

Puis, animant ces ruelles, se croisant sur les places, se répandant sur les promenades, une population vive, alerte, coquette, pétulante. Des hommes coiffés du chapeau pointu à rebords de velours, aux touffes de soie, portant fièrement la veste enjolivée de broderies aux tons heurtés et cependant harmonieux, la ceinture rouge ou jaune, le pantalon à revers, les guêtres de cuir de Cordoue, tout cela éclatant, fleuri, épanoui, ramagé : des femmes encadrant leur tête ravissante sous la dentelle noire de leur mantille, chaussant leurs petits pieds, dont elles se montrent si orgueilleuses, de l'étroit soulier de satin, et manœuvrant avec une grâce, une prestesse incomparables l'éventail chargé de paillettes scintillantes.

Pour fond à ce magique tableau, la Sierra-Nevada et la Sierra-Elvira, découpant sur l'azur foncé du ciel le diadème de neige qui ceint leurs crêtes arides dominées par le pic sauvage du Mulahacen.

Pour premier plan, un torrent, le Darro, roulant au centre de la ville ses eaux si pures que le verre et le cristal sont des comparaisons trop épaisses, trop opaques, pour donner une idée de leur limpidité, et qui, tantôt à ciel découvert, tantôt sous des ponts si prolongés, qu'ils méritent plutôt le nom de voûtes, charriant de l'or comme le Tage, va au-dessus de l'*Alameda* (la promenade) marier ses ondes à celles du Jenil qui baigne dans son lit des paillettes argentines.

Pour paysage, la *Vèga* (la plaine), avec son étonnante fertilité résolvant le problème de la végétation puissante de l'Afrique, unie à celle plus luxuriante de l'Europe. Ici, des pampres gigantesques, tordant leurs gracieuses spirales; là, l'aloès ouvrant l'éventail de ses feuilles charnues, droites, épaisses, d'un gris azuré.

Plus loin, le cactus avec ses raquettes épineuses superposées sur un tronc monstrueux, se tordant comme le corps d'un boa agonisant.

Plus loin encore, les lauriers, les chênes verts, les liéges, les figuiers au feuillage verni et métallique, l'oranger contournant capricieusement son bois noueux et se mêlant aux myrtes, aux jasmins, aux rosiers, aux grenadiers et aux pistachiers.

Puis, de distance en distance se dresse, majestueux, le palmier africain, couronné de son splendide parasol.

Tout cela s'élance du sein de cette terre merveilleuse incessamment fécondée par des cours d'eau multiples, roulant avec rapidité dans des rigoles de cailloutis.

Car, à Grenade, plus il fait chaud, plus les sources sont abondantes, puisque c'est la neige qui les alimente.

Aussi voit-on, sous les ardents rayons du soleil, l'eau jaillir de toutes parts : sous le tronc des arbres, à travers les fentes des vieux murs, sur les rochers brûlants, partout et de tout.

Et maintenant, inondez ce prestigieux pays d'un jour étincelant, splendide ; figurez-vous la lumière ruisselant comme de l'or en fusion, comme du diamant liquide, jetant à chaque obstacle, sur lequel elle se brise, une écume phosphorescente de paillettes : sur la tête une vaste coupole d'un bleu impitoyable sans un flocon nuageux, et vous aurez à peine une idée de cette partie de l'Andalousie où l'eau, la neige et le feu, se livrant d'incessants combats au profit de la terre, font du climat de Grenade un climat sans pareil au monde, un véritable paradis terrestre.

Si vous allez jamais à Grenade, lecteur, prenez, pour quitter la ville, le chemin de Padul, traversez les sablières arides et désertes, arrêtez-vous près de cette roche dénudée que les Espagnols appellent *el Ultimo suspiro del Moro* (le dernier soupir du Maure), retournez-vous lentement, vous verrez l'*Alhambra* et les *Tours Vermeilles* disparaître à l'horizon, et vous comprendrez la douleur de Boabdil-el-Chiquito jetant en pleurant un dernier adieu à sa ville perdue, sur laquelle flottait l'étendard de Santiago, et vous comprendrez aussi les amères paroles de la femme s'adressant à l'Arabe dépossédé.

« Tu fais bien, ô mon fils, de pleurer comme une femme ce que tu n'as pas su défendre comme un homme ! »

L'*Alameda* de Grenade (la promenade) se nomme le *Salon*.

Ce lieu charmant est digne en tous points de la ravissante cité qu'il contribue à embellir.

Une allée de plusieurs rangs d'arbres d'une verdure inaltérable, terminée à ses deux extrémités par une fontaine énorme dont les vasques soutenues par des statues de la plus étrange fantaisie versent en nappes l'eau qui s'évapore en pluie fine et en brouillard humide répandant tout autour une fraîcheur délicieuse ; des ruisseaux courant dans les allées latérales sur des lits de cailloux de couleur ; une vaste corbeille ornée de jets d'eau et plantée d'arbustes et de fleurs, myrtes, rosiers, jasmins, tous les échantillons de la flore grenadine, au fond les dentelures capricieuses de la Sierra-Nevada, sous les pieds le Jenil roulant entre ses rives de marbre à travers des bois de lauriers d'une beauté incomparable : sur la tête, un océan d'azur d'où s'échappe une lave d'or fondu d'un éclat fabuleux, tel est l'aspect du *Salon* pendant les heures brûlantes du jour.

Alors l'Alameda est déserte.

Le soir, au coucher du soleil, le coup-d'œil change sans rien perdre de son inaltérable beauté.

Tandis que des bandes de vapeur diaphane descendent lentement et enveloppent les cimes des grands arbres ; tandis que les vallons, les crevasses, les anfractuosités, tous les endroits enfin qui n'atteignent plus les derniers rayons qui s'enfuient, se baignent dans des teintes de saphir et de lapis-lazuli, la Sierra, elle, semble se draper du sommet à la base dans les plis micacés d'une robe de soie changeante pailletée et cotelée d'argent, de rubis, d'émeraude et de topaze.

Puis la brise de nuit descend de la montagne et passe tiède et parfumée sur les fleurs qui entr'ouvrent avidement leurs calices.

L'eau des fontaines devient plus fraîche, le sable des allées perd son ardente chaleur et s'offrent doux et luisant aux petits pieds des senoras.

Les promeneurs affluent dans l'Alameda et l'animent de leurs costumes élégants.

Les voitures suivent la chaussée emportant les élégantes Grenadines couchées sur les coussins et respirant avec ivresse l'air bienfaisant qui se joue dans leur chevelure.

Les cavaliers passent rapides montés sur ces magnifiques andalous à la crinière ruisselante, à la tête busquée, au poitrail formidable, à la queue ondoyante.

Dans les contre-allées se promènent par petits groupes de belles jeunes filles aux bras nus, la mantille posée sur l'extrémité de la tête et bouffant sur la rose ou la fleur du grenadier plantée gracieusement dans la chevelure, des souliers de satin au pied, l'éventail à la main et suivies à quelque distance par les maris, les amis ou les *attentifs*, car en Espagne l'on n'est pas dans l'usage de donner le bras au femmes, et cette habitude de marcher seules leur prête une franchise, une élégance et une liberté d'allures que l'on ne trouve pas dans les autres pays.

Femmes du monde et femmes du peuple, grands seigneurs et majos, *senoras* et *mozas* vont, viennent, marchent, s'arrêtent, se pressent, se coudoient, babillent, rient, plaisantent avec cette vivacité andalouse, cousine germaine de la verve gasconne.

C'est un bourdonnement de voix perpétuelle, un piétinement incessant, auxquels se mêlent le frou-frou des jupes courtes et soyeuses et ce bruit sans nom que causent des centaines d'éventails s'ouvrant, se fermant, s'agitant, durant l'espace de la même seconde.

A l'heure où s'ouvrent les premières pages de la troisième partie du récit que nous avons commencé, les couleurs splendides du ciel s'effaçaient et se fondaient en demi-teintes violettes, l'ombre envahissait les croupes inférieures de la Sierra et la lumière se retirant vers les hautes cimes et laissant la ville et la plaine dans l'obscurité de la nuit, n'étincelait plus encore que sur le pic du Mulahacen.

Cette obscurité cependant n'était pas bien profonde ; il faisait clair de lune, les étoiles rayonnaient sur la voûte céleste, le jour n'avait pas fui, il était devenu bleu au lieu de rester jaune, voilà tout.

A l'extrémité de la promenade, en face de ce parterre odoriférant dont nous avons parlé et qui, situé entre le *Salon* proprement dit et le Jenil, s'étend jusqu'au pont élevé par le général Sébastiani lors de l'invasion française, une société composée de senoras jeunes et jolies, de cavaliers élégants, était venue, s'isolant de la foule, s'abattre sur un vaste banc de verdure établi en demi-lune en face de la Sierra-Nevada.

Trois femmes de dix-huit à vingt-cinq ans, vives, coquettes, pétulantes, appartenant évidemment à l'aristocratie de la ville, jouaient à qui mieux mieux de la prunelle et de l'éventail sous les yeux attentifs de quatre hommes dans toute la force de l'âge qui, maris, parents, frères ou *novios* (fiancés) maintenaient entre elles et eux une distance respectueuse n'excluant pas cependant une familière intimité.

Les hommes, sacrifiant à la mode, étaient vêtus à la française et leur costume n'eût certes pas été renié par un lion parisien.

Les femmes, heureusement pour elles, avaient le bon goût de conserver leur toilette nationale, qui rehaussait encore la grâce de leur personne et la beauté de leur tête à l'expression fière et hardie.

Une d'elles surtout offrait dans toute sa pureté ce type de l'Andalouse si cher à tous les poëtes.

Plutôt petite que grande, mignonne, fine, délicate, admirablement prise dans sa taille ronde et flexible, les hanches saillantes, le pied étroit et cambré, la jambe nerveuse et déliée, le bras irréprochable, la bouche épanouie et carminée, l'œil noir fendu jusqu'aux tempes, le nez mince et correctement dessiné, le front pur, le teint mat, les cheveux noirs à faire paraître grise l'aile du corbeau, le geste net et assuré.

Cette ravissante personne portait en elle un charme inexprimable et aurait fait rêver d'amour le plus froid et le plus *spleenique* des enfants de la Grande-Bretagne.

Ayant sans doute conscience de sa supériorité, la

jolie Grenadine jetait sur ses compagnes un regard de reine dédaigneuse et n'avait jusqu'alors répondu que par monosyllabes aux paroles qui lui étaient adressées.

Placé en face d'elle, s'appuyant gracieusement contre le tronc d'un arbre voisin de façon à laisser développer sa haute taille, un homme contemplait la belle promeneuse d'un regard dans lequel se reflétaient, concentrées, toutes les passions de son âme.

Cet homme pouvait avoir trente ans et était doué d'une physionomie énergique.

Son front était élevé et se détachait sombre et rêveur sous les boucles de sa chevelure ; ses yeux bruns aux reflets ardents s'enfonçaient sous des sourcils sévèrement accusés qui donnaient à sa figure une expression dure et sauvage, corrigée seulement par ses lèvres épaisses et chaudement colorées.

L'ensemble de ce personnage, aux manières de grand seigneur, présentait l'apparence de cette constitution nerveuse et pour ainsi dire métallique, particulière aux montagnards.

Lui aussi ne prenait aucune part au babillage de ses compagnons, et si de temps à autre son regard quittait le gracieux objet de sa contemplation, c'était pour se lever furtivement vers la montagne dont il interrogeait la masse sombre avec une sorte d'anxiété fiévreuse.

On eût dit qu'il attendait quelque signal, quelque événement qui tardait à se manifester, car chaque fois qu'il ramenait ses yeux vers la jeune femme sans avoir rien remarqué d'extraordinaire sur la Sierra, ses sourcils se contractaient et sa main droite se crispait avec une impatience manifeste.

L'événement du jour, la nouvelle de l'approche des bandes carlistes faisait le fond de la conversation générale, et le nom de don Ignacio volait de bouche en bouche d'un bout à l'autre de l'Alameda.

« Pensez-vous qu'il y ait des troubles à Grenade, senor don José ? demanda l'une des compagnes de la belle Andalouse en baissant prudemment la voix et en s'adressant à un jeune cavalier de bonne mine assis à ses côtés.

— Je l'ignore, senora, répondit don José.

— Et moi j'ai grand'peur, dit l'autre jeune femme. Ce don Ignacio a une réputation épouvantable, et on raconte de lui des choses horribles.

— Et vous, Dolorès, avez-vous peur ? reprit la première interlocutrice en se tournant vers la jolie silencieuse.

— Oui, Lola, j'ai peur, répondit Dolorès, mais ce n'est ni des bandes de don Ignacio, ni de celles de Gomez. Christinos ou carlistes ne m'effraient pas, car ce sont des soldats, et je ne crains que les bandits.

— Des bandits ! s'écria en souriant le jeune cavalier auquel Lola avait précédemment adressé la parole. Alors, senorita, vous pouvez dormir sans crainte, car ils ne se risquent pas jusque dans les rues de Grenade.

— Vous oubliez les derniers exploits de la *Compagnie rouge*, senor José !

— La *Compagnie rouge !* dit Lola. Sainte Vierge ! que dites-vous là, Dolorès. Mais elle n'existe plus, et nous en sommes délivrés pour toujours, grâce au ciel !

— La *Compagnie rouge* existe si bien qu'elle occupe à cette heure les défilés de la Sierra-Nevada, n'est-ce pas, don Juan Ramero ? » fit Dolorès en levant ses grands yeux vers le cavalier qui se tenait en face d'elle.

Mais celui-ci ne l'entendit pas. Depuis quelques instants ses regards s'étaient reportés vers la montagne, et il paraissait absorbé dans sa contemplation.

Tout à coup il laissa échapper une sourde exclamation et fit un mouvement brusque.

Dolorès se retourna vivement, cherchant la cause de ce tressailllement et de cette exclamation.

Une langue de feu se détachait brillante sur les flancs noirs du Mulhacen, mais, en vertu probablement de quelque composition chimique mélangée au foyer, cette flamme était d'un rouge éclatant, de ce rouge du sang fraichement répandu.

Ce singulier phénomène dura à peine quelques secondes, car la flamme s'éteignit aussi rapidement qu'elle s'était allumée, et la montagne rentra dans l'ombre.

Dolorès et don Juan n'avaient pas été les seuls frappés par ce spectacle inattendu : la foule entière qui encombrait la promenade s'était subitement arrêtée, et tous les regards étaient fixés sur la Sierra-Nevada.

Dolorès se leva et fit un pas vers Ramero comme obéissant à un mouvement involontaire.

Le jeune homme, l'œil fixe et la bouche légèrement contractée, était devenu très-pâle et ne paraissait pas avoir conscience de ce qui se passait autour de lui.

II

CASILDA.

Quelques instants avant que la flamme étrange dont nous avons parlé à la fin du précédent chapitre, n'apparût sur le Mulhacen aux regards étonnés des promeneurs, deux jeunes gens, un *majo* et une *maja*, pour nous servir d'un terme local, suivaient lentement les rives du Jénil, se dirigeant vers l'extrémité de l'Alameda.

A les voir marchant tous deux côte à côte, l'une encadrée dans sa mantille, l'autre roulant dans ses doigts jaunis le papelito, on eût dit de l'un de ces couples charmants peints par Francisco Goya, le vieux dessinateur national, et qui, en vertu d'un prodige avait quitté la toile pour venir respirer la brise du soir.

L'homme jeune, beau, élégant, bien découplé, la figure ornée d'épais favoris se dessinant nettement sur la peau bistrée des joues, l'œil expressif, la chevelure abondante, portait dans toute sa pureté primitive le gracieux costume andalous.

Un chapeau à la forme tronquée, aux houppes de soie dont le large retroussis portait son ombre sur le haut du visage, était placé de côté, sur l'oreille droite.

Une veste en drap brun enjolivée aux coudes, aux parements, au collet et jusque dans le milieu du dos d'applications de toutes sortes de couleurs taillées en losanges et formant de capricieux dessins, s'arrêtait un peu au-dessus d'une ceinture qui serrait la taille.

Cette ceinture en soie rouge tranchait sur l'éclatante blancheur de la chemise et sur le noir brillant du pantalon de velours dont les revers étaient retenus par des boutons de filigrane.

Des guêtres en cuir jaune, boutonnées seulement du haut et du bas, laissaient, sur le côté, voir le mollet et le bas de la jambe, suivant la mode andalouse.

Puis, pour suprême élégance, deux foulards dont les bouts pendaient hors des poches de la veste, et passée dans la ceinture, non par devant, mais au milieu des reins, la longue *navaja* traditionnelle (le couteau).

De la main droite le jeune homme tenait un bâton blanc (*vara*) bifurqué à l'extrémité, haut de quatre pieds au moins, et sans lequel tout *majo* qui se respecte n'oserait se montrer en public.

La compagne de cet éclatant personnage paraissait être âgée de dix-huit ans au plus, et au milieu même des belles filles de Grenade, elle pouvait passer pour un miracle de beauté.

A son front haut, bombé et poli, à son nez mince, à ses lèvres extrêmement colorées, à ses dents étincelantes, à ses yeux énormes frangés de longs cils bruns, à son costume, à sa chaussure, à sa manière de marcher et surtout à ses regards, on reconnaissait aisément la Sévillane.

Nous disons : à *ses regards surtout*, car les femmes de Séville ont une façon particulière de jouer de la prunelle qui n'appartient qu'à elles seules.

Lorsqu'une Sévillane passe près de vous, elle abaisse lentement ses paupières, puis elle les relève subitement, vous décoche en face un regard d'un éclat insoutenable, fait un tour de prunelle et baisse de nouveau les cils.

Rien ne saurait donner une idée de ces œillades incendiaires : le terme nous manque pour exprimer ce jeu hardi et provoquant, car le mot espagnol *ojear* (qui signifie textuellement *jeter l'œil*) n'a pas d'équivalent dans notre langue.

La séduisante créature qui suivait en ce moment les rives du Jénil en compagnie du brillant *majo*, portait une basquine de satin couleur jonquille, aux longues franges soyeuses, dessinant une taille svelte et une riche poitrine aux contours harmonieux.

Cette basquine tombait sur les plis serrés d'une jupe de drap noir, surchargée au bas de broderies éclatantes.

Une énorme natte de cheveux tressée comme le jonc d'une corbeille, lui faisait le tour de la tête et venait se rattacher à un grand peigne à haute galerie, et, passant au-dessus de l'oreille fine, rosée et coquettement roulée, la tige d'une grenade épanouie.

De la galerie du peigne partaient les plis onduleux de la mantille dont l'extrémité, pour permettre plus de liberté aux mouvements, était rejetée sur l'épaule gauche comme le pan d'un burnous.

Des paquets de grains de corail pendaient à ses oreilles et un collier de même matière entourait son cou aux attaches délicates de ses rangs largement espacés.

Sa robe était courte.

Des bas de soie blancs à broderies cerise moulaient une jambe adorable et un pied d'une petitesse et d'une mignonnerie remarquable, un pied de Sévillane, enfin, se jouait dans un soulier de satin noir, dont le quartier était garni au talon, suivant la mode andalouse, d'un petit morceau de ruban de la couleur du bas.

> Avec grâce se chausse
> Un pied digne d'un royal tapis,

disent les romances espagnoles, et ces deux vers pouvaient s'appliquer aux délicates extrémités de la jolie *maja*.

Les deux promeneurs, avons-nous dit, côtoyaient lentement les bords de la rivière, se dirigeant vers le *Salon*.

Le jeune homme, le front rêveur et le regard perdu, paraissait aussi sombre et aussi silencieux que le senor Ramero en face de la belle Dolorès.

Comme lui son œil se levait de temps à autre vers le Mulhacen, et comme lui encore il s'y attachait avec une anxiété qu'il ne parvenait pas à dissimuler.

La jolie Sévillane marchait, sa charmante tête penchée sur l'épaule et semblant absorbée dans la contemplation du bout de ses souliers brillants qu'elle posait sur le sable d'une façon toute mignarde.

Tout à coup elle se redressa, posa ses poings sur les hanches, cambra sa taille d'almée, et en jetant au promeneur taciturne ce regard ardent dont nous avons parlé :

« Paquo, dit-elle d'une voix mélodieuse, *Querido Paquito*, ne veux-tu donc pas me dire ce qui te préoccupe ?

— Mais rien, Casilda, ma reine ! répondit l'Andalou en souriant.

— Crois-tu donc que l'on puisse cacher un chagrin à

la femme qui aime, et tu as un chagrin que j'ignore, Paquo !

— Je te jure que tu te trompes.

— Eh bien ! si ce n'est point un chagrin qui t'attriste, c'est donc quelque inquiétude qui te dévore.

— Ni chagrin, ni inquiétude.

— L'ennui, alors ? Ne m'aimerais-tu plus ?

— Folle ! dit Paquo en saisissant la main de la jeune fille qu'il porta amoureusement à ses lèvres. Ne sais-tu pas que tu es ma vie, mon âme, mon trésor ?

— Eh bien ! ce sera donc moi qui ne vous aimerai plus, méchant ! fit Casilda en retirant sa main et en ouvrant vivement son éventail rouge à paillettes, dont elle se mit à jouer avec une incroyable dextérité.

— Tu ne m'aimeras plus ? demanda Paquo avec une incrédulité manifeste. Et pourquoi ? que t'ai-je fait ?

— Vous me cachez quelque chose !

— Encore une fois, je ne sais ce que tu veux dire.

— Où avez-vous passé alors ces trois derniers jours ?

— Dans la Sierra, à la chasse, je te le répète pour la centième fois.

— A la chasse ?

— Oui.

— Tu mens !

— Mais...

— Tu mens ! répéta Casilda en interrompant le jeune homme. Tu aurais passé trois jours à la chasse et tu n'aurais tué aucun gibier, toi le meilleur tireur de Grenade, toi dont la carabine frappe toujours à coup sûr. Allons donc, je ne te crois pas !

— Chère Casilda, le gibier que je chassais ne s'est pas présenté au bout du canon de mon fusil.

— Et quel était ce gibier, s'il vous plaît?

— N'as-tu pas manifesté le désir d'avoir des plumes d'aigle?

Casilda sourit.

« C'est vrai! dit-elle.

— Eh bien! je voulais contenter ton désir.

— Bien vrai, Paquo?

— Bien vrai! répondit le *majo* avec un léger embarras.

— Alors c'est pour chasser l'aigle que tu as passé trois jours dans la montagne?

— Sans doute!

— Ah! Paquito, c'est bien, cela! et pour votre récompense, voici ma main à baiser! »

Et la Sévillane, avec un geste de reine, tendit au jeune homme la petite main qu'elle lui avait retirée quelques minutes auparavant.

Paquo saisit cette main qu'il baisa avec ardeur, tout en laissant échapper un soupir de satisfaction.

Évidemment il était heureux d'avoir donné une explication plausible de sa conduite, et de voir cesser un interrogatoire qu'il paraissait peu désireux de prolonger.

« Alors, reprit Casilda, puisque tu n'as rien de caché pour moi, puisque tu m'aimes toujours, n'allons pas au *Salon*... Retournons sur nos pas et viens à la *fonda del sol!*

— Pourquoi, demanda Paquo.

— Parce que j'ai le bruit des castagnettes et du tambour de basque dans les oreilles, parce que mon pied est impatient de plaisir, parce qu'on danse à la *fonda* et que, tu le sais bien, j'adore le boléro! »

En achevant ces mots, Casilda s'arrêta brusquement. se campa sur ses hanches, tendit sa jambe fine et fit raisonner les castagnettes attachées à sa ceinture.

Elle était tellement adorable de pose, d'entrain, de grâce voluptueuse, que le *majo* fasciné resta debout, devant elle, la contemplant d'un œil enflammé.

« A la *fonda* ! répéta Casilda.

— A la *fonda* ! » dit Paquo subjugué malgré lui.

Mais à son tour il s'arrêta brusquement.

La flamme rouge, dont nous avons parlé, venait de s'allumer subitement sur le pic du Mulhacen.

A cette vue, Paquo tressaillit et porta la main droite au manche de sa *navaja*.

Casilda, étonnée par l'apparition lumineuse ne remarqua pas ce mouvement.

« Qu'est-ce-là ? dit-elle.

Paquo ne répondit pas.

III

PAQUO.

L'apparition de cette langue de feu parut faire sur le jeune homme la même impression que sur don Juan Ramero.

Comme don Juan, Paquo demeura immobile, et, ainsi que don Juan n'avait pas entendu Dolorès, Paquo n'entendit pas la question de Casilda.

Cependant cette espèce d'éblouissement dura peu.

Le *majo* se remit promptement, et lorsque la jolie Sévillane répéta sa question, il répondit d'un ton calme :

« Je ne sais. C'est sans doute un feu allumé par des chasseurs ou par les avant-gardes de l'armée carliste.

— Eh bien! alors, dit Casilda, allons à la *fonda*. Que nous importent les carlistes et les christinos! notre vie à nous autres, c'est le plaisir et l'amour!

— Demain, nous irons danser, fit Paquo d'un ton résolu. Ce soir, je ne le puis pas.

— Pourquoi?

— Parce qu'il faut que je te quitte.

— Encore?

— Il le faut!

— Où vas-tu donc? demanda la jeune fille avec une visible inquiétude.

— Rejoindre des amis qui m'attendent.

— A Grenade?

— Non.

— Mais où donc alors?

— Sur la route de Malaga.

— Paquo! encore une fois tu me trompes! Il se passe quelque chose que j'ignore, quelque chose de terrible ou d'infâme, car tu n'oses pas me dire la vérité! s'écria Casilda en saisissant le bras de son amant.

— Je t'en conjure, Casilda, ne m'interroge pas! répondit Paquo dont l'impatience devenait visible, en dépit des efforts qu'il faisait pour demeurer calme. Ce que je fais, il faut que je le fasse. Il s'agit d'un serment! Si tu m'aimes, ne me demande rien. Seulement, voici l'heure où je dois te quitter, rentre chez toi, et demain tu me reverras.

— Non! non! je ne te quitte pas! dit la Sévillane avec véhémence.

— Casilda !

— Je veux savoir où tu vas !

— Je t'en prie...

— Je veux connaître ceux qui t'attendent !

— Mais je ne puis te rien dire...

— Je veux savoir pour qui tu me délaisses, et, aussi vrai que je suis bonne catholique, je le saurai !

— Casilda !

— Ainsi je ne te quitte pas, je m'attache à toi... je ne veux pas rentrer !

Et en parlant ainsi, Casilda, à demi suppliant, à demi ordonnant, enroulait ses beaux bras autour du cou du *majo* et le serrait contre sa poitrine.

Paquo parut hésiter un moment, puis, prenant la jeune fille par la taille, il l'enleva de terre, et s'élançant rapidement, il traversa la *carrera del Darro* et atteignit une petite rue voisine de la place du Théâtre.

Ce mouvement, cette course avaient été accomplis avec une telle agilité que Casilda se trouva transportée sans avoir eu le temps de pousser un cri.

Paquot la remit doucement sur ses petits pieds en la pressant tendrement sur son cœur.

« Demain, chez toi, à la chute du jour ! » lui dit-il dans un baiser.

Et il s'élança de nouveau, laissant la jeune Andalouse pétrifiée de surprise et de colère.

Reprenant avec une incroyable vélocité le chemin qu'il venait de parcourir, le *majo* gagna en quelques secondes la promenade et se lança au milieu des groupes qui commençaient sensiblement à s'éclaircir.

La foule s'écoulait peu à peu, se dirigeant vers Grenade, les uns pour aller finir la soirée chez Pedro Hurtado, le glacier renommé pour la confection des sorbets, de la *bedida de naranja* (boisson gelée à l'orange) et de l'*agraz* au café, les autres pour se rendre à la *tertulia* (réunion), chez leurs amis et leurs connaissances.

A l'extrémité du *Salon*, le petit groupe formé par Dolorès, Lola, don Juan, don José et leurs compagnons, occupait toujours la place qu'il avait choisie.

La conversation, un moment interrompue par le feu du Mulhacen, s'était ranimée plus vive, et cette fois don Juan y prenait une part active.

Sa voix, bien timbrée, affectait un ton enjoué, ses paroles une allure gaie, bien loin de la sombre taciturnité dont il avait fait preuve quelques minutes plus tôt.

On eût dit qu'un accès de fièvre s'était subitement emparé de son cerveau et l'emportait malgré lui dans un verbiage et une faconde inépuisable.

Il avait cessé de regarder Dolorès, et par un sentiment opposé sans doute, la belle senora fixait sur lui ses grands yeux inquiets et pénétrants sans que rien pût distraire cette fixité singulière.

Il était question de don Ignacio, le partisan carliste dont les bandes avaient été signalées sur la route de Séville.

« Ainsi Ignacio n'a pas plus de vingt-sept ans ? » disait dona Carmen, la compagne de Dolorès et de Lola.

Carmen était une charmante personne de vingt ans à peu près, et qui blanche et rose comme une jeune fleur du Nord, possédait les plus magnifiques cheveux blonds cendrés dont eût pu s'enorgueillir une Allemande (nuance au reste, beaucoup moins rare en Espagne qu'on n'a l'habitude de le supposer, et qui est fort prisée du peuple Andalou).

« Don Ignacio est né à Tortose le 31 août 1810, senora, répondit don Juan. Je l'ai beaucoup connu dans sa jeunesse. Sa famille était, par ma foi! des moins riches, et elle le fit entrer au séminaire de Cervera, et plus tard il obtint la place de chapelain de N. S. del Carmino, ermitage voisin de sa ville natale.

— Est-il donc prêtre? demanda Lola.

— Je ne crois pas, dit don José. Il a bien reçu les ordres mineurs, mais on prétend qu'on lui a refusé la prêtrise à cause du nombre et de l'énormité de ses peccadilles de jeunesse.

— Pourquoi a-t-il embrassé la cause du prétendant?

— On l'ignore, reprit don Juan. Toujours est-il qu'il a jeté le froc pour se faire chef d'une *guerilla* en faveur de don Carlos.

— Et il lutte de férocité avec le curé Merino lui-même, dit Carmen. On raconte de lui des choses atroces. Il paraît que dernièrement, dans la Castille, il a fait froidement égorger trente femmes d'officiers christinos.

— Quelle horreur! fit Lola en s'éventant avec force.

— Pour être juste, dit vivement don Juan, il faut dire que cet acte inouï de férocité sauvage a eu sa source et a peut-être son excuse dans le désir de la vengeance. Quelque temps auparavant, don Augustin Nogueras, commandant-général du bas Aragon et servant sous les ordres de Valdès, n'avait-il pas, sans respecter la vieillesse, ni le sexe, ni les infortunes de la mère de don Ignacio, fait massacrer cette pauvre femme pour se venger sur elle de ce qu'il n'avait pu vaincre son fils? Ignacio n'a-t-il donc pas vu ensuite traîner au supplice ses trois jeunes sœurs ? et n'avait-il pas le droit de rendre coup pour coup et d'exiger sang pour sang ?

— Diable ! mon cher Ramero, dit José en souriant, vous comprenez la vengeance !

— Je suis bon Espagnol, José, mais, vous le savez, j'ai du sang corse dans les veines.

— Et moi aussi, don Juan ! fit Dolorès en donnant plus de force encore au regard fixe qu'elle attachait sur Ramero.

— Sans doute, senora, répondit le jeune homme. Ne sommes-nous pas cousins germains !

— De sorte, dit Lola en s'adressant à Dolorès, que vous comprenez la barbarie de don Ignacio ?

— Je la comprends et je l'excuse, s'écria la jeune femme avec une sorte d'énergie causée par une surexcitation morale qui rendait plus éclatante encore les rapides éclairs lancés par sa prunelle irisée.

Je comprends et j'excuse la conduite de ce hardi partisan, poursuivit-elle, mais ce que je ne saurais comprendre, ce que je ne saurais excuser, c'est la cruauté sans cause, c'est la férocité qui n'a d'autre but que le brigandage et la rapine, c'est la guerre sans honneur et sans foi, c'est la conduite enfin de l'*Encarnado*, l'horrible chef de la *Compagnie rouge !* »

IV

DOLORÈS.

Don Juan Ramero avait écouté cette véhémente tirade avec le plus grand sang-froid.

« Vive Dieu ! ma belle cousine, dit-il gaiement, ce malheureux n'a pas à se glorifier, il paraît, d'être de vos amis.

— Un malheureux, lui ! l'*Encarnado* ! répondit Dolorès avec la même violence.

— Comment voulez-vous que je le nomme ! reprit don Juan en riant.

— Comme il mérite de l'être. Ce n'est pas un malheureux !

— Qu'est-ce donc ?

— Un traître et un lâche ! dit la jeune fille avec une sorte d'énergie sauvage.

— Un traître et un lâche ! répéta don Juan.

— Oui !

— L'animosité qu'il vous inspire, vous entraîne trop loin, senora, dit don Juan d'une voix plus grave. L'*Encarnado* n'a jamais trahi personne, et quant à sa bravoure, il en a donné des preuves suffisantes dans ses rencontres avec les troupes envoyées à sa poursuite.

— Ne parlez pas ainsi, don Juan !

— Pourquoi donc : ma belle cousine ?

— Parce qu'un honnête homme ne peut ni ne doit défendre un être méprisable.

— Mon Dieu, Dolorès, je ne défends personne ; j'explique, voilà tout. D'ailleurs, pourquoi excuser chez don Ignacio ce que vous condamnez chez l'*Encarnado*?

Tous deux font la même guerre : celle des partisans, des *guerilleros*.

Seulement, Ignacio combat pour le compte de don Carlos, et l'*Encarnado* n'agit que pour son propre compte.

Servir sa passion ou servir celle d'un autre, le résultat n'est-il pas le même ?

— Le motif qui fait agir Ignacio est avouable et, encore une fois, son désir de vengeance...

— Eh ! senora ! interrompit don Juan en s'animant par degré, qui vous dit que l'*Encarnado* n'est pas poussé par un même mobile ?

— Lui ! fit Dolorès avec mépris.

— Sans doute !

— L'*Encarnado* obéirait à un noble sentiment ?

— Pourquoi pas ?

— C'est impossible !

— Impossible n'est pas une raison !

— Mais...

— Qui vous dit que l'*Encarnado* ne poursuit pas, lui aussi, un but semblable, qui vous dit qu'il n'est pas mû par le même sentiment ?

Connaissez-vous l'histoire du passé de cet homme avant le jour où il se fit chef de la terrible compagnie avec laquelle il porte la terreur dans l'Andalousie ?

Savez-vous s'il n'a pas un compte de sang à demander à la société entière, s'il ne se fait pas juge dans sa propre cause et s'il ne s'établit pas bourreau de ses ennemis particuliers.

Peut-être; si vous connaissiez les causes qui lui ont fait mener cette existence aventureuse, le blâmeriez-vous moins et le plaindriez-vous un peu. »

Dolorès regarda fixement don Juan, et les regards de celui-ci ne s'abaissèrent pas devant ceux de la jeune fille.

« N'inventez-vous pas ces beaux motifs, dit-elle, pour donner une apparence de noblesse à l'*Encarnado* ?

— Pourquoi inventerais-je ? répondit don Juan.

— Pourquoi ?

— Oui.

— Pour le défendre.

— Dans quel but ? Pour quel motif ?

— Vous le défendriez ?

— Oui.

— Parce que je l'attaque.

— Ce n'est pas une raison suffisante !

— Vous croyez ? »

Ils se regardèrent encore. Puis, après silence :

« J'admets que ces causes dont vous parlez soient vraies, dit Dolorès.

— Ah ! fit don Juan avec étonnement.

— Ces causes vous ont-elles donc été confiées, don Juan ?

— Non, répondit le jeune homme en recouvrant tout son sang-froid, je ne sais rien, je suppose.

— C'est fâcheux, dit Carmen en lissant du doigt ses blonds cheveux, sans quoi vous nous eussiez raconté cette histoire qui doit être curieuse.

— Mais ajouta Lola, pourquoi le nomme-t-on l'*Encarnado* ? Est-il rouge de cheveux, de visage ou de costume ?

— On prétend, fit don José en retroussant sa moustache et en se penchant vers son agréable voisine, que ce nom ou, pour mieux dire, ce surnom, lui vient de ce qu'il porte constamment sur son visage un demi-masque, de velours rouge.

Au reste, le bruit court que ce chef est un beau cavalier, brun de peau et noir de cheveux, et l'on ajoute que ses manières sont celles d'un grand d'Espagne.

— Est-il jeune ?
— On le croit.
— Est il beau ?
— On le dit.
— Spirituel ?
— On le prétend.
— Et brave ?
— On l'affirme !
— Et vous ne savez rien de plus précis sur lui, senor Ramero ? demanda Carmen.

— Rien, senora, répondit don Juan, si ce n'est que jamais l'*Encarnado* n'a souillé son épée du sang d'un vieillard, d'une femme ou d'un enfant.

Il n'a tué que des hommes capables de se défendre, et il n'a pillé que ceux qui avaient pillé les autres.

— Bref, don Juan, vous convenez qu'il assassine et qu'il vole ! dit Dolorès avec une expression de souverain mépris.

— Je conviens qu'il attaque les forts et qu'il protége les faibles.

— Décidément, mon cousin ; l'*Encarnado* est de vos amis.

— Peut-être ! » murmura don Juan Ramero, mais si bas que Dolorès put seule l'entendre.

En ce moment Paquo, qui depuis quelques instants déjà s'était approché du groupe des causeurs, passa si près de don Juan qu'il frôla du coude l'élégant cavalier.

Soit hasard, soit préméditation, la *vara* que le *majo* tenait à la main lui échappa et le bâton bifurqué tomba sur le pied du cousin de la belle Grenadine.

« Pardon, senor caballero ! dit le jeune Andalou en portant vivement la main à son chapeau et en se baissant pour ramasser sa *vara*.

— Dans une heure, au *Monte-Sagrado !* » dit rapidement don Juan avec un mouvement de lèvres imperceptible au moment où Paquo se redressait.

Le *majo* parut ne rien avoir entendu et reprit tranquillement sa promenade.

Ce petit incident avait paru si simple et l'action de Paquo si naturelle, que personne, pas même Dolorès, n'y avait apporté la plus légère attention.

La jolie Grenadine et ses compagnes se levèrent en ramenant les plis de leurs mantilles.

Les cavaliers les imitèrent.

« Rentrons ! dit Lola en consultant du regard Dolorès et Carmen. La soirée est magnifique, nous l'achèverons dans le *patio* en déchiffrant quelque partition nouvelle.

— Volontiers, » répondit Carmen tandis que Dolorès faisait un geste d'assentiment.

Les trois femmes se disposèrent alors à traverser l'Alameda, suivies par leurs cavaliers attentifs.

V

LE PATIO.

A Grenade, chaque maison ne sert ordinairement que pour une famille, mais cette maison offre deux habitations bien différentes : l'une en haut pour l'hiver, l'autre au rez-de-chaussée pour les grandes chaleurs de l'été.

Au centre de cette dernière est invariablement une cour pavée de marbre entourée d'une jolie colonnade, qui rappelle tout d'abord le mode de construction moresque, et égayée par une fontaine au doux murmure placée au centre et presque toujours ornée d'un jasmin gigantesque aux fleurs parfumées.

Cette cour se nomme le *patio*.

Dès le milieu de juin un mouvement extraordinaire se remarque dans les maisons.

A voir avec quelle précipitation les lits, les chaises, les armoires, les tableaux, tout descend, tout s'entasse dans le *patio*, on dirait que le toit s'écroule ou que le feu a pris au premier étage.

Rien de moins grave cependant que la cause de ce déménagement subit.

Vienne le mois d'octobre, et l'on verra remonter ces mêmes lits, ces mêmes chaises, ces mêmes armoires, ces mêmes tableaux, absolument comme si le Jénil et le Darro, débordés, entraient tout à coup dans les maisons et les menaçaient d'une inondation destructive.

On se précipitera alors au-devant du soleil comme quelques mois auparavant on avait hâte de fuir devant ses dévorantes ardeurs.

De l'habitation d'été le *patio* devient le salon.

Le jour, le *patio* est recouvert d'un *tendido* (tente) dont la toile, doublée ou simple, forme des dessins et des symétries par son plus ou moins de transparence.

Des myrtes, des grenadiers et des jasmins, plantés dans d'énormes pots d'une argile rouge, égayent et parfument cette cour intérieure, éclairée d'un demi-jour tamisé et plein de mystère.

Des canapés et des chaises de paille ou de joncs meublent les galeries : des guitares traînent çà et là.

Le soir, le *tendido* est roulé pour laisser pénétrer la fraîcheur, et les étoiles brodées sur le manteau bleu foncé du ciel remplacent le plafond de toile.

Six ou huit quinquets sont accrochés le long des murs, des *refrescos* (rafraichissements) de toutes sortes sont placés près de la fontaine. Le piano est tiré dans un angle, et dans un autre sont dressées les tables de jeu.

C'est dans le *patio* que se tient la *tertulia* (réunion du soir).

Les personnes âgées jouent au *trécillo*, les jeunes gens et les jeunes filles causent, rient, échangent à voix basse de douces paroles d'amour, chantent quelquefois et dansent toujours.

A propos de ces danses espagnoles, si célèbres et si calomniées, Martial a accusé jadis les danses de la Bétique d'être lubriques et lascives; de nos jours on a répété la même accusation contre le boléro et contre le fandango ; mais, en vérité, ces reproches ne sont fondés en aucune manière, et les censeurs qui portent ce jugement trop sévère ne connaissent pas ces danses, ou bien il ne les ont vues qu'avec des yeux prévenus.

Le fandango et le boléro s'exécutent à deux, ordinairement au son de la guitare et des castagnettes.

Ce ne sont pas seulement les pieds qui agissent : les bras, la tête et tout le corps prennent les attitudes les plus séduisantes.

A l'instant où finit la mesure, le danseur doit s'arrêter dans la posture où il se trouve.

S'il est placé d'une manière gracieuse, il est alors *bien parado* (bien arrêté). Cette phrase est devenue proverbiale.

Maintenant *bien parado* est une expression d'applaudissement, qui ne s'applique plus seulement à la danse, mais encore à tout ce qui peut plaire, à un acte d'adresse aussi bien qu'à une repartie spirituelle.

Les Espagnols aiment leurs danses à la folie ; aussi un voyageur a-t-il écrit que si on entrait inopinément dans un temple ou dans un tribunal en jouant l'air du fandango, quelque grave que fût le but de la réunion, les assistants oublieraient aussitôt leurs occupations pour se mettre à danser.

Dans une petite fable qui est souvent répétée en Espagne, et qui a fourni le sujet d'un charmant vaudeville français, on raconte que le fandango ayant été accusé de blesser les lois de la décence et de la pudeur, la cour de Rome s'était décidée à le condamner.

Le conclave était réuni pour lancer l'anathême.

Un des cardinaux fit observer que pour décider en connaissance de cause, il eût fallu que le conclave eût vu exécuter le fandango avant de le condamner.

On appela donc des danseurs espagnols; mais ceux-ci mirent tant de réserve et de grâce dans leurs mouvements, que tout le sacré collége se sentit électrisé par leur exemple. En un instant, le pape, les cardinaux se mirent à danser, et le fandango fut déclaré innocent.

. . . .

Le *patio* n'est séparé de la rue que par une grille de fer artistement travaillée et dont les mille arabesques tiennent les importuns à distance sans repousser le regard.

Quand la famille se retire, on jette au devant de la grille une porte massive, mais jusque-là la grille seule demeure fermée.

Rien de plus attrayant que ces maisons transparentes où l'œil plonge comme sur la scène d'un théâtre et surprend, tantôt sous la molle clarté de la lune, tantôt sous le reflet des lampes à demi voilées, une foule de gracieux tableaux.

Pas de coin à Grenade où la nuit ne vous offre de ces charmantes perspectives.

Une guitare que l'on entend de loin en loin, une voix qui s'élève, le bruit sec de castagnettes, des frais éclats de rire tout à coup étouffés et qui tout à coup renaissent de plus belle, le parfum des fleurs rares, le murmure d'un jet d'eau dont les gouttes retombent en grésillant sur les feuilles des arbustes, tels sont les signes avant-coureurs qui dénoncent la *tertulia*.

Alors le promeneur attardé ralentit le pas pour jeter derrière la grille un coup d'œil furtif, et pour peu que son âme soit accessible à la poésie, pour peu que son cœur soit jeune encore, il emporte de là une émotion charmante, une dose de rêverie à rendre spiritualiste un juif de la Cité de Londres.

La maison vers laquelle se dirigeaient les trois jeunes filles et leurs cavaliers était située dans la *calle de Parragas*, près de la *plazuela de San Antonio*, à deux pas de la *carrera del Darro*, au centre de la ville basse habitée par l'aristocratie et les notabilités.

Cette maison appartenait au senor don Louis Ramero y Puelès, brigadier dans les armées de la reine, le père de la belle Dolorès et l'oncle de la jolie Lola et de la blonde Carmen.

Lola était fiancée à don José, c'est-à-dire, suivant l'expression indigène, qu'ils étaient tous deux *novio* et *novia*.

Carmen, sans s'être encore prononcée, paraissait écouter avec plaisir les galanteries d'Antonio Carigo, beau cavalier de vingt-cinq ans que don José, son ami, avait introduit dans la maison du senor don Luis. Mais quant à Dolorès, son caractère fier et impérieux, son naturel peu communificatif, ne permettaient pas de savoir ce qui se passait dans son âme, il eût été impossible de dire si son cœur avait déjà battu.

Maintenant, si l'on s'étonne que trois jeunes filles fussent à la promenade, le soir, sans parents, sans duègne, seules avec leurs *novios*, leurs *attentifs*, sans la moindre surveillance, nous répondrons que si, en Andalousie, la galanterie est un besoin, elle est, en dépit de la réputation des femmes espagnoles dans les autres pays, beaucoup plus apparente que réelle. En Espagne, un *novio* voit sa *novia* deux ou trois fois par jour, parle avec elle sans témoins auriculaires, l'accompagne à la promenade, vient causer la nuit avec elle à travers les grilles du balcon ou de la fenêtre du rez-de chaussée, sans que le monde y trouve à dire, sans que la calomnie s'en mêle.

Cette liberté de langage et d'action, si éloignée des mœurs guindées et factices des nations du Nord, vaut mieux que notre hypocrisie de parole qui cache au fond une grande grossièreté de pensée.

En Espagne, rendre des soins à une femme mariée semble tout à fait extraordinaire, et passe pour le fait d'un homme mal élevé, tandis que rien ne paraît plus simple que de faire la cour à une jeune fille.

En France c'est le contraire ; aussi aucun pays au monde ne fournit-il une aussi énorme quantité de cas de séparation de corps entre mari et femme.

Mais là n'est pas la question. Revenons au *patio* de la maison de don Ramero y Puelès, dans laquelle viennent de pénétrer Dolorès, Lola, Carmen et les quatre jeunes gens qui les accompagnaient.

D'autres personnes étaient déjà réunies dans le salon d'été, et se groupaient autour d'un chanteur amateur qui, les jambes croisées, la guitare sur le genou, grattant les cordes de ses ongles, marquant la rhythme avec la paume de la main, venait d'entonner une joyeuse chanson andalouse où les *ay* ! et les *ola* ! bizarrement modulés, se mêlaient à profusion à la poésie et à la musique.

Les jeunes filles attendirent la fin de la chanson ; puis elles s'avancèrent au milieu du cercle qui s'ouvrit pour les recevoir, et bientôt la société se fondit en petits groupes animés qui se dispersèrent dans le patio.

Don Juan Ramero était entré le dernier, et s'était arrêté dans l'espèce de vestibule qui précède invariablement chaque patio, et qui est habituellement pavé de petits cailloux de couleurs différentes formant des desseins de mosaïque grossière d'un coup d'œil assez réjouissant. Un homme se tenait dans ce vestibule, assis ou plutôt couché sur son manteau étalé sur les cailloux polis.

En voyant entrer la société qui revenait de l'Alameda, il s'était levé vivement et s'était tenu respectueusement debout et appuyé le dos à la muraille.

Cet homme était bien connu pour être depuis longues années au service de la famille Ramero.

Lorsque don Juan passa devant lui, il porta négligemment la main droite à sa ceinture dans laquelle il enfonça deux doigts, l'index et le médium.

Ce geste familier avait sans doute une signification précise connue de don Juan ; car, en l'apercevant, il s'arrêta, ainsi que nous l'avons dit plus haut, et laissa pénétrer dans le patio ses compagnons et ses compagnes sans les suivre.

Dès qu'il se vit seul avec le valet, il fit vivement un pas en avant :

— Qu'as-tu à me dire? fit-il à voix basse.

— Une nouvelle importante, senor! répondit le valet; une nouvelle importante et désastreuse pour vos projets et les nôtres.

— Laquelle?

— Don Juan Ramero m'a écrit.

— Quand?

— J'ai reçu la lettre aujourd'hui.

— Et il te dit?

— Que je tienne tout préparé, qu'il sera de retour à Grenade avant vingt-quatre heures.

— Eh bien ?

— Eh bien ! senor, ne trouvez-vous donc pas la nouvelle importante ?

— Importante, oui, mais désastreuse, non !

— Cependant...

— Quoi ! il s'agit tout simplement de faire disparaître le vrai don Juan Ramero.

— Sans doute ; mais...

— Rien de plus facile. Mochuelo et Paquo sont dans la montagne ; le feu a brillé ce soir sur le Mulhacen. Par quelle route vient ton maître ?

— Par celle de Madrid.

— Alors il ne passera pas la Sierra. Maintenant tu peux rentrer, je n'ai plus besoin de toi cette nuit. »

Et don Juan Ramero, ou du moins celui que nous avons désigné jusqu'ici sous ce titre qu'il portait, quitta le valet et pénétra dans le patio, à l'extrémité duquel se se tenait Dolorès entourée d'une véritable cour d'adorateurs empressés.

VI.

DOLORÈS.

Dolorès Ramero y Puelès, la gracieuse cousine de Carmen et de Lola, était issue d'un premier mariage contracté par don Horacio Ramero y Puelès, son père, avec la fille d'une des premières maisons de Corse.

Dans ses veines coulaient donc réunis le sang chaudement voluptueux de l'Espagnol et celui plus énergique et plus sauvage qu'elle avait puisé dans le sein de sa mère.

La famille dont elle descendait, du côté maternel, était venue se réfugier en Espagne à la suite de circonstances toutes naturelles et faciles à expliquer.

On sait quelle est en Corse la fureur de la *vendetta*, et bien que ce préjugé violent ait perdu beaucoup de sa force, à notre époque, on n'en voit pas moins tous les jours des exemples sanglants.

Le grand-père de Dolorès, Andrea Bariotti, était le dernier membre d'une famille décimée par la vendetta.

Andrea, digne fils de ses ancêtres, n'avait pas renoncé au ressentiment farouche qui le portait vers le crime.

Frappé dans les siens, il avait frappé à son tour.

Ses ennemis se nommaient les Vicenti.

Entre les Bariotti et les Vicenti la vendetta était déclarée depuis cinquante ans, et le résultat de cette guerre d'extermination pouvait se traduire, de part et d'autre, par le seul représentant qui eût survécu dans chaque famille...

Des circonstances, étrangères au récit que nous traçons, forcèrent Vicenti à s'éloigner.

Andrea, demeura seul en Corse et délivré momentanément des cruelles lois qu'impose la vendetta, Andréa vécut calme et tranquille.

Le temps s'écoula.

Andrea Bariotti était marié depuis deux ans ; il avait une fille, la mère de Dolorès ; il était heureux, il avait presque oublié sa haine, et il aurait volontiers renoncé à sa vengeance héréditaire, si son adversaire Vicenti ne fût revenu dans le pays.

Mais celui-ci, féroce dans sa haine, avait patiemment

attendu à l'étranger que les circonstances les remissent en présence d'Andrea.

Surtout lorsqu'il put s'assurer par lui-même que le bonheur de Bariotti était complet, il jugea que le moment était venu d'acquitter la dette du sang.

Un soir qu'Andrea revenait à cheval d'une promenade qu'il venait de faire, le bruit sec d'un fusil qu'on arme vint frapper son oreille.

Sans savoir au juste de quel buisson allait partir le coup qui devait l'atteindre, il se tint instinctivement sur ses gardes.

Pour essayer d'échapper au danger, il lança sa monture au galop et se coucha sur l'encolure de son cheval à la manière arabe.

Il était temps.

Le coup de carabine retentit, répercuté vingt fois par les échos de la montagne; et la tête de Vicenti apparut, écartant les broussailles derrière lesquelles sa vengeance s'abritait.

A cette vue, la colère d'Andrea monta en bouillonnant à son cerveau; il mit pied à terre et s'élança le stylet à la main sur son ennemi.

Mais celui-ci l'avait vu venir, et, tenant d'une main son stylet et de l'autre sa carabine, il attendait.

Lorsque Andrea arriva près de lui, Vicenti leva son fusil comme il eût fait d'une massue, et la laissa retomber.

Andrea évita le coup terrible qui le menaçait, la crosse se brisa sur les pierres du chemin. Vicenti poussa un hurlement formidable, fit en arrière un bond prodigieux et tomba en garde.

Andrea aussi prompt que l'éclair, était en face de lui.

Alors commença ce terrible duel au stylet, le plus terrible et le plus effrayant de tous les combats, car aux sanglantes péripéties du combat à l'arme blanche, il joint les saisissantes émotions de la lutte corps à corps.

On sait quelle arme redoutable est le stylet dans la main d'un Corse.

Andrea, blessé légèrement au bras, s'abandonna bientôt à toute la fureur de son énergique colère, et bondissant sur son ennemi, il plongea sa lame tout entière dans le cœur de Vicenti.

Vicenti était mort : la vendetta était éteinte.

Mais les amis de Vicenti étaient riches et puissants.

Andrea Bariotti rentra chez lui souillé de sang, quitta sur-le-champ sa demeure, et partit pour l'Espagne avec sa femme et sa fille.

Depuis cette époque, il ne quitta jamais sa patrie d'adoption.

Sa fille Giula épousa don Horacio Ramero, et mourut en donnant le jour à Dolorès.

Dolorès, de qui ce drame sanglant était connu, Dolorès la digne fille de son père, Dolorès l'enfant qui sentait dans son âme les passions furieuses du Corse se joindre aux passions entraînantes de l'Andalous, Dolorès avait donc au cœur quelque chose de plus que ses cousines, elle avait une énergie et une force de volonté bien rares chez une femme.

Son extérieur ne trahissait rien des impressions qui agitaient son être ; son caractère n'était point fait de cette cire molle qui revêt toutes les formes, c'était une enveloppe de marbre sous laquelle couvait un feu ardent, et sa joie même ne se manifestait jamais en vives et bruyantes expansions.

Parfaitement et toujours maîtresse d'elle-même, elle demeurait calme et froide en apparence lorsque son âme était en proie aux agitations les plus tumultueuses.

Cette qualité ou ce défaut (nous ne savons laquelle des deux qualifications donner) lui avait valu une réputation de dédain et d'indifférence qu'elle était loin de mériter.

Mais ce qu'à juste titre chacun s'empressait de reconnaître en elle, c'était un esprit profond et incisif, un sens droit et une énergie rare.

Enfin la supériorité de cette nature singulière était tellement évidente, tellement incontestable que ses cousines et ses compagnes la reconnaissaient sans opposition, que les galants les plus hardis se sentaient devenir timides lorsqu'elle dardaient sur eux l'éclair jaillissant de ses noires prunelles, et que son oncle éprouvait pour elle, non-seulement une affection sincère, mais encore une estime véritable.

Aussi, reine du logis d'abord, reine de Grenade ensuite, la noble fille du senor don Horacio Ramero y Puelès tenait-elle dans sa main mignonne la palme de la beauté, de l'esprit et de la grâce.

Jusqu'alors la belle Andalouse avait vécu chez son oncle, calme, tranquille et heureuse, sans émotion pour le présent, mais sans inquiétude pour l'avenir, entourée du respect et de l'admiration de tous.

Deux événements seuls étaient venus, à courte distance l'un de l'autre, troubler la quiétude de cette existence monotone.

Le premier de ces événements remontaient à quelques mois avant le jour où commence ce récit.

A cette époque, de singuliers bruits avaient commencé à se répandre à Grenade.

On parlait de vols, d'assassinats, de brigandages commis sur les routes, dans la montagne et au sein même de la ville, avec une adresse et une audace extraordinaires.

De tous temps les bandits avaient infesté la Sierra, mais ils se contentaient d'arrêter les voitures, de rançonner les voyageurs et d'échanger quelques balles inoffensives avec les *escopeteros* de Sa Majesté Catholique.

Mais l'habitude de ces dangers consacrés par l'usage était tellement passée dans les mœurs, qu'en aucun temps personne ne s'en préoccupait.

Voulait-on se mettre en route, on en était quitte pour se faire conduire par les *arrieros* (muletiers) ou les *cosarios* (conducteurs) de *galeras*, qui étaient réputés pour payer la *contribution noire*, et l'on pouvait s'aventurer sans crainte dans les gorges les plus sauvages et les plus propres aux embuscades.

La *contribution noire* est le nom d'un droit de passage acquitté d'avance envers messieurs les voleurs de grand chemin.

Voici comment il s'établit et se prélève.

Les *arrieros* et les *cosarios* forment, en Andalousie surtout, une corporation des plus importantes avec laquelle ne dédaignent pas de traiter même messieurs les bandits.

C'est qu'en effet les *arrieros* et les *cosarios* sont pour ainsi dire indispensables à l'équilibre des Espagnes.

On fait encore en Espagne presque la totalité des transports et quelques voyages à dos de mulet. Cela tient à la configuration montagneuse du pays et à l'état des voies de communication.

Avant Ferdinand VI et Charles III, il n'y avait dans la Péninsule que des routes horribles, où les voitures ne circulaient qu'avec beaucoup de peine.

Grâce aux travaux que ces princes ont entrepris, on trouve maintenant un fort beau chemin depuis la Bidassoa, qui sert de limite entre la France et l'Espagne, jusqu'à Cadix.

Il circule même sur les grandes routes quelques diligences ; mais c'est une importation toute nouvelle, et avant le ministère de Florida Blanca, il n'existait pas de voitures publiques dans la Péninsule.

Presque tout le monde voyageait alors à dos de mulet.

Cette manière est encore usitée par quelques personnes.

On peut prendre avec le muletier des arrangements de différente nature.

On peut convenir d'un prix à forfait pour toutes les dépenses du trajet ; ou bien, lorsqu'on désire marcher à petites journées, afin de s'arrêter quand on le veut, on peut louer les mules à raison d'une somme fixe pour chaque journée de marche ou de séjour.

Quant aux pauvres gens, ils ont une manière plus économique de traiter.

Ils débattent le prix comme s'ils étaient un ballot de marchandise ; c'est en proportion du plus ou moins de pesanteur qu'ils payent leur transport.

C'est ce qu'on appelle voyager *por arrobas*.

Les muletiers portent presque toujours une escopette, ou bien un tromblon suspendu à l'arçon de leur selle ;

car ils prennent l'engagement de conduire le voyageur sain et sauf à sa destination ; des armes sont donc nécessaires pour le défendre.

Ils ne souffriront pas qu'il soit molesté tant qu'il restera sous leur garde.

Le muletier auquel vous vous êtes confié se regarderait comme déshonoré s'il vous arrivait malheur pendant que vous êtes sous sa protection.

Mais si vous le quittez pour vous écarter dans la campagne, ou bien si vous souffrez qu'il vous laisse en prétextant qu'il va prendre un chemin de traverse et que bientôt il vous rejoindra, c'est alors que la route devient dangereuse et que les mauvaises rencontres sont à craindre, car il se regarde comme déchargé pour ce temps-là de toute responsabilité.

Le costume ordinaire du muletier se compose d'un gilet sans manches, d'une culotte large très-courte et sans jarretières.

Ses pieds sont chaussés de ces espèces de sandales faites en tresses de sparte qu'on appelle dans le pays *alpargâtas* ou *espartenas*.

Quelquefois ils remplacent cette chaussure par des *abarcas* faites en cuir grossièrement préparé.

Le muletier n'a pas ordinairement de manteau : il y substitue une pièce d'étoffe de laine rayée, large de deux à trois pieds sur sept de longueur, il la porte le plus souvent sur une épaule d'une façon tout à fait pittoresque.

On comprend dès lors l'importance de l'*arriero*, et quel rôle il peut jouer dans l'existence des habitants et surtout dans celles des voyageurs.

Les *arrieros* et les *cosarios* connaissent parfaitement les bandits de la Sierra avec lesquels ils entretiennent d'excellentes relations, boivent ensemble le *val-de-penas*, et sont compères et compagnons.

Pour obtenir le passage libre et n'être inquiétés ni tourmentés, eux, leurs bêtes, leurs voitures et leurs voyageurs, ils contractent avec leurs amis des marchés dont les arrangements sont tenus de part et d'autre avec une scrupuleuse probité.

C'est ce que l'on nomme la *contribution noire*.

Le prix fixé par tête de voyageur ou par convoi est soldé d'avance, dans quelque *venta* isolée, entre les mains d'un chef.

Quelquefois il arrive qu'un beau matin ce chef est reçu *à indulto*.

(Etre reçu *à indulto* se dit d'un brigand qui, faisant sa soumission au gouvernement, est amnistié et rentre dans la vie commune.)

Ou bien le chef, fatigué de ses courses et désirant se retirer des affaires, vend à un plus jeune son fond et sa clientèle.

Mais, dans l'un et l'autre cas, il a soin de présenter officiellement à son successeur les *arrieros* et les *cosarios* avec lesquels il est en relations d'amitié ou de commerce.

Ces petits arrangements de famille paraissent tellement simples et naturels, que personne ne s'en préoccupe, pas même la police espagnole.

Donc les bandits, qui sont l'effroi des étrangers, inquiètent peu les indigènes.

VII

LES BANDITS.

Les bandits, cependant, dont la présence récente avait été signalée à Grenade, paraissaient avoir des allures et des coutumes bien peu semblables à celles de leurs confrères.

Vivant en mauvaise intelligence avec ceux-ci, ils n'avaient pas tardé à entrer en lutte ouverte, et bientôt, chassant de la montagne les bandes jusqu'alors les plus redoutées, ils s'étaient vus les maîtres absolus de toute la chaîne de la Sierra, qui coupe l'Andalousie d'Almeria à Tarifa.

La guerre civile, qui désolait les autres provinces de l'Espagne, leur assurait une impunité presque certaine, car le gouvernement, tout occupé de se défendre lui-même contre ses ennemis politiques, ne pouvait songer à protéger ses nationaux contre les oppressions des voleurs.

Dès ce moment leur audace ne connut plus de bornes.

Tantôt occupant la montagne, tantôt descendant dans la plaine, s'élançant sur les routes ou s'aventurant jusque dans les villes, ils portèrent partout la terreur et l'épouvante.

De Grenade à Jaen, de Malaga à Almeria, il ne fut plus question bientôt que de la terrible compagnie.

Le mystère, un mystère impénétrable, et des faits singuliers, venaient encore ajouter à la crainte en laissant un champ plus vaste à l'imagination.

3.

En effet, contrairement à l'usage, aucun des affiliés n'était connu dans l'Andalousie.

Le chef, disait-on, exerçait sur ses soldats ou ses compagnons une souveraineté despotique et absolue, et tous lui étaient dévoués comme le chien au maître, n'hésitant jamais à obéir, et prêts à risquer la potence pour contenter le moindre de ses caprices.

Ce chef, c'est toujours la chronique populaire qui parle, était un homme de trente ans environ, grand, vigoureux, nerveux, bien fait et invariablement vêtu d'un costume de *cazador* (chasseur) d'une grande simplicité et en même temps d'une suprême élégance.

La veste, la culotte, le gilet et la *montera* (bonnet de drap) étaient de velours noir et ornés de broderies et d'agréments de soie et de même nuance, mais d'une richesse et d'une finesse merveilleuses.

Les témoins oculaires ou prétendus tels, ajoutaient qu'il portait des guêtres en cuir jaune, une cravate et une ceinture rouges, et une vaste cape de semblable couleur dont il avait coutume de s'envelopper des pieds à la tête.

Quant à son visage, on ne savait qu'en dire ou même qu'en penser, car la tradition affirmait que les traits en étaient cachés sous un masque de velours cramoisi, masque qu'aucune circonstance n'avait jusqu'alors fait tomber devant des yeux indiscrets.

Vrais ou faux, ces bruits s'étaient rapidement accrédités dans les cités et dans les campagnes et avaient fait donner au mystérieux et terrible chef le surnom de l'*Encarnado*.

Par suite sa bande avait reçu celui de la *Compagnie rouge*.

Mille bruits absurdes, mille traits plus ou moins authentiques, quantité d'histoires extraordinaires se colportaient de tous côtés au sujet de l'*Encarnado* et de ses hommes.

Des muletiers, racontait-on, qui avaient voulu lui proposer le paiement de la contribution noire s'étaient vus repoussés honteusement.

Un convoi entier avait été attaqué et enlevé dans la montagne, puis une autre fois un convoi avait passé au milieu même de la *Compagnie rouge* sans qu'aucun des voleurs lui portât préjudice et sans qu'on pût expliquer leur indifférence à l'endroit d'un riche butin facile à conquérir.

Une nuit à Jaen le quartier des *majos* devint la proie des flammes.

Rien ne pouvait arrêter l'incendie.

La désolation des pauvres gens était à son comble et le feu menaçait de détruire la moitié de la ville.

Tout à coup au milieu du désordre, l'*Encarnado* apparut à la tête des siens.

En un instant le sauvetage des maisons menacées fut opéré, l'incendie combattu énergiquement céda à l'activité, à l'énergie et au dévouement des bandits, et lorsque le danger fut détruit, la *Compagnie rouge*, sortit paisiblement de la ville, tandis que l'*Encarnado* laissait une bourse bien garnie entre les mains des malheureux ruinés.

A quelque temps de là un acte d'une incroyable férocité vint contre-balancer dans l'opinion publique la bonne réputation qu'avait valu à la *Compagnie rouge* sa généreuse intervention à Jaen.

Un juif de Malaga qui avait fait une fortune considérable en trafics plus ou moins avouables s'était retiré dans une magnifique habitation aux environs de la ville.

En plein jour l'*Encarnado* investit la maison, força les portes, massacra impitoyablement les habitants et s'empara des trésors qu'elle renfermait.

En partant il planta devant la porte un léger poteau surmonté d'un cartouche blanc sur lequel était gravé en rouge le chiffre 2.

Ce chiffre donna la clef d'un assassinat commis six semaines auparavant la nuit, au sein même de Grenade, sur la personne et sur la famille d'un homme dont la réputation était de prêter à usure aux jeunes gens pauvres et amis du plaisir.

Au-dessous de la fenêtre du premier étage le chiffre 1 avait été tracé toujours en rouge.

Ce premier meurtre fut donc à juste titre attribué encore à l'*Encarnado*.

Deux jours plus tard il y avait fête à la *Venta de los Hornajos*.

Majos et *Majas* dansaient à qui mieux mieux le *bolero* et le *Malaguena*.

La nuit venue, l'auberge éclatait de bruit et de musique lorsque, comme à Jaen au milieu du danger, l'*Encarnado* apparut soudain au milieu de la fête.

Ses fidèles compagnons le suivaient.

Les portes bien gardées, en un clin-d'œil les danseurs et les buveurs furent attaqués, renversés et solidement garrottés.

Puis les bandits ordonnèrent aux musiciens de reprendre leurs instruments, et s'approchant des jeunes filles stupéfaites et épouvantées, ils les invitèrent courtoisement à danser.

Deux heures durant le bal continua plus animé que jamais.

Enfin, l'*Encarnado* donna le signal du départ et toute la bande se retira sans avoir fait le moindre mal à personne.

Le lendemain chacune des danseuses trouva dans sa chambre, sans qu'elle pût savoir comment il y était venu, un magnifique collier de corail, et le surlendemain on apprit à Loja que tout un convoi de bijouterie avait été enlevé sur la route, la nuit même de la fête de la *Venta de los Hornajos*.

Nous n'en finirions pas si nous voulions donner la liste de tous les faits étranges attribués à l'*Encarnado* et à sa bande.

Néanmoins nous devons dire que ce mélange d'audace et de générosité, de férocité et de dévouement joint au mystère qui entourait la *Compagnie rouge* dont on ne connaissait ni les points de refuge, ni les intentions véritables, puisque sa manière d'agir variait en toutes circonstances, occupait ardemment tous les esprits.

Bientôt la réputation de l'*Encarnado*, augmentée de tout ce qu'elle prêtait au merveilleux, atteignit les limites de l'impossible, et le chef redouté devint le sujet de la conversation des *ventas* et des *salons*, des *fondas* et des *patios*.

Gens du monde, bourgeois, gens du peuple ne tarissaient pas sur le compte du bandit et les opinions les plus contraires couraient de tous côtés.

On n'osait plus s'aventurer dans la montagne, et c'est à peine si l'on se croyait en sûreté dans la ville même.

Dolorès seule, par un sentiment qu'elle ne pouvait s'expliquer, avait refusé jusqu'alors d'ajouter foi aux relations des exploits du bandit.

Elle se sentait animée d'un mépris profond pour cet homme qu'elle ne connaissait pas, et que la renommée avait fini par poser presque en héros.

Elle prétendait que l'*Encarnado* n'était qu'un voleur vulgaire, que l'on avait tort de poétiser de la sorte, et que si jamais elle se trouvait face à face avec lui, elle aurait le passage libre en lui jetant sa bourse.

Un événement terrible devait venir bientôt modifier son opinion à l'écart de l'*Encarnado* et de la *Compagnie rouge*.

VIII

LA FONTAINE.

Dolorès avait l'habitude, dans la belle saison, de sortir chaque matin, vers les premières heures du jour, et d'aller faire une promenade à cheval dans la *Vega*, qu'elle terminait le plus souvent par une visite à l'*Alhambra* et au *Généralif*.

En dépit du singulier mépris affecté par ses compatriotes à propos de ces merveilleux modèles de l'architecture arabe, que les Grenadins nomment irrévérencieusement : *Casas de ratones y gitanos*, elle avait un culte profond pour ces antiques débris de la Grenade moresque, une passion réelle pour ces vieux représentants d'une époque chevaleresque, un amour d'artiste pour ces éclatants souvenirs d'un passé plein de gloire.

Elle aimait à aller rêver sous ces arcades gracieuses, dans ces patios superbes, sous les lambris sculptés de ces vastes pièces silencieuses et solitaires.

Un vieil écuyer, attaché depuis son enfance à la maison de don Luis Ramero, accompagnait ordinairement la senorita dans ses excursions poétiques.

Lors de l'apparition de l'Encarnado et de sa bande dans les environs de Grenade, l'oncle de Dolorès, ses cousines et ses amis avaient essayé de la détourner de ces promenades qui pouvaient désormais devenir dangereuse.

Jeune, riche et belle, la senorita eut été une proie magnifique dont on eût tiré une rançon de princesse.

Mais la jeune fille, de plus en plus dédaigneuse au sujet de l'Encarnado, refusa de rien entendre, et force fut de la laisser se promener à sa guise.

Un matin, c'était dans les derniers jours d'avril, le ciel était pur, la brise embaumée et la chaleur naissante tempérée par les frais courants qui arrivaient des cimes neigeuses de la Sierra-Nevada.

Dolorès, suivant sa coutume, se disposait à accomplir son pèlerinage favori.

Le vieil écuyer, malade, ne pouvait accompagner la jeune fille ; mais celle-ci n'en avait pas moins ordonné de faire seller son cheval, un noble étalon andalous avec sa belle crinière, tressée, sa longue queue bien fournie descendant jusqu'à terre, son harnais tout brodé et orné de houppes rouges, son œil étincelant et son cou renflé en gorge de pigeon.

Dolorès portait une amazone anglaise en drap noir qui dessinait à ravir sa taille cambrée et ses formes élégantes.

De longues basques garnies de franges s'arrondissaient gracieusement sur la saillie des hanches et faisaient paraître plus fine encore cette taille de Diane chasseresse.

Ses petits pieds étaient emprisonnés dans des bottines de satin envoyées de France, et sa tête s'abritait sous un large sombrero qui lui donnait un caractère décidé et plein de charmes.

Conduisant son cheval en écuyère habile, elle avait bien souvent défié les plus hardis cavaliers de la province.

Ce matin dont nous parlons, Dolorès, après s'être élancée légèrement en selle et avoir rassemblé les rênes dans sa main mignonne, se dirigea vers la place de la *Vivarembla*, où le vaillant Maure Gazal courait autrefois le taureau, et dont les maisons, avec leurs balcons et leurs *miradores* (belvédères) de menuiserie, ont une vague apparence de cages à poulets.

Puis elle traversa le *Zacatin*, la rue Vivienne de Grenade, où bourdonne dans la journée tout le commerce de la ville, mais à cette heure déserte et silencieuse, gravit la rue du Gomeres, et franchit au pas de sa monture la porte de *las Grenadas*, à la droite de laquelle s'élèvent les Tours Vermeilles.

Alors deux routes s'offrirent à elle pour gagner l'Alhambra, deux routes tracées dans un bois de haute futaie.

Sans hésiter, Dolorès prit celle de gauche, la plus escarpée, mais aussi la plus courte et la plus pittoresque qui aboutit à la fontaine de Charles-Quint.

Cette fontaine, élevée en l'honneur du grand empereur par don Luis de Mendoya, soutient les terres de la rampe qui conduit à la porte *du Jugement*, par laquelle on pénètre dans le palais des rois maures.

La température était délicieuse.

Des milliers de petits ruisseaux roulaient leur ondes pures et limpides aux pieds des arbres verts qui s'élevaient orgueilleusement vers le ciel bleu.

Le bourdonnement enroué des cigales et des grillons se mêlait au bruit de l'eau qui gazouillait sur les cailloutis, et aux chants harmonieux des oiseaux qui voltigeaient de branche en branche.

Une fraîche brise agitait mollement les têtes superbes des chardons hauts de six à sept pieds qui se hérissaient sur les bords du chemin.

De temps à autre, on voyait au loin de grandes plaques d'un gris jaunâtre qui s'étendaient au soleil et qui paraissaient être des monceaux de paille hachée; mais bientôt cette paille se soulevait et s'envolait en tourbillonnant; c'était des bancs de sauterelles en quête de leur déjeuner.

En approchant de la fontaine, Dolorès croisa sur la route une longue file d'ânes chargés de jarres énormes et conduits par un paysan de la plaine au visage brûlé, aux vêtements terreux.

Sur la rampe, elle rencontra une troupe de bohémiens et de bohémiennes.

Les hommes avec leur figure hâve, cuivrée, leur expression farouche, les femmes avec leur robe bleue à falbalas, semée d'étoiles, leur châle jaune, leur cheveux en désordre, leur cou entouré de colliers d'ambre ou de corail.

L'*aguador* (vendeur d'eau) et les gitanos passèrent sans paraître prendre garde à la jolie amazone, mais un *muchacho* (gamin) se détacha de la bande sur un signe d'une femme qui paraissait être sa mère, et se cramponnant à la queue du cheval de la promeneuse, se laissa entraîner en courant avec cette agilité et cette ténacité particulière aux enfants de sa race qui font quelquefois ainsi plusieurs lieues à la suite d'un voyageur, dans l'espoir de gagner deux ou trois *cuartos* en gardant la monture une fois arrivée à destination.

Dolorès était trop accoutumée à ces usages pour remarquer l'action du muchacho.

Elle continua tranquillement sa route, et, ayant atteint la porte du Jugement, elle sauta à terre en jetant la bride de son coursier aux mains du petit *gitano*.

Puis elle pénétra dans l'Alhambra sans tourner la tête.

Ce qui se passait derrière elle méritait cependant quelque attention.

En effet, l'*aguador* avait arrêté ses ânons, et s'approchant d'un nopal gigantesque dont le tronc s'enfouissait dans les crevasses d'un rocher voisin, il écarta les branches avec son bâton et avança doucement la tête.

Un *majo* dormait ou paraissait dormir à l'ombre de la plante monstrueuse, mais avant que l'*aguador* eût le temps de prononcer une parole, il se dressa sur ses jambes nerveuses.

« Quoi? fit-il laconiquement.

— La senorita! répondit l'*aguador*.

— Tu l'as vue?

— Elle est passée.

— Avec son compagnon ordinaire?

— Non.

— Seule?

— Oui.

— *Por Dios*! dit l'homme en s'élançant sur la route et en faisant claquer ses doigts comme s'il eût tenu des castagnettes ; *por Dios!* si tu parles vrai, la matinée sera bonne !

— Je te répète qu'elle vient de passer seule, allant à l'Alhambra.

— Et si elle ne s'arrêtait pas ?

— Negro veille sur la rampe avec sa femme et ses filles.

— *Bueno!* elle est à nous ! »

Et le *majo*, faisant un signe de la main à son interlocuteur, partit en courant dans la direction de l'Alhambra, tandis que *l'aguador* retournait à ses ânes qui l'attendaient philosophiquement tout en broutant des chardons sur le bord de la route.

Quant à la famille des *gitanos*, elle avait lentement rebroussé chemin après le passage de Dolorès, et au moment où celle-ci venait de disparaître dans le long corridor qui précède le palais de Charles-Quint, elle avait rejoint le *muchacho*, gardien de l'étalon andalous.

Un homme qui paraissait être le chef de la horde bohémienne s'approcha du cheval, l'examina attentivement et le flatta de la main en frappant doucement l'encolure.

La plupart des *gitanos* en Andalousie sont forgerons, tondeurs de mule, vétérinaires et surtout maquignons.

Ils ont mille recettes pour donner du feu et de la vigueur aux bêtes les plus poussives et les plus fourbues, mais ils possèdent aussi tout autant de secrets pour faire d'un noble coursier un animal rétif stupide et souvent dangereux.

Le bohémien parut d'abord admirer l'étalon, puis il tira de sa besace une petite fiole contenant une liqueur jaunâtre et un morceau de sucre dont la couleur différait peu de celle de la liqueur. Il vida à demi le flacon sur le morceau de sucre placé dans la paume de sa main droite et le présenta au cheval.

Celui-ci, alléché par le parfum, avança sa tête intelligente, retroussa sa lèvre rose et happa le sucre imbibé.

L'interlocuteur de l'*aguador* arrivait alors à bout d'haleine.

« Eh bien ! dit-il en s'arrêtant, elle est dans l'Alhambra ?

— Oui, répondit le *gitano*, et si elle parvenait à fuir, le cheval ne la mènerait pas loin maintenant.

— Bravo ! à nous les douros de la senorita et les réaux du vieil oncle. *Por Dios* ! la belle vaut une fortune pour chacun de nous, et que je sois pendu si elle ne nous la rapporte pas. Qu'en penses-tu, Negro ?

— Je pense à l'*Encarnado*, répondit le bohémien.

— Le chef ? il est à Séville !

— Oui, mais il reviendra !

— Sans doute !

— Eh bien...

— Eh bien, quoi ?

— Que dira-t-il, quand il saura ce que nous aurons fait ?

— Il dira ce qu'il voudra puisque la chose sera accomplie. D'ailleurs l'occasion est trop tentante et il y a huit jours que nous la guettons. Et puis nous faisons assez ce qu'il veut pour qu'il nous soit bien permis une fois par hasard de faire ce qui nous est agréable. Donc, agissons !

— Prends garde, Peblo ! le chef n'aime pas qu'on lui désobéisse ! »

Peblo haussa les épaules.

« Que m'importe ! dit-il, je ne crains personne, moi !

— Ni moi ! répondit Negro en se redressant avec fierté.

— Alors, passons par le Généralif et allons rejoindre Antonio Rojo qui nous attend dans la *Taza de los Leones*.

— Le Lieutenant est donc là ? fit Negro avec étonnement.

— Eh sans doute, Antonio est amoureux de la senorita. Nous agissons pour son compte !

— Alors, c'est bien différent ! Il s'arrangera avec l'*Encarnado*, lui !

— Et nous aurons toujours l'argent !

— *Caramba* ! je comprends, Peblo ! Le temps d'ordonner aux femmes d'attendre à la fontaine, et je suis à toi. »

En achevant ces mots, le bohémien se retourna vers les *gitanos* qui se tenaient debout à quelque distance et leur commanda de veiller attentivement.

Les femmes répondirent par un regard significatif.

Alors les deux hommes se glissant entre les hautes plantes avec une adresse féline et rampant comme des couleuvres, disparurent bientôt, se disposant à tourner l'Alhambra et à gagner le Généralif.

IX

L'ALHAMBRA.

Dolorès, après avoir franchi les sombres couloirs qui aboutissent à la cour de *los Arrayanes* (cour de Myrtes), venait de pénétrer dans cette large enceinte inondée de lumière, d'où l'œil aperçoit tout à coup les splendeurs du palais arabe.

Le front de la belle Grenadine était ce jour là plus sévère encore que de coutume, et son regard errant décelait la vague rêverie à laquelle son âme était en proie.

La tête penchée sur son épaule au modelé suave et pur, tenant de la main droite une mignonne cravache remplaçant momentanément l'éventail et relevant sous son bras gauche les plis étagés de sa longue jupe, elle traversa le *patio* désert songeant à tout ce monde de guerriers et de sultanes, de rois et d'esclaves qui avaient jadis peuplé cette solitude et qu'évoquaient maintenant les seuls souvenirs du passé.

Marchant lentement sous les lambris sculptés de la *salle des Ambassadeurs*, elle arriva au jardin de Lindaraja, terrain inculte, jonché de broussailles et de décombres et sur lequel s'ouvre un ravissant pavillon revêtu de mosaïques de carreaux de terre vernissée et brodé de filigranes de plâtre à faire honte au madrépores les plus compliqués.

Ce pavillon se nomme le bain des Sultanes.

Une fontaine en occupe le centre : deux espèces d'alcôves sont pratiquées dans le mur.

C'était là que *Chaîne des cœurs* et *Zobeide* venaient se poser sur des carreaux de toile d'or après avoir savouré les délices et les raffinements d'un bain oriental.

On voit encore, à une quinzaine de pieds du sol, les tribunes où se plaçaient les musiciens et les chanteurs.

Ce pavillon était l'endroit favori de la nièce de don Pedro, c'était toujours le but de ses courses à travers l'Alhambra, le lieu où elle aimait à passer quelques heures de repos.

Cette fois encore, elle y entra comme de coutume, mais au lieu d'aller s'asseoir dans l'une de ces alcôves dont nous avons parlé, elle vint s'accouder sur une large fenêtre donnant sur le jardin.

Une énorme touffe de lauriers roses masquait extérieurement cette ouverture sans défendre à l'œil du promeneur placé à l'intérieur du pavillon de planer sur le jardin.

Dolorès, immobile, le visage encadré par les fleurs roses, suivait du regard les coquettes manœuvres d'un paon sauvage perché en face d'elle sur l'arête d'un mur à demi éboulé.

Elle était là déjà depuis quelques instants, lorsque, tout à coup, un bruit de voix parti d'en bas s'éleva jusqu'à elle et la fit tressaillir.

X

L'ENLÈVEMENT.

Dolorès écouta d'abord pour voir de quel côté partait le bruit de ces voix qui avaient frappé son oreille, puis, ayant reconnu qu'il sortait de la touffe de lauriers-roses qui se trouvait au-dessous d'elle, elle se releva pour se retirer discrètement.

Cependant, après une hésitation de quelques secondes, elle chercha à dissimuler sa présence et elle se mit de nouveau à écouter.

Dolorès n'était pas pourtant l'une de ces natures vulgaires qui s'en vont écoutant aux portes pour le plaisir d'entendre ; elle n'était pas curieuse, et son âme était trop élevée pour descendre à d'aussi misérables petitesses.

Mais un nom avait été prononcé ; un nom avait été entendu par elle, et ce nom, tant de fois répété en sa présence, exerçait sur son esprit une influence dont elle ne pouvait pas se rendre compte.

Ce nom était celui de l'*Encarnado*.

Certes, si elle eut su d'avance quelles tristes questions allaient s'agiter, elle se fut retirée promptement.

Mais elle s'imagina n'avoir affaire qu'à un de ces mille bruits qui circulaient dans Grenade au sujet du mystère qui planait sur le redoutable bandit. Elle écouta donc.

« *Caramba* ! disait une voix, je trouve que depuis quelque temps l'*Encarnado* nous laisse par trop le temps de danser et de fumer !

— Patience! répondit une autre voix, nous aurons de la besogne d'ici à peu.

— Tu sais donc quelque chose?

— Depuis quand donc, dit une troisième voix plus mâle encore que les deux précédentes et avec un grand accent d'autorité, le maître se confie-t-il à vous?

— Je n'ai pas dit cela.

— Alors tais-toi.

— Très-bien, señor Mochuelo, mais du moins nous est-il permis de regretter l'inaction dans laquelle nous sommes plongés.

— Je vous permets tout, excepté de parler de lui.

— Ah! quand nous sommes arrivés ici, c'était bien! on travaillait, et jamais un jour ne se passait sans une descente dans la plaine ou une promenade dans la ville!

— Oui; je me souviens encore de la piteuse figure que faisait notre numéro 31.

— Quel numéro 31.

— Ah! Paquo, tête de lièvre! tu oublies vite!

— Mais enfin, de qui veux-tu parler?

— Eh! de ce vieux prêteur à usure que nous avons dépêché dernièrement, et sous le balcon duquel nous avons dessiné ce splendide numéro rouge.

— Ah! je sais ce que tu veux dire!

— N'est-ce pas?

— Et pourquoi a-t-il été...

— Silence! dit Mochuelo. Vous savez bien que l'*Encarnado* n'aime pas qu'on cherche la cause de ses vengeances. Il est, en principe, l'appui du faible contre le fort, il s'est consttiué de lui-même le grand justicier de l'Andalousie, nous n'avons pas à savoir pourquoi il nous fait agir, notre devoir est d'obéir aveuglément.

— Ne l'avons-nous pas juré ?

— Certes ! D'ailleurs, ce numéro 31 dont vous parlez était une infâme sangsue, c'était un de ces polypes hideux qui s'attachent au flanc des honnêtes gens pour sucer le plus pur de leur sang, un de ces abominables scélérats cachés sous une apparence vertueuse et qui, cependant, nuisent et déshonorent les familles en favorisant les vices des jeunes gens. Cela doit suffire.

— Mais le numéro 32 ?

— Celui-là était encore pis ! Capharnaüm infect où s'étaient enfouis les larmes et les trésors du pauvre, les souvenirs chers à bien des cœurs ; ce juif, engraissé du malheur des autres, cet être sans entrailles qui s'était fait une fortune bâtie sur la douleur et l'angoisse.

— *Carajo !* il ne l'avait pas volé !

— Et maintenant, continua Mochuelo, regagnons la montagne, mes enfants ! Je sens quelque chose dans l'air qui me dit que nous aurons de la besogne. »

Les hommes se levèrent et firent quelques pas. Ce mouvement effraya Dolorès qui voulut fuir ; mais ce bruit attira l'attention de Mochuelo.

Le montagnard, dont l'ouïe était depuis longtemps habituée à percevoir le moindre son, se redressa vivement et s'écria :

« Alerte ! on nous écoute ! »

Chacun se mit en campagne, et le jardin fut fouillé en un clin d'œil.

Quant à Mochuelo, il courut droit au pavillon et se trouva en présence de Dolorès.

La jeune fille, sous l'impression de ce qu'elle venait d'entendre, n'avait pas fait un mouvement.

« Ah ! ma belle, s'écria notre ancienne connaissance, il paraît que notre conversation vous intéressait quelque peu. »

Dolorès répondit par un mouvement dédaigneux des lèvres.

« Ma foi ! la fierté vous sied très-bien, senora, poursuivit Mochuelo, et je regrette que ce soit vous que je trouve ici plutôt qu'un vieillard de quatre-vingt-dix ans.

— Pourquoi ? » dit Dolorès qui avait repris tout son sang-froid et dont la nature fière et énergique lui faisait affronter sans pâlir la situation critique dans laquelle elle se trouvait.

Elle était entre les mains de bandits : elle ne pouvait en douter. Elle était seule, absolument seule, dans un lieu désert, loin de la ville, sans aucun secours possible.

Toute résistance (et elle ne pouvait en tenter aucune) eut été vaine.

« Pourquoi ? répéta-t-elle tandis que Mochuelo la considérait en silence.

— Parce que, répondit le bandit, le vieux aurait fait son temps, et que vous êtes jeune et belle, que vous avez sans doute des parents, des amis, un fiancé, et qu'il est dur, à votre âge, de renoncer à tout cela.

— Que voulez-vous donc de moi ? fit Dolorès frissonnant en dépit de son courage.

— Veuillez nous suivre, senora, nous vous le dirons quand nous serons sur le Mulhacen. »

Mochuelo se retourna et fit entendre un cri rauque ; ses compagnons accoururent.

« En route ! » dit-il brièvement.

Puis, s'adressant à Dolorès, il ajouta :

« Je pense que vous nous suivrez de bonne volonté, senora ? »

Pour toute réponse, Dolorès lui fit signe de passer devant.

Elle avait reconquis tout l'empire qu'elle avait sur elle-même.

Mochuelo fit un pas ; elle le suivit, surveillée de près par les compagnons de celui entre les mains duquel elle se trouvait captive.

Son visage ne trahit pas le moindre trouble, pas un de ses muscles ne frémit ; on l'eut prise plutôt pour une noble dame entourée de ses serviteurs, que pour une prisonnière au pouvoir d'une troupe de bandits.

Toujours froide et calme, elle demanda la permission de monter son cheval qui stationnait à la porte de l'Alhambra.

Mochuelo, intimidé malgré lui par l'intrépidité et la sérénité de la jeune fille, bien qu'il ne fût pas très-impressionnable, Mochuelo l'aida lui-même à se mettre en selle et l'on partit.

On avait depuis quelques instants quitté l'Alhambra et l'on s'avançait, par un étroit sentier, pour gravir les premières pentes de la chaîne de montagnes qui domine Grenade et ses environs, lorsque la monture de Dolorès faiblit tout à coup des jambes de devant ; elle la releva étonnée, mais quelques pas plus loin le même accident se renouvela.

D'un bond léger elle sauta légèrement à terre.

« Qu'as-tu donc, Allah ? » dit-elle en examinant son

cheval qui se couvrait subitement de sueur et qui tremblait sur ses membres.

Mochuelo s'était arrêté et examinait la monture.

Sa bouche aux lèvres épaisses ébaucha un sourire ressemblant à une laide grimace.

« Pardon, senora, dit-il, qui gardait votre cheval à la porte de l'Alhambra ?

— Je ne sais, quelque bohémien sans doute.

— Ah ! je vois ce que c'est. Attendez. »

Puis se tournant vers ceux qui le suivaient.

« Paquo ? » fit-il.

Paquo s'avança vivement.

Mochuelo lui parla bas.

Le bandit fit un signe affirmatif, et, quittant son interlocuteur, il s'élança sans mot dire sur l'un des versants boisés de la montagne.

Quelques instants après, il revenait tenant à la main une poignée d'herbes fraîchement coupées.

Mochuelo prit les herbes et les présenta au cheval.

Le pauvre animal, qui semblait frappé d'atonie, hésita, puis, après avoir flairé un moment les herbes, il consentit à les mâcher.

« Attendez ! » répéta Mochuelo en s'adressant à Dolorès, laquelle avait suivi cette petite scène avec une extrême attention.

Le remède opéra comme par enchantement ; les naseaux du cheval se dilatèrent pour aspirer plus vivement l'air qui manquait à la poitrine, sa crinière se redressa soyeuse sur son col arrondi, ses jambes nerveuses frappèrent impatiemment le sol, et un hennissement joyeux retentit dans la montagne.

4.

Dolorès se remit en selle, et la petite troupe reprit sa marche.

« Vous connaissez-vous quelque ennemi, senora ? demanda Mochuelo en marchant près de la jeune femme.

— Pas d'autre que vous, répondit Dolorès.

— Nous ne sommes pas vos ennemis ; vous avez surpris les secrets de notre *guerilla*, c'est un grand malheur pour vous.

— Et quel malheur peut m'arriver par vous ? fit-elle avec dédain.

— Vous ne le saurez que trop tôt, senora ! Tout ce que je peux vous affirmer, c'est que vous avez un autre ennemi que nous, et ce qui est arrivé à votre cheval en est la preuve.

— Comment ?

— N'avez-vous pas vu ce qui vient de se passer ?

— Si fait.

— Eh bien ?

— Vous ne comprenez pas ?

— Non.

— Votre cheval a été empoisonné.

— Empoisonné ? répéta la jeune fille.

— Oui.

— Par qui ?

— Ah ! voilà !.. je l'ignore. »

Dolorès regarda son interlocuteur, puis, haussant les épaules, elle ajouta avec un accent de mépris écrasant :

« C'est possible ! mais que m'importe ?

— Soit ! à votre aise, senora, » répondit Mochuelo.

On continuait à s'avancer dans le sentier rocailleux de la montagne. Grenade commençait à se fondre dans une teinte bleuâtre, et ses édifices se découpaient plus noirs sur l'horizon enflammé.

Tout à coup un bêlement de chèvre se fit entendre. Ce bêlement se répéta de proche en proche.

Mochuelo s'arrêta et fit arrêter la petite troupe qu'il commandait, puis il prit les devants et fit signe à la prisonnière de demeurer immobile.

Portant à sa bouche une corne montée en argent, suspendue à son corps par une chaîne de même métal, il en fit sortir un son plaintif et prolongé qui retentit clair et sonore entre les parois du sentier dans lequel on était engagé.

Il écouta attentivement, et le bruit qu'il entendit quelques instants après et qui parvint jusqu'à lui, suffit probablement, car il se remit tranquillement en route.

Dolorès suivit nonchalamment comme si elle eut fait une promenade dans une région inconnue, escortée de guides dévoués.

Elle sentait cependant qu'elle approchait du terme du voyage entrepris.

Sa narine se dilata; sa tête se redressa légèrement, et un sourire de défi glissa sur ses lèvres roses.

Au moment où le sentier tournait brusquement et s'élevait de plus en plus vers les hauteurs, un homme apparut immobile, la carabine en main, et parut contempler le défilé de la petite caravane avec la plus parfaite indifférence.

Mochuelo le regarda et le salua de la main.

— L'Encarnado est-il arrivé? demanda-t-il.

— Non, répondit l'homme.

— A-t-on de ses nouvelles?
— Aucune.
— Antonio est là, du moins?
— Oui.
— C'est bien! »

Et il se remit à grimper.

La pente devenait tellement rapide que le cheval de Dolorès avait peine à s'y maintenir.

Mochuelo s'approcha, fit signe à la jeune fille de descendre, et, s'adressant à l'un de ses compagnons:

« Peblo, va prévenir le lieutenant que je lui amène une prisonnière, » dit-il.

Dolorès s'avança lentement dans la diretion suivie par Peblo sans attendre qu'elle y fût invitée, comme s'il lui eût tardé d'en finir avec la perspective du terrible inconnu qui l'attendait.

XI

L'ENCARNADO.

Dolorès arriva sur un plateau d'une largeur d'environ vingt mètres carrés, sur lequel étaient assis, dans une série de poses diverses, des hommes fumant nonchalamment le *papelito* traditionnel.

Certes, la manière nonchalante avec laquelle ils accueillirent l'entrée de leur prisonnière n'eut jamais fait supposer qu'ils pussent avoir ou non quelque intérêt à la capture qu'on venait de faire.

Leur figure bronzée par le soleil, leur teint hâlé par le grand air indiquaient suffisamment leur origine montagnarde.

Leurs armes placéés à côté d'eux, semblaient n'attendre qu'un signal pour sortir de leur inerte apathie.

On sentait que ces hommes, sous l'indolente apparence qu'ils affectaient en ce moment, ne devaient redouter aucune fatigue ni aucun danger.

Ils avaient tous autour des reins une ceinture rouge du plus bel écarlate dans laquelle était enfouie l'inséparable *navaja*.

Dolorès s'avança fièrement au milieu de ces groupes qui l'entouraient, et, jetant autour d'elle un regard méprisant, dont les bandits parurent peu s'inquiéter, elle se tourna vers Mochuelo :

« Où donc est votre chef ? demanda-t-elle.

— Il n'est pas là, mais vous allez parler au lieutenant, senora, » répondit Mochuelo.

En ce moment, un homme paraissant surgir par une excavation naturelle creusée dans la montagne s'élança sur le plateau.

Apercevant aussitôt Dolorès, il fit un pas vers elle en portant galamment une main au *sombrero* qui couvrait sa tête, tandis que l'autre s'appuyait sur la crosse d'un pistolet merveilleusement ouvré qui était passé dans sa ceinture.

« *Demonio !* » fit-il avec un accent joyeux.

Puis se retournant vers Mochuelo :

« Qui a arrêté cette femme ? demanda-t-il.

— Moi ! répondit Mochuelo.

— Où cela ?

— A l'Alhambra.

— Pourquoi ? comment ?

— C'est bien simple, senor ; nous étions en train de

causer de nos affaires de famille sous une délicieuse touffe de lauriers-roses, lorsque j'entendis vaguement un bruit qui me fit dresser l'oreille, je pénétrai dans le pavillon qui se trouvait à côté de nous, et je découvris la belle curieuse que je vous amène. Elle avait entendu, donc elle ne pouvait demeurer libre. »

Et Mochuelo, sans insister davantage, s'éloigna lentement en roulant entre ses doigts une fine cigarette qu'il alluma, et dont il aspira avidement les premières bouffées.

Puis il s'étendit paresseusement sur la cape brune qu'il portait sur son bras et qu'il jeta à terre, et il se mit à savourer délicieusement la fumée qui s'élevait en nuages bleus dans l'air.

Antonio interrogea l'un après l'autre les hommes qui avaient servi d'escorte à Dolorès, et dont elle avait surpris les secrets, et, frappant violemment du pied le sol rocheux sur lequel il était placé :

« Ce n'est pas là ce que j'aurais voulu ! s'écria-t-il.

— Faut-il la tuer ? » demanda simplement l'un des bandits.

Dolorès frissonna.

« Non ! répondit Antonio. Allez, j'ai à causer avec la senorita. »

Les partisans s'éloignèrent, et chacun alla se joindre au groupe préféré.

Antonio s'approcha de Dolorès et voulut lui prendre la main.

La jeune fille se recula vivement, et toisant l'insolant lieutenant d'un regard qui l'enveloppa tout entier, elle attendit frémissante.

Antonio n'était pas homme à s'effrayer de si peu ; il

sourit ironiquement, et, affectant une politesse outrée, il s'inclina devant la belle dédaigneuse :

« Senora, dit-il, la fierté vous sied à ravir ; mais vous n'êtes pas ici à Grenade, au milieu de vos *attentifs ;* vous êtes en mon pouvoir, et le plus simple est de vous y soumettre. »

Elle ne répondit pas, mais ses yeux se fermèrent imperceptiblement, comme pour augmenter davantage le sentiment de mépris qui s'échappait de ses noires prunelles.

Antonio continua sans s'émouvoir.

« Vous avez surpris les secrets de notre compagnie, et notre loi est formelle, vous êtes condamnée à mourir.

— Tuez-moi donc ! répondit froidement la courageuse enfant.

— Pas encore. J'ai à vous parler longuement. Je vous connais, senora, et je vous aime.

— Hein ? fit Dolorès en se détournant avec dégoût.

— Depuis huit jours je vous fais épier chaque matin pour vous amener ici, mais comme vous sortiez habituellemrnt avec un écuyer vieux et laid, j'ai patienté. Je ne voulais pas de bruit, je ne voulais pas d'enlèvement éclatant, c'est ce qui vous explique la discrétion de ma conduite à votre égard. Sans cela, depuis cette époque, vous seriez en mon pouvoir. Or, si vous le voulez, maintenant je puis vous sauver. »

Dolorès ne répondit pas.

L'aveu si brusque, si inattendu qui venait de retentir à son oreille l'avait fait frissonner des pieds à la tête.

Jusqu'alors elle n'avait craint que la mort et elle se voyait en face de l'infamie.

« Les hommes qui vous ont arrêtée n'avaient aucun ordre, poursuivit Antonio. Le hasard a tout fait, car ce n'était pas eux qui devaient vous amener à moi.

L'arrestation faite ainsi change votre situation, et à cette heure la mort est sur votre tête, mais je puis vous sauver !

— Et je n'ai pas d'armes ! » s'écria Dolorès avec une sublime explosion de colère folle et de rage impuissante.

Antonio recula, blessé par cette exclamation qui dénotait si bien tout ce que ressentait la jeune fille.

« Allons, dit-il, pas d'insultes ! Répondez-moi franchement. Voulez-vous que je vous sauve ?

— Tuez-moi, mais ne m'insultez pas ! répondit Dolorès d'une voix vibrante.

— Tu veux mourir ?

— Je le veux ! »

Antonio la regarda encore.

« Tu es décidée ? dit-il.

— Oui ! fit nettement Dolorès.

— Eh bien ! c'est facile. »

Et se tournant vers l'un des bandits :

« Va chercher le confesseur !... dit Antonio avec colère. Elle a surpris nos secrets, elle doit mourir, c'est la loi établie... qu'elle meurt donc !... »

Un cri de joie furieuse interrompit Antonio, et une exclamation de rage répondit aussitôt à ce cri de triomphe.

Pour donner son ordre au bandit, Antonio s'était à demi retourné.

Dolorès, d'un seul bond, s'était élancée près de lui et, avec un geste plus rapide que la pensée, elle avait arraché la navaja pendue à sa ceinture.

Brandissant son arme, elle recula d'un pas :

« Insulte-moi donc ! » dit-elle d'une voix frémissante.

Antonio frappa le sol du talon de sa chaussure.

« Tu vas mourir ! s'écria-t-il.

— J'attends le bourreau ! » répondit fièrement Dolorès.

Le confesseur arrivait alors.

C'était une sorte de moine qui, las de la vie de couvent, avait voulu courir les aventures; il faisait partie de la bande entre les mains de laquelle était tombée Dolorès, et il tuait un homme aussi froidement que le plus vulgaire membre de cette terrible association.

Dolorès, en l'apercevant, ressentit une instinctive répulsion qu'elle s'efforça de surmonter.

Elle ne daigna pas répondre aux pieuses exhortations du défroqué, et s'adressant au lieutenant, elle lui dit froidement :

« Est-ce fini ?

— Oui, dit Antonio en se rapprochant doucement ; voulez-vous vivre ?

— Etre libre ?

— Oui, senora.

— Sans condition. »

Antonio sourit.

« Tuez-moi ! dit Dolorès en brandissant son arme.

— Je t'aime ! dit le bandit.

— Insolent ! » s'écria la jeune fille.

Et l'arme levée, elle se précipita vers Antonio.

Antonio avait saisi le bras menaçant de la jeune fille, et tordant facilement ce poignet mignon, il s'efforçait de l'autre main d'arracher la navaja.

Les bandits, spectateurs de cette scène, s'étaient levés doucement et se rapprochaient du groupe formé par Dolorès et Antonio.

Celui-ci, dans le paroxysme de la fureur sauvage qui l'animait, avait enlevé Dolorès par la taille.

La jeune fille, se dégageant vivement, serra convulsivement la navaja qu'elle tenait encore dans la main, et elle allait la plonger tout entière dans le flanc du bandit lorsqu'une main puissante arrêta son bras, tandis que le lieutenant roulait violemment à terre, obéissant à l'impulsion énergique qu'il venait de recevoir.

Un rire général accueillit la chute de l'amoureux Antonio.

Il se releva pâle et menaçant, saisit un des pistolets qui ornaient sa ceinture, et s'avança décidé à tuer celle dont les mépris avaient fouetté son orgueilleuse colère.

Un homme était debout entre Dolorès et lui, cet homme avait les bras croisés sur la poitrine, un vaste manteau rouge l'enveloppait et retombait jusque sur les guêtres qui entouraient sa jambe nerveuse ; un *sombrero* noir, orné de bouffettes de soie rouge, couvrait sa tête, tandis qu'un masque rouge cachait le haut de son visage.

Antonio s'arrêta stupéfait ; le chien avait reconnu son maître.

« L'Encarnado ! » s'écria-t-il.

Dolorès recula, dominée instinctivement par cet ascendant extraordinaire exercé sur son entourage par la soudaine apparition de cet homme.

Celui-ci s'était placé entre la jeune fille et le lieutenant.

Elle put donc le contempler à l'aise, et si elle avait pu

conserver quelque doute sur l'existence de ce mystérieux capitaine moitié bandit, moitié partisan, ces doutes se fussent évanouis violemment, et son imagination surexcitée eût vu dans l'étrangeté de ce personnage quelque chose de plus que cette renommée vulgaire qui s'attache à un métier inavouable.

L'Encarnado était là devant ses yeux ; sa haute taille se développait hardiment au-dessus de celle des bandits qui l'entouraient ; sa pose, loin d'affecter une exagération théâtrale, avait tant de noblesse, de simplicité et d'élégance, qu'on l'eût pris volontiers pour le fils d'un de ces fiers hidalgos dont le sang avait fertilisé l'Andalousie.

Ses gestes sombres et dignes décelaient la grâce et la souplesse répandues dans toute sa personne.

La voix de l'Encarnado vint arracher Dolorès à l'examen rapide qu'elle venait de faire, sans en avoir pour ainsi dire conscience.

« Que se passe-t-il donc ici ? » dit la voix brève du terrible chef.

Mochuelo s'approcha et raconta en peu de mots au capitaine tout ce qui était arrivé dans les jardins de l'Alhambra.

« Antonio ! » dit l'Encarnado.

Le lieutenant s'avança lentement.

Il avait repris quelque peu son assurance, et l'amour violent qui s'était emparé de sa nature sauvage bouillonnait tellement au fond de son cœur, que sa tête s'égara au point de lui laisser méconnaître l'autorité du maître.

« Me voilà ! dit-il sèchement.

— Expliquez-moi la bizarrerie de votre conduite.

— Je n'ai rien à expliquer ; cette femme me plaît ; je devais la faire enlever ces jours-ci ; le hasard a servi mes projets, j'en profite.

— En vérité ! fit l'Encarnado en souriant.

— Senor, dit Dolorès, je ne sais qui vous êtes, je ne vous connais pas, on vous appelle justicier. Eh bien ! c'est à votre justice que je m'adresse, c'est d'elle que je réclame la punition d'un misérable.

— Parlez, senora, je vous écoute.

— J'ai surpris involontairement des secrets que je n'avais aucun désir de connaître ; j'ai été amené ici sans chercher à me défendre ; je devais mourir, je n'ai rien fait pour éviter la mort ; mais au moins croyais-je n'avoir pas à subir l'humiliation que me réservait cet homme (et elle désigna Antonio). Puisque vos lois ont décidé de ma vie, je me soumets et je désire ne pas souffrir plus longtemps.

— Ces explications me suffisent, senora, dit l'Encarnado du ton le plus calme ; et Antonio va vous faire à l'instant ses excuses formelles.

— Moi ? s'écria Antonio.

— Je le veux !

— Jamais ! Il me faut l'amour de cette femme. Depuis assez longtemps j'obéis en aveugle à vos caprices ; j'ai une fantaisie, je veux la satisfaire.

— Mais je crois que vous vous révoltez !

— Quand cela serait ? »

L'Encarnado avait rejeté en arrière les pans de son vaste manteau rouge ; l'élégance de ses formes ressortait tout entière sous le ravissant costume dont il était revêtu et qu'il portait avec une grâce merveilleuse.

« Faites vos excuses à la senora, dit-il.

— Non ! jamais ! » hurla Antonio.

Un coup de feu retentit, et le cadavre du lieutenant roula aux pieds de Dolorès.

Elle recula épouvantée.

« Cet homme a refusé d'obéir, » dit simplement l'Encarnado en promenant son regard autour de lui.

Personne ne bougea.

« Faites venir le confesseur, ajouta-t-il.

— Il est là, dit Paquo.

— Qu'il approche !

— Me voici, capitaine,

— Donnez-moi votre Christ. »

L'Encarnado prit la sainte croix que le moine lui avait remise, et la tendant à Dolorès :

« Jurez sur ce signe sacré de la Rédemption que rien de ce que vous avez vu et entendu ce matin ne sortira de votre bouche. »

Dolorès regarda fixement le chef des bandits ; elle hésita un instant ; puis s'avançant pleine de confiance vers l'image du Christ, elle étendit la main :

« Je le jure ! dit-elle d'une voix ferme.

— Senora, vous êtes libre ! Le cheval de la senora ! » dit l'Encarnado.

Les bandits se précipitèrent.

« Deux hommes vont vous escorter jusqu'aux portes de la ville, continua le chef de sa voix calme et forte. Pardonnez-moi, senora, l'insolence de celui que je viens de punir. »

En achevant ces mots, l'Encarnado salua et quitta le campement.

On amenait le cheval.

Dolorès, sans dire un mot, s'élança en selle, et se laissant guider par ses deux hommes d'escorte, elle regagna le chemin de la ville.

Les bandits la quittèrent en vue des faubourgs.

Elle rentra à Grenade comme si elle fût revenue de la plus ordinaire des promenades.

« Tu as été longtemps dehors aujourd'hui, lui dit son oncle.

— Oui, je me suis laissée aller à rêver plus que de coutume à l'Alhambra, » répondit Dolorès.

Dolorès ne dit rien des événements survenus.

Elle continua de vivre avec la quiétude la plus grande ; mais, à dater de ce jour, elle jugea prudent de suspendre ses excursions matinales.

Mais au fond de cette tranquillité apparente, il y avait plus de tristesse et de préoccupation qu'il n'y a de tempête sous la surface unie d'un lac.

« Qu'as-tu donc, chère amie, lui demandait souvent Carmen en la surprenant triste et rêveuse.

— Absolument rien, répondait Dolorès.

— Tu parais soucieuse.

— N'est-ce pas dans mes goûts ordinaires ?

— Je ne dis pas ; mais tu ne vas plus, comme par le passé, chevaucher au soleil levant.

— C'est un parti pris à l'avenir.

— Pourquoi donc ?

— Le grand air me faisait mal à la poitrine.

— Pauvre Dolorès !

— Aussi, ai-je complétement renoncé aux promenades du matin.

— Et tu as bien fait. »

Lorsque Dolorès était seule, son œil sans regard se fixait immobile sur un point quelconque, et son esprit cheminait à travers les mille fantômes évoqués par son imagination.

Lorsque la conversation tombait sur les prouesses de l'Encarnado, elle ouvrait la bouche comme si elle eût voulu parler; mais elle gardait un silence obstiné.

Si on l'interpellait directement, elle se contentait d'exhaler, comme par le passé, tout le mépris qu'elle semblait ressentir au cœur pour ce terrible chef de guerilla.

Jamais il ne lui échappa un mot relatif à la scène tragique dans laquelle elle avait joué un des rôles principaux.

Elle avait juré sur le Christ et elle tenait son serment

XII

DON JUAN RAMERO.

Un mois environ s'était écoulé depuis le jour où Dolorès avait miraculeusement échappé au double danger du déshonneur et de la mort.

Un grand événement était survenu dans Grenade.

Un nouvel arrivant, un homme jeune encore, était venu accaparer l'attention publique et trônait de toute la puissance de son nom et de sa richesse.

Comme cet homme avait tout ce qu'il faut pour plaire, il réussissait admirablement à captiver l'attention de tous.

Sa physionomie ouverte, son regard voilé, sa taille élancée, la grâce répandue sur toute sa personne, l'exquise distinction de ses manières, l'ensemble de ses mouvements, la facilité avec laquelle il semait l'or, l'aisance avec laquelle il portait tous les costumes, depuis l'insipide habit européen jusqu'au gracieux vêtement national, lui ouvrirent les portes des plus grandes maisons de Grenade.

Son exceptionnelle beauté, empreinte d'une étrange mélancolie, semblait même émouvoir les cœurs jusque-là rebelles de plus d'une fière senora.

Mais la chronique disait que cet homme était resté insensible aux œillades incendiaires et aux soupirs de toutes les belles coquettes.

Ce nouveau venu, c'était don Juan Ramero, neveu du senor don Ramero y Puelès.

Don Juan arrivait d'Amérique, disait-il, et, franchement, on pouvait le croire sur parole.

Son teint quelque peu bronzé, ses cheveux noirs, épais et soyeusement bouclés, sa barbe entière et parfaitement soignée, lui donnaient bien le cachet qu'on attribue toujours aux gens des pays chauds et qui est en effet le type des nations habituées à vivre sous un climat plus brûlant encore que celui des Espagnes.

Il avait eu l'attention de rapporter pour ses cousines une foule de ces jolis riens qui font tant de plaisir aux femmes et surtout aux jeunes filles.

Il parlait de ces voyages en homme qui avait véritablement vu du pays ; son éducation était excellente, ses sentiments bien placés, sa gaieté de bon aloi ; c'était un charmant cavalier.

Il pouvait avoir une trentaine d'années environ, et, comme il y avait longtemps qu'il avait quitté l'Espagne, personne ne s'avisa d'aller trouver étonnant le changement survenu dans sa personne.

Ce changement, au reste, se comprimait facilement ; il avait quatre ans quand il était parti pour l'Amérique.

Son oncle fut enchanté de le revoir et de se l'attacher, car la solitude se faisait autour de lui, et par ces temps de guerre civile, il était bon d'avoir un entourage nombreux, d'autant plus que les deux frères de don Ramero l'avaient déjà quitté pour embrasser le parti de la reine.

La famille des Ramero y Puelès habitait Grenade depuis l'époque où cette ville avait été prise sur les Maures par les armées victorieuses de Ferdinand et d'Isabelle la Catholique.

Elle avait pris part à cette conquête, et pour la récompenser, Isabelle avait nommé un Ramero gouverneur de la province conquise, où il avait fait souche.

Ces Ramero y Puelès étaient dès lors une des plus fières maisons d'hidalgos qui pût exister en Espagne.

Quelques années avant l'époque qui nous occupe, cette famille était représentée par quatre membres.

L'aîné habitait tranquillement Grenade, étranger aux luttes politiques qui ensanglantaient son pays : c'était don Luis Ramero ; il était veuf et avait deux filles, Carmen et Lola.

Le second, don Antonio Ramero, avait un caractère tellement bizarre, des opinions tellement opposées à celles de ses frères que pour éviter des querelles toujours envenimées, il avait renoncé à une cohabitation impossible et s'était décidé à quitter l'Espagne pour aller courir

5.

le monde et les aventures, emmenant avec lui son fils âgé de quatre ans.

Ce fils était don Juan.

Don Antonio était mort loin de sa patrie depuis deux ans, c'est-à-dire plus de vingt ans après avoir quitté l'Espagne.

Le troisième frère, avec lequel nous avons fait connaissance dès le commencement de ce récit, présidait, dans la nuit du 15 au 16 octobre 1833, à l'exécution des prisonniers dont Antonio Urdova faisait partie (1.)

C'est celui-là qui avait ressenti pour dona Sabina cette passion folle dont nous avons pu voir jaillir une étincelle dans la nuit où le village d'Adrian fut entièrement massacré et impitoyablement brûlé sur un ordre du commandant christino.

Il avait aimé (du moins à ce que l'on disait dans sa famille) avec toute l'ardeur d'une jeunesse dissipée, et surtout avec le désespoir d'un amour inassouvi et cruellement repoussé.

La femme d'Antonio Urdova, la mère de Fernando, était morte victime de cette brutale passion, mais, ainsi que nous le savons, cette mort n'avait pas suffi pour éteindre cette haine féroce qui animait les Ramero pour tout ce qui portait le nom d'Urdova.

Inès en avait été victime elle-même, comme l'avait été son père, et comme l'était devenue sa mère; la trame était bien ourdie.

Le quatrième membre de la famille, don Horacio

---

(1) Voir l'ETUDIANT DE SALAMANQUE qui forme la première partie de cet ouvrage.

Ramero, avait épousé, comme nous le savons encore, Giula Bariotti qui mourut en donnant le jour à Dolorès.

Ce fut quelque temps après son veuvage que don Horacio aperçut Inès, et en devint épris outre mesure.

Ce fut alors qu'il partagea la haine de son frère, ou plutôt ce fut alors qu'il consentit à servir cette haine pour arriver plus sûrement à son but, à la possession de la sœur de don Fernando Urdova.

Don Horacio connaissait la haine existant entre son frère et le père de Fernando : il savait que cette haine était un obstacle à son amour et qu'elle se dresserait comme une barrière infranchissable entre lui et Dolorès.

Il avait compris que la ruse seule pouvait servir sa passion, et il n'avait pas reculé devant les moyens à employer.

Nous avons vu comme quoi après avoir, à Salamanque, poussé le fils vers l'abîme, il avait entraîné Inès en se faisant de l'honneur de la famille un auxiliaire puissant pour perdre la jeune fille et la contraindre à se jeter dans ses bras.

Quant à sa fille Dolorès, don Horacio l'avait confiée aux soins de son frère aîné, et son éducation s'était faite en même temps que celle de Carmen et de Lola dont elle était presque la sœur.

C'était donc, grâce à la pernicieuse conduite de don Horacio, conduite que nous connaissons dans ses moindres détails, que le malheureux Fernando s'était laissé entraîner aux plaisirs de toute sorte qui amenèrent la ruine de son père et enfin à commettre l'action honteuse dont nous l'avons entendu s'accuser humblement devant Andrea et Fabian Christoval, et qui lui valut cette malédiction terrible de son père, malédiction suspendue au-dessus de sa tête.

Mais don Horacio avait réussi ; il avait poussé aux dernières limites la patience et l'astuce, il avait éclairé lui-même le sentier obscur dans lequel il avait égaré l'étudiant ; cet argent par lui confié à don Antonio Urdova, et volé par son fils dans un moment d'exaspération inexplicable, était devenu l'arme terrible dont il se servit pour assouvir à la fois la vengeance de son frère et l'amour qu'il ressentait.

Il spécula honteusement sur le crime que sa perfidie avait préparé, et il apparut terrible aux yeux du père d'Inès, menaçant de divulguer cette faute ou réclamant la main de l'innocente victime.

Don Antonio Urdova ne pouvait payer, Inès n'avait pas hésité.

Elle avait fait taire les atroces souffrances qu'endurait son cœur brisé, elle avait imposé silence aux sentiments d'amour qui avaient germé dans son âme ; elle avait vendu sa personne aux Ramero pour sauver l'honneur des Urdova.

Poussant la loyauté jusqu'à informer don Horacio de l'amour qu'elle ressentait pour Andrès, elle espérait ainsi se débarrasser des poursuites dont il l'obsédait, et le faire renoncer à ce mariage ; tout cela avait été inutile et le sacrifice avait été consommé.

Nous savons quelles avaient été les suites douloureuses de cette union.

Nous savons quelle catastrophe sanglante l'avait terminée.

Cuevillas et ses hommes, Fernando, Andrès et Mochuelo avaient assisté à la terrible scène que nous avons essayé de décrire ; mais comme don Horacio était un chef christino, les carlistes se préoccupèrent peu de sa mort et n'en parlèrent même pas.

Comme Fernando et Andrès n'avaient aucun intérêt à répandre cette nouvelle, elle ne se propagea pas, et personne en Espagne, à l'exception de deux témoins oculaires de l'événement, ne connut l'horrible fin du colonel et de sa jeune femme.

A Grenade, on ignorait absolument ce qui s'était passé dans les montagnes de la Vieille-Castille, et on avait été loin de supposer la fatale catastrophe que nous avons décrite.

On n'avait aucune nouvelle ; mais la guerre civile interceptait toute communication et l'on ne se préoccupa pas tout d'abord.

Peu à peu, cependant, le temps s'écoula et on fit mille conjectures.

En effet, qu'avaient pu devenir don Horacio et Inès depuis deux ans que personne n'avait reçu de leurs nouvelles ?

Etaient-ils morts tous deux, tués dans les horreurs des combats qui se livraient journellement? Etaient-ils prisonniers, étaient-ils enfermés dans quelque place assiégée ?

Nul ne pouvait le dire.

Cette étrange disparition, au moment où la guerre civile enveloppait l'Espagne dans un brouillard de sang, pouvait parfaitement faire croire à leur mort, bien que cette mort n'eût pas été confirmée officiellement.

Mais les opinions bien connues de don Horacio, la part

active qu'il avait prise à ces dissensions intestines; autorisaient cette supposition qui, peu à peu, finit par s'accréditer dans la famille et dans la ville.

Don Horacio avait été surpris sans doute par une bande de carlistes qui avaient massacré le colonel et sa femme.

C'était encore dans les mœurs du temps, et toute supposition de ce genre était possible.

Bref, depuis quelque temps don Horacio passait pour mort parmi les siens, et comme on n'avait aucune nouvelle, non plus de son frère le commandant, on commençait à supposer également que celui-ci avait été victime aussi de la guerre civile.

Donc, aux yeux de tous, (le père de don Juan étant mort), la famille des Ramero se trouvait réduite à l'aîné, le vieillard habitant Grenade, à ses deux filles et à sa nièce.

Le chagrin de don Luis Ramero était vif, car il ne voyait autour de lui aucun chef mâle pouvant porter, après sa mort, le nom de ses ancêtres.

Sur ces entrefaites, don Juan Ramero arriva a Grenade.

On comprendra donc facilement la joie avec laquelle le jeune homme fut accueilli par tous.

Il était, du reste, fort à son aise au milieu de cette foule de courtisans qui était venue se grouper autour de lui.

Sa vie était celle de tous les jeunes gens riches de Grenade; il fêtait le xérès et le porto avec la plus extrême facilité; il accompagnait régulièrement ses cousines à l'Alameda, puis il revenait au patio, où il leur racontait ses aventures.

De temps en temps il montait à cheval, allait faire une excursion dans les montagnes ; il restait des journées entières à la chasse, puis il revenait de ses excursions, souvent de longue durée, et il rapportait constamment à ses cousines quelques produits de ses courses.

Tantôt c'était le gibier tombé sous le plomb de sa carabine.

Tantôt des fleurs de la montagne.

Tantôt quelques riches étoffes achetées aux contrebandiers anglais qui profitaient de la guerre civile pour étendre leur industrie, dont le centre et le foyer était à Gibraltar.

Don Juan vivait à Grenade comme eût pu le faire un sultan dans un harem, mais son mouchoir ne sortait jamais de sa poche.

Si son regard mélancolique et doux s'animait quelquefois d'un feu rare, c'était à Dolorès seule qu'il s'adressait, et cependant il y avait quelque chose de répressif dans la rapidité avec laquelle ce regard se détournait parfois.

On eût dit l'effet d'une volonté énergique essayant de lutter contre un amour que le cœur ne voulait pas subir.

Carmen et Lola étaient enchantées de la venue de leur nouveau cousin, dont les traits accentués respiraient la force et l'ardeur de la sève qui fermente aux cœurs de trente ans.

Quant à Dolorès, moins expansive que ses cousines, bien que son cœur fût peut-être plus ardent, elle ne se laissa pas aller de prime-abord à cette sympathie naturelle qu'elle aurait dû éprouver pour un membre de sa famille.

Alors que tout le monde faisait fête à don Juan et l'entourait d'amour, d'amitié ou d'estime, elle était restée seule froide et calme, étudiant attentivement la conduite du jeune homme.

Or, cette conduite était exemplaire.

Non-seulement don Juan avait renoncé aux beautés faciles qu'il ne se donnait pas la peine de courtiser, mais encore il était resté insensible à bien d'autres passions faites assurément pour flatter l'amour-propre d'un homme de son âge.

Il habitait Grenade avec la tranquillité confiante d'un homme riche qui se laisse vivre sans s'inquiéter de ce qui peut graviter autour de lui.

Toujours mis avec cette recherche de bon goût qui n'appartient qu'à l'aristocratie dont il possédait les allures au suprême degré, il avait bientôt pris le haut du pavé sur la foule des élégants andalous, qui faisaient avant lui les délices du pays. Il était devenu ce que nous pourrions appeler à Paris le roi de la mode.

Il n'avait d'attentions délicates que pour Dolorès, et, bien qu'il fût charmant avec ses cousines aussi bien qu'avec les autres femmes, il ne sortait que pour aller du cercle banal des lieux communs qui se débitent si niaisement à la plus belle moitié du genre humain.

Un jour cependant, et comme il revenait de l'une de ses excursions, il rencontra Dolorès dans le patio.

Tous deux étaient seuls : Carmen et Lola étaient absentes.

« Bonjour, charmante cousine ! dit don Juan de ce ton aimable qu'il affectait en s'adressant à Dolorès

— Bonjour, don Juan ! Vous rentrez ? répondit-elle.

— A l'instant même.

— Ah ! d'où venez-vous ?

— De la chasse.

— Et qu'avez-vous rapporté ?

— Rien.

— En vérité !

— J'ai fait buisson creux, comme disent les Français.

— Vous, si adroit !

— L'adresse a ses jours.

— Au reste, voilà la cinquième fois, don Juan, que vous revenez de la chasse l'arçon de votre selle vide de gibier.

— Ah ! vous avez remarqué cela ?

— Oui.

— Que voulez-vous, Dolorès ? je suis un chasseur comme on en voit peu, je marche à l'aventure, un peu comme le Juif errant. Je découvre un site charmant, j'aperçois les plaines fertiles de l'Andalousie, je vois le Jénil qui les arrose comme un long ruban d'argent, et alors j'oublie le gibier, je m'égare dans mes pensées comme un voyageur se perd dans la montagne, et voilà pourquoi je reviens souvent les mains vides. Pourtant, aujourd'hui, j'avais une ambition.

— Et laquelle ? don Juan.

— Je voulais vous apporter un bouquet de ces roses qui poussent dans les neiges.

— Vous êtes allé dans la montagne ?

— Oui, chère cousine.

— Sur le Mulhacen, peut-être ?

— Vous avez deviné.

— Quelle imprudence !

— Pourquoi ?

— Ne savez-vous donc pas ce que l'on dit ?

— Non !

— Ce n'est pas possible !

— Que dit-on ?

— On prétend que la Compagnie rouge campe en ce moment sur le Mulhacen.

— En vérité !

— Vous ne le saviez pas ?

— Pas plus que vous, Dolorès »

La jeune fille pâlit en entendant ces mots, et secoua la tête comme pour chasser une idée importune.

La réponse de don Juan correspondait tellement avec les pensées qui l'assiégeaient qu'elle en fut surprise, car elle savait parfaitement où était la bande de l'Encarnado. L'aventure de l'Alhambra était déjà arrivée.

Cette préoccupation constante, à laquelle son esprit se trouvait en proie, était-elle l'effet de la terreur que lui avait inspirée son aventure ?

Elle n'osait pas s'expliquer nettement à elle-même le sentiment qu'elle éprouvait.

Plus elle contemplait la taille de don Juan, plus elle étudiait ses gestes nobles et gracieux, plus elle fixait les yeux sur cette barbe noire et soyeuse, plus la scène terrible de la montagne lui revenait à la mémoire et lui apparaissait saillante et vivante.

Don Juan ressemblait, dans ses allures, dans son maintien, à l'Encarnado, du moins Dolorès le trouvait.

En ce moment même où il était là devant elle, l'imagination folle de la jeune fille se plaisait à mettre un masque rouge sur la figure de son cousin, et elle frémissait intérieurement comme à l'approche d'un danger.

Aussi, obéissant malgré elle à la direction que suivait sa pensée, elle dit à don Juan :

« Connaissez-vous l'Encarnado ?

— Pas plus que vous, répéta encore don Juan.

— C'est que chaque fois qu'il a été question de lui devant vous, vous le défendiez avec tant de chaleur qu'on pourrait vraiment croire qu'il fût de vos amis.

— Quelle folie ! Je le défends parce qu'on l'accuse à tort. L'Encarnado n'est pas un de ces vulgaires bandits qui détroussent les voyageurs et les assassinent lâchement ensuite ; c'est un homme politique, un chef de parti, et il agit suivant ses convictions.

— C'est un rebelle, après tout.

— Un rebelle ! mais supposez un instant que don Carlos soit reconnu roi d'Espagne, où seront les rebelles dans ce cas ? Ce sera les christinos.

— Oh ! je ne vais pas discuter politique avec vous, je veux parler des crimes récents que l'Encarnado a commis sur des gens inoffensifs.

— Des crimes ! Vous avez, chère cousine, une singulière manière d'envisager les choses ! J'admets que, au lieu d'être la ravissante jeune fille que j'admire et que je respecte, vous soyez un bon et fort joli garçon appartenant à la plus honnête famille de Grenade, que vous ayez trouvé chez un juif de quoi favoriser vos déplorables penchants, en dépit de la volonté formelle de votre père, que la ruine de votre famille entière soit le résultat des écarts de votre jeunesse aveugle et dissipée, et qu'on vienne vous apprendre que l'Encarnado a tué ce juif et pillé sa maison. Que direz-vous ? vous écrierez vous : Ah le pauvre homme ! Non, vous direz : c'est bien fait ! Ce mot résume pour moi la justice de l'Encarnado, voilà pourquoi je le défends.

— Et vous y mettez une telle chaleur, qu'il serait enchanté de vous entendre.

— Vous croyez ?

— Qui sait ? il vous a entendu peut-être.

— Oh ! répondit don Juan souriant, vous lui attribuez donc une grande puissance à ce bandit ?

— Ce n'est pas moi, c'est la renommée. Et vous, cousin, qu'en pensez-vous ? »

Et son regard s'arrêta sur les yeux de don Juan, comme si elle eût voulu lire au-delà.

« Je pense comme vous, répondit don Juan ; je crois en la puissance de l'Encarnado. »

Et il s'inclina gracieusement devant elle.

Dolorès demeura pensive ; cette réponse l'avait fait rêver.

« Cet homme... que j'ai vu devant moi, qui m'a parlé, qui m'a protégée... disait-elle en suivant de l'œil don Juan qui s'éloignait, c'était sa tournure, sa taille, son geste !... Mais c'est impossible ! reprenait-elle après un moment de silence, je suis folle !

En effet, un bandit ne pouvait pas avoir cette voix insinuante qui vibrait au fond du cœur, cette élégance native qui se trahissait dans les moindres actions de don Juan ; cette élévation et cette indépendance de sentiments qui se faisaient jour dans les discussions de chaque instant. C'était impossible, et Dolorès avait raison de rejeter cette pensée.

Alors elle recomposait devant elle la grande figure imposante de l'Encarnado masqué, elle essayait de faire vibrer sa voix à son oreille, de revoir ses gestes, de retrouver la volonté puissante avec laquelle il s'imposait à la masse de ses bandits, la majesté calme à laquelle il les avait dominés devant elle.

Et elle se cachait la tête dans les mains.

Et elle revoyait devant elle don Juan Ramero, son cousin.

Cette ressemblance était étrange.

XIII.

LE MULHACEN.

Et maintenant, que nous pensons avoir suffisamment expliqué au lecteur ce qu'il était nécessaire qu'il connût pour la clarté de ce qui va suivre, nous allons continuer notre récit en le reprenant à l'endroit où nous avons été forcé de l'interrompre, c'est-à-dire au moment où les invités de don Luis Ramero pénétraient dans le patio, et où don Juan, après avoir échangé quelques mots avec le domestique placé à l'entrée, y entrait lui-même à la suite de ses ravissantes cousines.

La journée avait été chaude ; la soirée s'annonçait calme, sereine et empreinte d'une délicieuse fraîcheur ; chacun se laissait doucement aller à ce bien-être qui succédait si agréablement aux rayons du soleil torride de Grenade.

« Don Juan, dit Lola, je vous en prie, *mio querido*, racontez-nous donc une de ces charmantes anecdotes de voyages que vous savez bien dire.

— Je le ferais volontiers, chère Lola, répondit don Juan ; mais je suis, à mon grand regret, forcé de vous quitter ce soir.

— Vous nous abandonnez encore? dit Carmen.

— Oh ! je serai ici demain.

— Ce n'est pas un bien long voyage alors que vous allez entreprendre ?

— Non ; une absence de quelques heures... »

Dolorès s'avança vers don Juan, et le regardant fixement en même temps que sa voix prenait des inflexions plus tendres :

« Vous nous quittez, don Juan ? demanda-t-elle.

— Je vous l'ai dit, Dolorès, répondit le jeune homme ; quelques heures à peine...

— Restez avec nous ce soir !

— Moi ?

— Oui, je vous en prie !

— Je regrette de ne pouvoir vous obéir.

— Mais qui vous force à partir ?

— Je vous en supplie, Dolorès, n'insistez pas ; c'est la première fois que vous m'adressez semblable prière ; j'ai donné ma parole, il n'est plus temps de la dégager.

— Qui vous empêche de prévenir les personnes qui vous attendent?

— Je ne veux pas qu'il soit dit que j'aie promis en vain ; je n'ai qu'une parole.

— Allez donc, senor don Juan.

— Croyez, dit don Juan en baissant la voix et en prenant la main de la jeune fille, qu'il me faut un motif sérieux pour me contraindre à vous quitter aujourd'hui.

— Et ce motif, je ne puis pas le connaître ?

— Hélas ; non.

— Je n'insiste plus ; vous êtes libre. »

Et Dolorès s'éloigna en gagnant l'extrémité du *patio*.

Elle resta quelques minutes absorbée dans ses réflexions ; puis, comme si elle eût échappé à quelque doute pénible :

« Oh ! c'est bien lui ! » murmura-t-elle encore.

L'absence de don Juan fut une occasion inespérée pour les jeunes attentifs de déployer leurs grâces devant la fille et les nièces de don Ramero ; ils en profitèrent largement.

Pendant ce temps don Juan s'était dirigé vers l'écurie ; il y trouva le valet.

« Mon cheval est-il prêt ? dit-il.

— Oui, senor, répondit l'homme qui avait donné à don Juan un si singulier renseignement lors de son arrivée dans la maison.

— Les pistolets sont-ils dans les fontes ?

— Je les ai chargés moi-même.

— C'est bien ! »

Et il se mit en selle.

« Quels ordres, senor ? demanda le valet.

— Rien de plus ; observe toujours. »

Don Juan sortit de Grenade au pas.

Il montait un magnifique cheval noir, d'une race admirable. Son abondante crinière recouvrait entièrement la gracieuse courbe que dessinait son cou nerveux ; il avait une étoile blanche au milieu du front ; sa croupe était arrondie, ses jambes nerveuses, sa queue balayait la terre de ses longs crins noirs.

Le soleil était couché depuis longtemps à l'horizon embrasé; mais la nuit n'existe pas en Andalousie : à une clarté en succède une autre; à la lumière ardente, chaude, colorée du soleil, succède la lueur douce, argentée, claire et limpide de la lune et des étoiles. Les monuments de Grenade se dessinaient en lignes plus sèches à mesure que don Juan s'en éloignait.

C'était un étrange spectacle à contempler que l'aspect de cette ville s'éteignant par degrés dans la demi-teinte de l'ombre envahissante, tandis que les montagnes, du côté desquelles le cavalier se dirigeait, resplendissaient éclairées par la lueur diamantée des rayons des astres nocturnes. Don Juan avait pressé depuis quelques minutes l'allure de son cheval, lorsqu'il s'arrêta brusquement.

Il parut écouter attentivement les bruits extérieurs, puis il reprit sa marche avec quelque hésitation. C'était étrange, en effet; mais depuis qu'il était sorti de Grenade, il lui avait semblé entendre à quelque distance un bruit de pas dont l'allure se serait réglée sur la sienne.

C'était l'écho qui le trompait sans doute.

A mesure qu'il s'élevait dans les sentiers arides du Mulhacen, la lune, se levant radieuse, montait avec lui comme un flambeau gigantesque.

Don Juan s'arrêta de nouveau.

Cette fois il ne se trompait pas, il était suivi.

Il se retourna à plusieurs reprises; mais il n'entrevit qu'une ombre vague s'agitant dans la brume du soir.

Don Juan réfléchit : il fit un mouvement comme pour retourner en arrière; mais une réflexion surgit sans doute subitement dans son cerveau, car il rendit la main à sa monture et poursuivit son chemin. Cependant, profitant d'un passage où la route qu'il suivait formait brusquement un coude, il se cacha derrière un rocher, saisit un de ses pistolets et attendit.

L'ombre qu'il avait aperçue passa devant lui en courant à toutes jambes.

« Qui ? » fit don Juan en faisant craquer la batterie de son arme.

L'ombre s'arrêta immobile.

« Qui ? répéta don Juan.

— *Demonio !* » répondit une voix sonore.

Don Juan abaissa son arme.

« D'où viens-tu ? reprit don Juan.

— De Grenade, répondit la voix.

— Où vas-tu ?

— A la montagne.

— Pourquoi ?

— Pour rejoindre les amis.

— Qui t'a prévenu ?

— La flamme rouge !

— Bien ! »

Don Juan s'avança ; mais l'ombre projetée par les quartiers de rochers était si forte que, là où se trouvaient les deux hommes, les ténèbres étaient épaissses.

« Ton nom ? dit don Juan.

— Le tien ? reprit la voix.

— Le chef !

— Vous, senor ?

Et le nouveau venu s'inclina profondément.

« Ton nom ? reprit encore don Juan.

— Paquo Christoval.

— Comment, c'est toi,

— En chair et en os, senor.

— N'as-tu rencontré personne en chemin ?

— Pas âme qui vive.

— Pourtant, je suis sûr de ne pas m'être trompé, reprit don Juan. Fouille les environs, ajouta-t-il en s'adressant à Paquo.

— Pourquoi faire ? dit celui-ci.

— Parce que je suis certain d'avoir été suivi jusqu'ici depuis ma sortie de Grenade, et si celui qui m'a suivi avait surpris notre secret, il ne faudrait pas qu'il l'emportât.

— Oh ! rassurez-vous, senor ; je sais ce que c'est, dit Paquo en souriant.

— Tu sais qui me suivait ?

— Oui, senor.

— C'est donc un des nôtres ?

— Mieux que cela, senor.

— Un ami ?

— Oui, un ami dévoué.

— Mochuelo, sans doute ?

— Non, senor, c'était moi.

— Toi, Paquo !

— Oui, senor ; toutes les fois que vous quittez Grenade j'agis de même.

— Et qui donc t'a chargé d'espionner ainsi mes pas ?

— Oh ! senor, dit Paquo d'un ton de reproche.

— Enfin, pourquoi me suivre avec tant d'acharnement ? Explique toi.

— Senor, c'est pour obéir à un serment.

— Eh bien ! marche à côté de moi ; nous allons poursuivre notre route, et tu me diras à quel serment tu obéis, car je veux le savoir.

— A vos ordres, senor ! »

Les deux hommes gravissaient alors un sentier taillé dans le flanc de la montagne, les cailloux roulaient bruyamment sous le sabot du cheval de don Juan.

« Or ça, dit-il à Paquo, explique-toi et pressons le pas, la nuit s'avance.

— Volontiers, répondit Paquo en suivant le pas allongé de la monture.

— Pourquoi me suivre ainsi ?

— Pour obéir aux ordres de mon père.

— Fabian Christoval ?

— Oui, senor.

— L'as-tu donc revu depuis peu ? Et pourquoi n'est-il pas venu me serrer la main ? Croit-il donc que j'ai oublié sa cordiale hospitalité dans la nuit fatale où le village d'Adrian fut incendié.

— Et où votre pauvre mère fut assassinée.

— Tais-toi, Paquo ! tais-toi ! et ne prononce jamais de semblables paroles.

— Pauvre senora Negra !

— Et elle n'est pas encore vengée ! »

Don Juan pencha douloureusement sa tête sur sa poitrine, puis secouant son front pour échapper au flot tumultueux de ses douloureuses pensées, il dit à Paquo :

« Tu vois bien que je ne puis oublier cette date fatale ni l'accueil gracieux du vieux Fabian. Que ne me l'as-tu amené ?

— Senor, il n'est pas venu.

— Mais ce serment dont tu parlais...

— Il remonte à deux mois, senor.

— Deux mois ! et depuis ce temps tu me suis chaque fois que je vais de Grenade au Mulhacen.

— Pardonnez-moi, dit humblement Paquo, c'était pour obéir à la volonté de mon père.

— Il t'a donc parlé de moi ?

— Je le crois bien.

— Comment va-t-il ?

— Oh ! c'est un vieux chêne, il tient bon.

— Mais enfin, que t'a-t-il dit ?

— Il m'a chargé de veiller sur vous.

— A propos de quoi ?

— Tenez, senor ! je puis vous répéter les propres paroles qu'il m'a adressées, car elles sont restées gravées là, dit Paquo en posant le doigt sur son front.

Paquo ! m'a-t-il dit, tu es un bon fils pour moi, comme j'ai été pour toi un père tendre et dévoué ; si j'étais en danger de mort tu te ferais tuer pour me sauver, n'est-ce pas ?

Eh bien ! cet amour et ce dévouement je les réclame.

Non pas pour moi, grand Dieu ! pour moi qui vis tranquille dans mon humble demeure, mais pour un homme sur lequel j'ai juré de veiller au lit de mort de Zumala-Carregui.

Cet homme pour qui tu dois verser la dernière goutte de ton sang, c'est don Fernando !

Partout où il ira tu le suivras, tu seras son ombre dans dans la paix, son bouclier dans le danger. Va !... je te béni.

— Il t'a béni ! dit don Juan en tressaillant.

— Oui, « répondit Paquo.

Don Juan étouffa un soupir.

« Tu es heureux ! murmura-t-il.

— Comment, senor ? fit Paquo qui ne comprenait pas.

— C'est si bon, la bénédiction d'un père ! dit amèrement don Juan. Bon Paquo ! excellent Fabian ! donne-moi ta main, mon ami.

— Ma main... fit Paqno en reculant avec étonnement.

— Donne, mon ami ! »

Et don Juan tendit une main que Paquo serra respectueusement dans les siennes.

« Oh ! je suis trop payé ! dit-il en soupirant joyeusement.

— A l'avenir, tu marcheras près de moi, reprit don Juan, car peu s'en est fallu ce soir que je ne te casse la tête, mon pauvre ami. Et maintenant, continua-il, as-tu sévèrement transmis mes ordres au sujet de ce que je t'ai dit ?

— Avec la plus scrupuleuse exactitude.

— La montagne est bien gardée ?

— Il n'y entrera pas une mule sans qu'elle soit signalée.

— Et la route ?

— Nous avons plus d'hommes qu'il n'y a de pierres dans le défilé qu'ils gardent.

— Alors, je suis tranquille. Don Juan n'arrivera pas à Grenade.

— Est-ce bien aujourd'hui qu'il arrive ?

— J'en suis certain, il a écrit.

— A don Luis Ramero ?

— Oui ; mais José a lu la lettre et m'a prévenu.

— Alors, il est peut-être arrêté déjà..

— Nous ne tarderons pas à le savoir, car nous sommes bientôt arrivés.

— Que fera-t-on du prisonnier ?

— Tu me demandes ce que je ferai d'un Ramero, à moi, Fernando Urdova ! Mais tu ne sais donc pas tout ce que j'ai amoncelé de haine et de douleurs depuis quatre ans pour ceux qui portent ce nom maudit ! Enfin mon règne commence, je ne leur ferai pas grâce ; œil pour œil, dent pour dent ! telle est ma devise... Avançons ! »

Un *qui vive* retentissant termina cette phrase, c'était la première sentinelle avancée posée par la Compagnie rouge, pour veiller à sa sûreté.

Paquo s'avança pour donner le mot d'ordre tandis que don Juan soufflait avec force dans un sifflet qu'il tira de sa poche.

Le son aigu qui s'en échappa fit retentir bruyamment les échos endormis dans le silence du soir, il se répercuta longuement, puis s'éteignit peu à peu dans les profondeurs des abîmes.

Don Juan et Paquo continuèrent ensemble leur pénible ascension, arrêtés de temps en temps dans leur marche par les *qui vive* des bandits disséminés çà et là.

Puis don Juan descendit de cheval, et s'approchant d'une excavation pratiquée dans le rocher, il y prit un paquet volumineux qu'il développa.

Ce paquet contenait un manteau rouge et un masque.

Don Juan s'enveloppa gracieusement dans les plis de l'énorme manteau et posa sur sa figure mâle le masque rouge, puis, s'adressant à Paquo :

« Nous voici arrivés, dit-il, ne t'éloigne pas

— Vous n'aviez pas besoin de me donner cet ordre, senor Fernando, » répondit Paquo.

Presque au même instant, Mochuelo apparut, il venait à la découverte avec quelques guerilleros qu'il congédia du geste.

« Enfin ! voici l'Encarnado ! » dit-il avec joie.

Paquo et Mochuelo se donnèrent une cordiale poignée de main, roulèrent consciencieusement entre leur doigts la cigarette obligée, puis ils suivirent respectueusement le personnage avec lequel ils se trouvaient, et que Mochuelo avait salué du nom redouté de l'Encarnado.

C'était le chef de la Compagnie rouge.

Nous allons, s'il plaît aux lecteurs, pénétrer avec eux dans le sanctuaire de cette guerilla redoutable.

XIV

LA COMPAGNIE ROUGE

Le camp des bandits tout entier était sous les armes pour recevoir dignement l'Encarnado.

La nuit devenait de plus en plus sombre.

La plaine était plongée dans une obscurité profonde, les montagnes les moins élevées s'étaient successivement éteintes, et se noyaient comme la plaine dans la vapeur uniforme des ténèbres.

La lune glissait de cime en cime, et sa lumière montait çà et là semblable à la vague envahissante qui s'élève avec la marée et recouvre par degrés le rocher tout à l'heure à sec.

L'ombre s'étendait au sein des vallées, noyant tout dans ses lames d'un gris bleuâtre.

Las torres Bermegas (les tours vermeilles), dessinaient dans un lointain voilé leur masse granitique découpée comme une ombre chinoise sur le fond de l'horizon obscurci.

Sous les premiers rayons de la lune, les plus hautes cimes étincelaient comme ces mille paillettes qui constellent les basquines des danseuses; d'autres avaient la tête engagée dans le ciel et se fondaient dans l'azur foncé par transitions insensibles.

C'étaient des escarpements, des ondulations, des tons et des formes irréalisables, à faire damner la plume la mieux trempée, le pinceau le plus habile.

Peu à peu, la lumière de l'astre des nuits monta, elle vint caresser de ses derniers baisers la plus haute crête du Mulhacen, puis comme une âme qui s'envole, elle étendit ses ailes d'argent et s'abaissa derrière le pic élevé.

L'endroit où campaient les bandits était admirablement choisi pour échapper à toute surprise.

C'était un vaste plateau au centre duquel pétillait un feu clair, et sur lequel on ne pouvait arriver que par un sentier étroit à faire frémir une chèvre.

La flamme projetait sur les rochers de la montagne les silhouettes bizarrement agrandies des groupes qui causaient vivement.

Au bas de ce plateau, un précipice à faire dresser les cheveux des plus hardis explorateurs, et comme cadre à ce tableau, une série de rochers et de ravins à brouiller dans un chaos anarchique toutes les lois de la perspective.

Le ciel étendait au-dessus de ce paysage barbare son immense draperie étoilée, avec sa calme sévérité, son impassible beauté, sa gigantesque énigme d'abîmes insondables.

Quant aux hommes composant la Compagnie rouge, ils étaient au nombre de deux cents environ : la réunion était au complet ; le chef devait arriver.

Don Juan fit son entrée sur le plateau, comme un roi que sa cour attendrait dans la salle du trône.

Sa présence fut accueillie par des cris enthousiastes, entremêlés de protestations dévouées.

Tous contemplaient d'un œil inquiet la figure cachée sous le masque de l'Encarnado, cherchant dans l'éclair de son regard à deviner sa pensée.

Depuis que, sous le nom de don Juan, il avait quitté les belles horreurs de la montagne pour les plaisirs riants de Grenade et de l'Alameda, l'inaction dans laquelle les bandits étaient plongés pesait au cœur de ces hommes avides d'émotions et de dangers.

Ils croyaient à l'absence réelle de leur capitaine qui leur avait annoncé son voyage à Séville, et dont la présence à Grenade n'était connue que de Mochuelo et de Paquo, et ils voyaient son retour avec joie, désireux de quelque vaillante estocade ou de quelque expédition mystérieuse qui secouât la monotonie de leur existence.

Mochuelo et Paquo circulaient nonchalamment au milieu de la troupe avec cette calme indifférence qui trahit la force, et devant eux les groupes s'écartaient avec respect. C'est qu'ils occupaient dans la bande de l'Encarnado une position toute exceptionnelle, car on les savait investis de la confiance absolue du capitaine.

Mochuelo avait toujours cette allure railleuse que nous lui connaissons, il n'avait voulu accepter aucun commandement, il s'était contenté d'être *l'alter ego* du chef ; aussi jouissait-il d'un relief à nul autre pareil, et était-il devenu l'oracle des bandits en l'absence de l'Encarnado.

Paquo, sans avoir vis-à-vis d'eux le même prestige qui entourait Mochuelo, était néanmoins l'objet d'une grande considération.

Du reste, Mochuelo avait fait preuve, sous leurs yeux, d'un courage et d'un sang-froid tellement remarquables, que les bandits avaient conçu pour lui la plus haute estime. Son extérieur un peu négligé, ses traits basanés empreints d'une énergie sauvage, les membres herculéens attachés à son torse formidable, et les indices de force surhumaine qu'il avait déployés, avaient achevé de contribuer à sa popularité ; il était aimé et craint.

Paquo répandait au milieu des bandits les vives étincelles de sa folle gaieté ; il portait toujours l'élégant costume des majos, et ressemblait plutôt à un prisonnier qu'on vient de faire qu'à un habitué de la montagne.

Sa verve inépuisable trouvait matière à s'exercer à propos de tout, et comme il déridait infailliblement le front de ses camarades, sa présence seule était une fête pour le camp.

L'Encarnado se promenait lentement au milieu de ses guerilleros, adressant à chacun un mot amical, flattant l'un, encourageant l'autre.

Aussi, lorsqu'il revint s'asseoir auprès de l'immense foyer dont la flamme se tordait en spirales, un cri d'enthousiasme ébranla le Mulhacen.

Viva l'Encarnado ! Viva !

Don Juan remercia ses hommes d'un geste plein de noblesse, et fit signe à Mochuelo et à Paquo de venir s'asseoir auprès de lui.

« Quelles nouvelles d'Andrès ? dit-il à Mochuelo.

— Aucune, répondit celui-ci d'une voix sombre.

— Pourvu qu'il ne lui soit pas arrivé malheur !

— Bah ! dit Paquo. Pas de nouvelle, bonnes nouvelles !

— Tiens ! fit observer Mochuelo, notre ami parle en proverbes comme Sancho Pança.

— Voici plus de dix-huit mois qu'Andrès nous a quittés, reprit l'Encardado, il est bien étrange qu'il n'ait pas donné signe de vie depuis une si longue absence.

— Peut-être n'a-t-il pas trouvé ce qu'il cherche !

— C'est probable. Et moi je suis condamné à l'inaction, dit l'Encarnado avec une colère sourde ; voilà cinq mois entiers que je perds à Grenade !

— Heureusement que vous n'avez pas entièrement perdu votre temps, répondit Mochuelo.

— Que veux-tu dire ?

— J'entends que la senora Dolorès m'a tout l'air d'être folle de Votre Seigneurie.

— Tu ne sais ce que tu dis.

— Bon ! Est-ce donc à un vieux singe comme moi que l'on apprend à faire des grimaces. Croyez-vous donc que je sois de ceux dont l'Evangile a dit: « Ils ont des yeux et ne voient point ?

— Oh ! dit Paquo, voilà le senor Mochuelo qui prêche !

— Silence! jeune majo, et si tu ne peux être sérieux avec nous rêve, à ta Casilda et laisse-nous causer.

— Paix! ne vous fâchez pas, mes amis, dit l'Encarnado.

— Ne craignez rien, maître, nous vous sommes trop dévoués pour jamais nous désunir, n'est-ce pas, Mochuelo?

— Certes, répondit le vieux Coscon en tendant à Paquo sa main ouverte. Je disais donc que la senora Dorolès vous aime, senor, et je me suis tellement identifié avec vous que j'avais craint un instant.... mais cela ne se peut pas.

— Parle, Mochuelo, que craignais-tu?

— Rien, vous dis-je.

— Tu sais que j'exige avant tout la plus grande franchise, ainsi, parle.

— Eh bien, je craignais que vous l'aimassiez aussi, et que vous oubliassiez dans les délices de cet amour que votre père et votre mère sont morts assassinés par les Ramero!

— Mochuelo!

— Oh! vous savez bien que je ne sais pas mentir, et, dussé-je m'attirer votre colère, je continuerai. Je vous suis dévoué à ce point, moi qui ne l'ai jamais été à personne, que je vous sauverais vous même, fût-ce malgré vous! »

L'Encarnado ne répondit pas.

« Brave compagnon! fit Paquo avec un accent admiratif.

— Aussi, reprit Mochuelo, j'attends avec impatience le retour du senor Andrès, afin que nous nous mettions à l'œuvre.

— Qui sait ce qu'Andrès est devenu! dit don Juan avec un soupir. Et Inès, ma pauvre sœur, morte victime de la haine féroce de don Horacio? Oh! cette famille! cette famille maudite! Pauvre Inès!

— Peut-être ne faut-il pas désespérer ! » dit Mochuelo.
Don Juan se redressa.

« Comment ? » dit-il

Mochuelo hocha la tête.

« Que veux-tu dire ? poursuivit don Juan.

— Dame ! fit l'ancien Coscon, peut-être la senora n'est-elle pas morte !

— Inès serait vivante !

— C'est possible.

— Elle n'aurait pas péri ?

— Senor, dit Mochuelo, si vous me permettez de donner mon avis, je ne le crois pas.

— Qui peut te faire supposer ?...

— Vous le savez bien, car je vous l'ai déjà dit vingt fois. C'est que je suis descendu moi-même immédiatement dans le ravin, j'ai fouillé ses abîmes, j'ai sondé de l'œil la profondeur du torrent, et je n'ai rien vu.

— Oui, mais ne t'ai-je pas répondu vingt fois que ce torrent est tellement rapide que le courant avait dû emporter les cadavres bien avant que tu ne fusses arrivé :

— C'est possible ; mais, encore une fois, je ne le crois pas.

— Ma foi ! interrompit Paquo, je puis en parler aussi, puisque je faisais partie, à ce moment de la guerilla de Cuevillas et que j'assistais à cette scène ; je suis de l'avis de Mochuelo, et je crois qu'Andrès serait revenu depuis longtemps s'il n'avait pas recueilli quelque part les traces de la senora.

— Dieu le veuille ! mes amis, car jusque-là je suis enchaîné, et les mânes de mon père et de ma mère se dressent chaque nuit devant moi pour me demander compte du serment que j'ai fait à Adrian. Patience! le jour de la vérité approche peut-être, et si tu dis vrai, Mochuelo, si Dolorès m'aime, ma vengeance se prépare plus belle que je ne l'ai jamais rêvée. Et maintenant, mon ami, quelles nouvelles de don Juan?

— Aucune.

— Il n'est pas arrêté?

— On ne l'a pas arrêté?

— C'est étonnant !

— D'autant plus que c'est moi qui ai intercepté la lettre qu'il écrivait à don Luis Ramero, et qui l'ai remise à José en le chargeant de vous en prévenir.

— Oui, tu es un ami fidèle, et José m'a scrupuleusement averti ce soir, au retour de l'Alameda. Don Juan devrait être arrivé déjà.

— Oui, c'est extraordinaire.

— Les passages sont-ils bien gardés ?

— Oh ! j'en réponds ! j'ai été moi-même inspecter nos postes avant de venir ici.

— Alors, il ne peut tarder à passer. »

Un son lugubre résonna dans la Sierra, puis on entendit monter successivement de cime en cime le bruit des cornes se succédant régulièrement.

L'Encarnado se redressa vivement, et, s'adressant à Mochuelo avec un léger tremblement dans la voix:

« Qu'est-ce? fit-il.

— C'est peut-être notre homme, répondit le Coscon.

— Fasse le ciel que tu ne te trompes pas, Mochuelo! »

Puis, se tournant vers Paquo :

« Paquo, reprit le chef, va voir ce que l'on nous signale. »

Et don Juan revint vers sa guerilla qui était accroupie autour d'un immense brasier.

Le signal donné par les sentinelles avait réveillé tous les bandits endormis.

« Attention ! » dit Mochuelo.

La Compagnie rouge se dressa subitement dans un silence imposant ; les figures énergiques et sombres de ces hommes prêts à tout ne trahirent pas le moindre étonnement ni la plus légère impatience.

Les uns s'appuyèrent nonchalamment sur leur carabine, tandis, que les autres s'assuraient que les amorces étaient en bon état.

L'air était devenu piquant ; les étoiles brillaient dans l'obscurité d'un éclat incomparable ; c'était un spectacle étrange à contempler que cette masse bizarrement éclairée par la lueur rougeâtre d'un feu ardent. L'ombre et la lumière se heurtaient violemment, caressant de leurs tons capricieux les personnages du premier plan, tandis que les autres se confondaient dans l'obscurité de la nuit, d'où jaillissait parfois l'éclair de leur ardente prunelle.

On pouvait distinguer sur un coin du plateau, adossés aux parois d'un énorme rocher qui les surplombait, des barils effondrés, des outres vides, des débris de toutes sortes attestant par le néant de leurs formes l'appétit féroce de ce Garguantua qui s'appelait la Compagnie rouge.

L'Encarnado se promenait silencieusement, en proie aux préoccupations de toutes sortes qui venaient l'assaillir.

Il attendait !

XIX

DON IGNACIO.

A peine avait-il entendu l'ordre que lui avait donné l'Encarnado que Paquo avait disparu dans l'ombre à la recherche de l'inconnu.

Quant à Mochuelo, il s'était planté comme un dieu Therme, le dos au feu, les bras croisés sur la poitrine, les jambes écartées.

Sa silhouette athlétique se découpait sur le fond lumineux formé par la flamme du foyer; son œil était anxieusement dirigé sur l'unique issue par laquelle il fût possible de pénétrer dans le campement.

Tout à coup Paquo reparut précédant de quelques pas un personnage mystérieusement couvert d'un large sombrero, et enveloppé dans les plis d'une vaste cape brune.

Mochuelo allongea le cou en avant, tandis que ses yeux se fermaient à moitié pour mieux contempler l'individu qui s'avançait à la rencontre de son compagnon.

Il frappa du pied la terre avec impatience.

« Ah! ce n'est pas lui! » s'écria-t-il.

S'approchant alors du visiteur nouveau venu comme un chien qui rôde en grognant autour d'un intrus, il l'examina scrupuleusement.

Mais le personnage en question parut s'inquiéter modérément de l'attention dont il était l'objet, et marcha droit vers l'Encarnado.

Il laissa tomber sur ses épaules les plis du manteau

qui dérobait à la vue le bas de sa figure, ôta brusquement le sombrero qui lui couvrait la tête et tendit la main à l'Encarnado.

« *Salud, amigo!* dit-il.

— Ignacio! fit l'Encarnado avec surprise.

— Lui-même! J'ai à vous parler!

— Je vous écoute.

— Eloignez vos hommes, d'abord.

— Soit! »

Et d'un geste de la main l'Encarnado fit signe à ses hommes de s'éloigner.

Ceux-ci obéirent avec l'ensemble le plus parfait.

Mochuelo et Paquo continuèrent à quelques pas la promenade qu'ils avaient commencée, jetant un coup d'œil de temps à autre sur le groupe isolé formé par Ignacio et l'Encarnado. Puis Mochuelo alla s'occuper des chevaux du chef, sans cependant s'éloigner du lieu où se tenaient les deux jeunes gens.

« Vous pouvez parler à votre aise maintenant, senor don Ignacio, dit le chef des bandits redoutés.

— Vous savez où en sont vos affaires? commença Ignacio, ou, pour mieux dire, les affaires de sa Majesté.

— Parfaitement, répondit l'Encarnado.

— Alors j'entre en matière.

— Je vous écoute.

— Don Carlos est revenu aux portes de Madrid, mais encore une fois, il n'a pas rencontré l'enthousiasme qu'il s'attendait à trouver, de sorte qu'il est bien en vue de la capitale, mais que les portes restent obstinément fermées devant lui.

— J'ai appris cela.

— Alors, vous devez comprendre que pour ouvrir ces portes, il faut des hommes.

— C'est logique.

— Il en faut même beaucoup ! C'est pourquoi je suis venu me rallier à vous, et vous demander le secours de votre guerilla. Vous avez à ce qu'on dit une troupe d'élite.

— J'ai choisi mes hommes le mieux possible.

— A quel chiffre se montent vos forces ?

— Deux cent cinquante hommes.

— C'est bien peu !

— Bien peu ! dites-vous. Mais vous ne savez donc pas qu'avec eux je tiendrais tête à une armée, que j'entreprendrais une conquête tout entière !

— Je le crois, mais...

— Vous ne connaissez donc pas leur énergie et la sublimité de leur dévouement à ma personne ! Que je dise à l'un d'entre eux de se jeter tête baissée dans le précipice qui est là béant devant nous, il le fera sans hésiter.

— Je le sais, mais qu'est-ce que cela quand il s'agit de combattre une armée régulière ?

— Eh ! quel besoin avez-vous de compter ainsi vos forces ! l'armée des christinos est exténuée, elle n'est pas habituée comme nous aux privations de toute nature, et nous en viendrons facilement à bout.

— J'aime cet enthousiasme de votre jeunesse qui ne doute de rien, et j'ai confiance dans l'avenir puisque vous consentez à nous donner de nouvelles preuves de votre dévouement à la cause carliste.

— C'est tout simple. J'appartiens à cette cause.

— Il y a quatre ans que vous la servez avec une ardeur non pareille, vous avez puissamment contribué à nos succès, alors que vous étiez aide-de-camp de Zumala-Carregui. »

L'Encarnado étouffa un soupir.

« Et depuis, cette époque, continua Ignacio, vous ne nous avez pas été moins utile par les sommes d'argent que vous nous avez envoyées.

— Vous n'avez pas à m'en remercier, c'est le gouvernement qui a fait les fonds.

— Je le sais, car vous y avez mis une délicatesse trop rare pour ne pas être appréciée.

— En quoi ?

— En ce que vous n'avez jamais voulu faire payer aux voyageurs effrayés la dîme que vous préleviez sur l'argent de la reine. Aussi, suis-je venu vous remercier de votre vigilance et du désintéressement dont vous avez fait preuve.

— Rassurez-vous, j'ai prélevé largement de quoi subvenir aux frais d'entretien de ma compagnie.

— Et vous avez bien fait ! car rien ne vous empêchait de tout garder. Recevez donc les félicitations que le roi lui même m'a chargé de vous transmettre ; il sera heureux d'apprendre qu'il peut compter sur vous, comme par le passé.

— Dites à Sa Majesté que je suis tout à elle ! Vous pouvez ajouter que je lui apporterai bientôt moi-même quelques cent mille réaux.

— Encore !

— Oui. Ils doivent partir de Grenade dans quelques jours avec une escorte formidable.

— Et vous les prendrez ?

— Je n'en doute pas.

— Mais cela vous coûtera du sang ! prenez garde ! ménagez vos hommes.

— Ils se plaignent que je les ménage trop.

— Tant mieux ! Nos affaires sont en bon chemin ! je viens, de mon côté, de faire une capture assez importante.....

— Vous ! Quelle capture avez-vous faite ?

— Il y a quelques heures, en venant à votre découverte dans la montagne, j'ai fait rencontre d'un cavalier de bonne mine cheminant en compagnie de son domestique. Je l'ai fait arrêter, il a essayé de résister, mais il a fini par se rendre. Quant au pauvre diable qui l'accompagnait, il avait trop de courage ou trop de zèle ; il en est mort !

— Savez-vous quel est cet homme.

— Je ne l'ai pas encore vu, mais il a dit à mon lieutenant qu'il désirait me parler.

— A-t-il dit son nom ?

— Oui, il s'appelle don Juan Ramero.

— C'est lui !

— Qui ?

— L'homme que j'attendais !

— Vous le connaissez donc !

— Je ne l'ai jamais vu, mais je devais le faire arrêter ce soir même.

— De sorte que j'ai fait votre besogne.

— Je vous en remercie. Et où est-il ?

— A mon campement.

— Est-il surveillé de près ?

— Je vous en réponds !

— Vous allez me le livrer ?

— Je ne demande pas mieux !

— Je vais l'envoyer chercher.

— Non, venez le prendre vous-même, nous l'interrogerons ensemble.

— Allons, » dit l'Encarnado en se levant.

Il fit signe à Mochuelo, et à Paquo d'avancer.

« Faites bonne veille en mon absence, leur dit-il, je reviens.

— Très-bien, senor, répondit Mochuelo, vous n'avez pas besoin de nous ?

— Non, mes amis, merci. »

Ignacio et l'Encarnado s'éloignèrent, se dirigeant vers la guerilla du général carliste.

Ils franchirent rapidement la distance qui les en séparait, en hommes habitués à ces sortes d'expéditions. Lorsqu'ils arrivèrent au camp, ils trouvèrent le prisonnier étroitement garrotté et entouré d'un cercle imposant de gardiens. Ignacio fit un signe et un guerillero s'avança.

— Amène le prisonnier dans ma tente, dit Ignacio.

— Oui, général ! » répondit le soldat.

Deux minutes après, Ignacio, l'Encarnado et le prisonnier se trouvaient en présence.

« Approchez ! dit Ignacio au jeune voyageur.

— Qui êtes-vous et que me voulez-vous ? demanda le prisonnier.

— Vous allez le savoir, dit l'Encarnado.

— Je suis curieux de savoir de quel droit vous m'arrêtez, car j'arrive aujourd'hui même dans ce pays, où je ne connais personne et où je ne suis connu de personne, il doit y avoir erreur.

7.

— Je ne crois pas, dit Ignacio ; comment vous nommez-vous ?

— Don Juan Ramero y Puelès.

— Eh ! nous savons cela, dit l'Encarnado avec colère.

— Patience ! dit tout bas Ignacio, laissez-moi l'interroger, peut-être pourrons-nous en tirer quelque renseignement utile à notre cause.

— Faites donc ! dit l'Encarnado avec un dédaigneux mouvement d'épaules.

— Que venez-vous faire en Espagne ? reprit Ignacio.

— Je venais rejoindre ma famille, qui habite Grenade.

— Est-ce là le seul but de votre voyage ?

— C'est ce qu'il ne me plaît point de vous dire, répondit don Juan avec énergie.

— Hein ? fit l'Encarnado menaçant.

— Je ne sais, continua le prisonnier, entre les mains de qui je suis tombé.

Croyez-vous que vos menaces m'effrayent et que je sois une femme ?

J'ignore si je suis au pouvoir des carlistes ou des christinos ; mais en tout cas, décidez de mon sort. Si vous êtes des bandits, fixez le prix de ma rançon ; si vous êtes christinos, tuez-moi, car je veux vous combattre, si vous êtes carlistes, au contraire, prenez ma main et conduisez-moi auprès de Sa Majesté. Je crois m'être suffisamment expliqué ; à votre tour, agissez ! j'attends ! »

Ignacio et l'Encarnado se regardèrent avec étonnement.

« Prenez garde à vos paroles, dit le jeune chef carliste, ne cherchez pas à nous tromper !

— Je ne crains rien, répondit don Juan.

— Vous dites la vérité ?
— Oui.
— Ainsi vous êtes dévoué à don Carlos ?
— J'appartiens à sa cause.
— Mais toute votre famille est parmi les christinos ?
— Depuis longtemps je suis séparé de ma famille, et j'ai mes convictions propres et non les siennes.
— Jurez que vous dites la vérité !
— Je le jure !
— Et quand il faudra donner des preuves ?
— Je les donnerai. »

Ignacio regarda l'Encarnado. Celui-ci paraissait sombre et rêveur.

« Je suis don Ignacio, reprit le chef carliste, et voici l'Encarnado.
— Ignacio et l'Encarnado ! s'écria don Juan.
— Oui !
— Vous deux devant moi !
— Vous nous connaissez ? dit Ignacio avec étonnement.
— Oui, général, votre réputation est européenne, on sait avec quel zèle vous soutenez et défendez le parti de Sa Majesté. »

Ignacio sourit avec orgueil.

« Quant au senor Encarnado, poursuivit don Juan, je n'entends parler que de lui depuis mon arrivée en Espagne, et le général Zaratiégui m'en a fait le plus grand éloge.
— Vous connaissez Zaratiégui ?
— C'est un vieil ami de mon père.
— Et vous l'avez vu ?

— J'ai même un sauf-conduit signé de lui dans mes papiers, mais j'ai les mains liées...

— C'est bien ! dit l'Encarnado impatienté par la tournure que prenait l'entretien.

— Encore un instant, dit Ignacio. Ainsi vous tenez pour don Carlos?

— Oui, général, dit encore don Juan.

— Savez-vous que vos oncles sont les plus chauds défenseurs du parti de la reine?

— Je le sais, mais que voulez-vous ! C'est une fatalité ! Mon père a jadis quitté l'Espagne à cause de la différence de ses opinions politiques avec ses frères, il était donc tout naturel que son fils ne partageât pas aujourd'hui les idées de ses oncles.

— Avez-vous vu Sa Majesté don Carlos ?

— Pas encore, j'arrive de l'Amérique et je n'ai vu, je vous le dis, que le général Zaratiégui.

— Avez-vous l'intention de le voir ?

— Certainement, je voulais lui offrir mes services.

— Eh bien ! jeune homme, je me charge de vous présenter à lui, car je vais le rejoindre dans quelques jours. »

L'Encarnado se promenait en frémissant ; mais en entendant ces dernières paroles, il frappa violemment du pied la terre :

« En voilà assez ! s'écria-t-il ; général, j'ai à vous parler.

— Je suis à vous, » dit Ignacio avec étonnement.

Il appela sur-le-champ le guerillero qui avait amené don Juan, et lui recommanda de surveiller attentivement le prisonnier et surtout de ne pas s'éloigner.

Les deux hommes demeurèrent seuls en présence.

« Général, dit l'Encarnado, je trouve que vous vous êtes considérablement éloigné du but qu'avait primitivement notre arrivée au camp.

— Je ne sais ce que vous voulez dire, répondit Ignacio avec une certaine hauteur.

— Je crois que vous ne songez plus à tenir la promesse que vous m'aviez faite il y a quelques instants ?

— Vous vous méprenez, sans doute ?

— Alors livrez-moi ce prisonnier.

— Ce prisonnier ?

— Oui.

— Mais il est le mien.

— Vous avez promis de me le livrer.

— J'ignorais qu'il fût bien pensant.

— Qu'importe !

— Comment ?

— Il me faut cet homme !

— Mais...

— Je le veux ! depuis quatre mois j'épie sa venue. Il me faut don Juan ! Sa mort est nécessaire à mon repos, à ma sécurité, à mon bonheur !

— Mais ne voyez-vous pas de quelle utilité il peut être à notre cause ?

— Que m'importe ! je n'envisage ici que mes intérêts personnels.

— C'est un tort, senor !

— Qu'il n'appartient qu'à moi de juger !

— Cependant...

— Sans votre intervention, ce prisonnier m'appartiendrait à cette heure, car il serait tombé entre les mains de mes hommes. Vous devez donc comprendre que si j'ai pris à son égard des dispositions importantes, c'est qu'un motif bien puissant m'a fait agir.

— Cet homme est un soldat de don Carlos. Réfléchissez !

— Je ne veux pas réfléchir davantage ! la vie de don Juan m'est nécessaire, il me la faut !

— Senor !

— Ma résolution à cet égard est irrévocable et rien ne pourra la fléchir, il faut que cet homme meure et il mourra !

— C'est impossible !

— Impossible, dites-vous ! Mais quand le roi m'a demandé ma vie, lui ai-je répondu : c'est impossible ? ne savez-vous donc répondre que cela à celui qui s'est dévoué pour votre cause depuis quatre ans ?

— C'est la grandeur de cette cause qu'il faut voir, c'est l'intérêt d'un principe qu'il faut sauvegarder avant votre intérêt propre !

— Il est inutile de prêcher davantage, vous ne me convertirez point ! Voulez-vous me donner, oui ou non, la vie de don Juan ?

— Je ne puis ! dit Ignacio avec embarras.

— Répondez franchement, car c'est une grave question, je vous le jure !

— Eh bien ! dit Ignacio avec un pâle sourire, je vous ai promis cet homme, je vous le donne.

— Bien ! je vais l'emmener.

— Pas encore ! je vous demande jusqu'à demain matin pour le remettre entre vos mains.

— Pourquoi ce délai ?

— Parce que je veux m'assurer que ce qu'il nous a dit est bien vrai, je veux l'interroger encore, et savoir s'il n'a pas quelque secret important à confier.

— Attendre encore !

— Quelques heures à peine.

— Je puis compter sur votre parole?

— Je vous la donne ! »

L'Encarnado et Ignacio se regardèrent durant quelques instants.

« Prenez garde ! reprit le faux don Juan, ne me trompez pas !

— Soyez sans crainte !

— Je m'en vengerai cruellement !

— A demain ! » dit Ignacio en se levant brusquement.

Il accompagna l'Encarnado jusqu'aux dernières limites de son campement, et, devant lui, s'adressant au gardien de don Juan :

« Fais entrer le prisonnier dans ma tente. Est-il bien attaché ?

— J'en réponds ! » dit le guerillero.

Ignacio prit un pistolet et le tendit au soldat :

« Si vous tentez de fuir, senor don Juan, dit-il, vous êtes mort. Cet homme vous tuerait ! »

Et saluant l'Encarnado :

« A demain matin ! » dit-il.

Mais déjà l'Encarnado se perdait dans l'ombre. Ignacio le suivit du regard avec un sourire dans lequel perçait un secret sentiment de triomphe.

XX

L'ÉVASION.

L'Encarnado, quittant Ignacio brusquement, s'était dirigé vers son campement avec une rapidité extraordinaire.

Mochuelo et Paquo circulaient toujours dans l'espace restreint qu'ils avaient consacré à leur promenade ; ils jetaient de temps en temps un regard vers l'issue par laquelle devait entrer leur capitaine.

En le voyant arriver, ils s'arrêtèrent. L'Encarnado marcha droit vers eux :

« Etes-vous armés ? dit-il d'une voix brève.

— Toujours, capitaine ! répondit Mochuelo.

— Alors suivez-moi ! »

Les deux hommes obéirent avec la plus scrupuleuse discrétion, sans même demander de quoi il s'agissait.

« Il y a de l'orage dans l'air, dit Paquo.

— Tu plaisantes, répondit Mochuelo, il n'y a pas un nuage au ciel !

— Oh ! je m'entends.

— Si tu ne parles que pour toi, il est inutile, de le faire tout haut.

— Je veux dire que l'Encarnado a quelque méchante affaire en tête.

— Bah ! nous allons voir ! dit Mochuelo.

Et ils s'éloignèrent sur les pas de leur chef.

Il pouvait être dix heures du soir.

La montagne était plongée dans une obscurité complète, le sentier qu'ils suivaient, étroit et rocailleux, était bordé par un précipice dont la nuit empêchait de distinguer la profondeur ; c'était un gouffre béant dont l'immensité disparaissait dans l'uniforme teinte d'un noir opaque.

Il fallait à ces trois hommes, cheminant ainsi la nuit dans la montagne à quelques pas d'un abîme, l'agilité, le courage et le sang-froid que nous leur connaissons.

Pendant un quart d'heure environ pas un mot ne fut échangé entre eux. Ils avaient fort à faire rien qu'à surveiller leur route.

Enfin, à mesure qu'ils descendaient des hauteurs où ils étaient tout à l'heure, le sentier s'élargit, il devint même praticable, et ils purent marcher de front.

L'Encarnado s'arrêta subitement et comme répondant à ses propres pensées :

— Je suis sûr qu'il me trahit, dit-il.

— Qui donc, maître ? fit Mochuelo en s'arrêtant aussi.

— Que veux-tu ? demanda brusquement le chef.

— Vous avez parlé de trahison !

— Moi ?

— Oui, ajouta Paquo.

— Vous avez dit que quelqu'un vous trahissait !

— Qui vous trahit ?

— Celui-là est mort !

L'Encarnado contempla ses deux interlocuteurs d'un regard sombre.

Mochuelo et Paquo attendaient.

— Vous m'aimez ? dit enfin le chef de la Compagnie rouge.

— Oh ! firent les deux hommes avec un accent auquel il n'y avait pas à se méprendre.

— Oui ! vous m'aimez, reprit l'Encarnado. Je le sais.

— Alors, pourquoi le demander ? fit Mochuelo.

Le chef ne répondit pas.

— Vous avez parlé de trahison, dit Paquo.

— Qui vous trahit ? demanda Mochuelo.

— Parlez, maître !

— Dites vite !

— Nos bras sont à vous !

— Nos cœurs aussi !

— Où est le traître ?

— Le traître ! s'écria l'Encarnado, c'est celui que je viens de quitter !

— Ignacio ! s'écrièrent les deux hommes.

— Oui !

— Ignacio trahit sa cause ?

— Pas sa cause, mais la mienne !

— Comment ?

— Je crois que je me suis laissé jouer par lui comme un enfant.

— Par qui ? fit Paquo.

— Par Ignacio, te dis-je.

— Cela ne m'étonnerait pas, murmura Mochuelo, Ignacio c'est le diable.

— A propos de quoi ? dit Paquo.

— A propos de ce prisonnier, répondit le chef.

— Quel prisonnier ?

— Celui qu'il a fait aujourd'hui.

— Qu'est-ce que cela peut vous faire, senor ?

— Comment ! ce que cela me fait !

— Sans doute.

— Mais tu n'as pas deviné qui il est ?

— Non, senor.

— C'est don Juan.

— Don Juan Ramero ! C'est Ignacio qui l'a pris !

— Oui.

— Et vous le lui avez laissé ?

— Tu le vois bien.

— Qu'allons-nous faire alors ? dit Mochuelo.

— Nous allons au camp de don Ignacio.

— Pour reprendre don Juan ?

— Oui.

— A nous trois ?

— Certainement.

— C'est insensé ! murmura Paquo.

— C'est mon avis, ajouta Mochuelo.

— Alors retournez au campement, j'irai seul, dit froidement le chef.

— Seul, répéta Mochuelo en grognant.

— Senor, continua Paquo, je ne sais ce que nous avons pu vous faire, je ne crois pas que nous vous ayons jamais donné le droit de douter de notre courage, et surtout de notre dévouement, mais vous venez de prononcer d'amères paroles.

— Eh ! c'est votre faute !

— Vous savez cependant bien que notre place est à côté de vous, et que le jour où vous mourrez, Mochuelo et Paquo seront morts déjà.

— Demonio ! le majo a bien parlé, dit Mochuelo presque attendri.

— Pardonnez-moi, mes amis, dit l'Encarnado, après un moment de silence, mais vous devez comprendre qu'il faut que je sois sous le coup d'une grande préoccupation pour vous avoir ainsi méconnus. Je n'ai jamais douté de vous, je vous le jure.

— Mais, fit observer timidement Mochuelo, il me semble qu'il y aurait quelque chose de plus simple à faire que d'aller enlever de force le prisonnier.

— Parle, dit l'Encarnado.

— Pourquoi voulez-vous reprendre ce prisonnier ?

— Pour le tuer.

— C'est bien ce que je pensais.

— Alors que veux-tu dire ?

— Je veux dire qu'il serait plus logique de le tuer d'abord, et de le reprendre ensuite, si c'est absolument nécessaire.

— Tu as raison, mais comment ?

— Laissez-moi faire, je m'en charge.

Quant à vous, senor, vous irez trouver Ignacio ; de cette façon, l'attention des guerilleros se concentrera sur vous, Paquo viendra avec moi, et nous ferons le reste. »

L'Encarnado réfléchit ; puis après quelques secondes de silence :

« Ton plan peut être bon, dit-il, et je consens à le suivre, courage n'exclue pas prudence, quand vous aurez fini, vous viendrez me retrouver. »

Il est facile de s'expliquer ce qui s'était passé dans le cœur de l'Encarnado.

Il avait compris que Ignacio voulait lui retirer d'une main ce qu'il avait donné de l'autre, et que la promesse vague qu'il lui avait faite, dissimulait mal sous le voile dont il l'avait entourée, l'arrière-pensée d'une trahison.

En conséquence, il avait jugé prudent d'aviser de suite aux moyens d'en prévenir l'exécution.

En quelques minutes, les trois hommes furent aux avant-postes de la guerilla de don Ignacio.

Après s'être fait successivement reconnaître par les sentinelles qui l'arrêtèrent à deux ou trois reprises, l'Encarnado pénétra dans l'espace où le chef carliste avait établi son campement.

Les guerilleros dormaient étendus sur la terre, enveloppés dans leurs manteaux et placés en cercle autour d'un feu dont la fraîcheur de l'air justifiait parfaitement la présence.

L'arrivée des trois hommes les arracha au sommeil; les carlistes avaient tellement l'habitude d'être sur pied à la moindre alerte, qu'ils ouvrirent les yeux presque aussitôt et en un instant furent sur le qui-vive.

Mochuelo et Paquo s'avancèrent étonnés, ils croyaient trouver dans le camp plus d'animation qu'il n'y en avait, tandis qu'il y régnait le silence et la tranquillité la plus absolue.

L'Encarnado s'était fait conduire auprès de don Ignacio; ses deux amis se mirent en quête.

Comme il s'y attendait, Mochuelo retrouva dans les groupes quelques figures de connaissance, Paquo même y rencontra quelques-uns de ses anciens camarades de la bande de Cuevillas.

Ils furent accueillis tous les deux avec amitié d'abord, et avec enthousiasme ensuite, quand on apprit qu'ils étaient membres influents de la célèbre Compagnie rouge.

Mochuelo causait avec un de ses vieux camarades de Pampelume.

« Ah ! tu fais partie de la Compagnie rouge ! dit celui-ci.

— Oui, mon cher Pelez, répondit Mochuelo.

— Avec quel grade ?

— Je n'ai voulu en accepter aucun, j'ai refusé une lieutenance.

— En vérité ?

— Oui, j'ai voulu conserver ma liberté et j'ai bien fait ; je n'ai qu'un chef, c'est l'Encarnado.

— On dit que sa guerillera est admirablement organisée et composée d'hommes d'élite.

— C'est vrai !

— Il est certain que s'ils te ressemblent tous...

— Tiens, dit Mochuelo à Pelez en désignant Paquo, en voici encore un échantillon.

— Demonio ! quel élégant majo.

— C'est tout ce que tu vois, toi ! Eh bien, mon cher Pelez, voici un charmant garçon, très-bien mis, très-soigneux de sa personne, très-amoureux de sa Casilda et qui en mangerait quatre comme toi sans se gêner.

— Et même moins.

— Vous paraissez en douter, senor Pelez, dit Paquo en saisissant sa navaja.

Mochuelo partit d'un grand éclat de rire.

— Ah ça ! dit-il à Paquo, es-tu fou ? Sommes-nous venus voir nos anciens amis pour nous battre ? Rengaine ta navaja, mon garçon, et passe un peu ta gourde à ce brave Pelez, qui ne refusera pas un bon verre de val de penas.

— Très-volontiers, dit Paquo souriant.

Pelez porta ses lèvres à la gourde qu'on lui tendait, et lui donna une longue accolade.

— Caramba ! dit Paquo, vous avez le gosier profond, senor Pelez.

Les guerilleros, qui s'étaient levés, croyant assister à un de ces duels si fréquents en Espagne, où le plus pauvre diable a toujours à la main le navaja ou le cuchillo, reprirent leur pose nonchalante quand ils virent que la gourde et l'incident étaient vidés.

— Et toi, Pelez, que fais-tu, mon brave, dans la guerrilla de don Ignacio ? demanda Mochuelo.

— Tu le vois, répondit le guerillero, je dormais quand tu es arrivé.

— En effet, j'ai remarqué que tout est bien tranquille.

— Et je ne m'en plains pas, car nous ne sommes pas habitués à ce calme.

— Cela se conçoit.

— Il y a un quart d'heure encore, tout le monde était sur pied.

— Vous avez eu une alerte ?

— Non, nous avions un prisonnier.

— Comment, vous aviez ?

— Sans doute.

— Vous ne l'avez donc plus ?

— Non, c'est pour cela que nous dormions si tranquillement.

— Est-ce qu'il s'est échappé ?

— Il n'en a pas eu besoin.

— Vous l'avez tué ?

— Pas davantage.

— Où est-il en ce cas, s'il n'est pas mort?

— Oh! il n'en vaut guère mieux ; il est avec notre géral.

— Avec le senor Ignacio?

— Oui, et tu n'ignores pas qu'il ne garde pas inutilement un prisonnier.

— Je me souviens, en effet, de lui en avoir vu expédier quelques-uns. Au revoir, Pelez!

— Tu t'en vas?

— Oui, je vais rejoindre l'Encarnado. Viens-tu avec moi, Paquo?

Paquo fit un signe affirmatif.

Les deux amis s'éloignèrent lentement du cercle dans lequel ils venaient de puiser un renseignement précieux, et se dirigèrent du côté vers lequel Ignacio avait fait planter sa tente.

Le campement entier était plongé dans le plus grand calme et le plus absolu silence.

Lorsque Mochuelo et Paquo approchaient d'un groupe, quelques têtes se relevaient curieusement, les suivaient du regard, et retombaient nonchalamment sur le bras qui leur servait de traversin.

Aucun renseignement ne venait à eux : leur désappointement était extrême.

Mochuelo tourmentait impatiemment la crosse des pistolets passés dans sa ceinture, et mâchonnait son épaisse moustache.

Paquo ne disait mot, mais ses yeux plongeaient dans ces groupes de dormeurs impassibles comme pour chercher un point sur lequel il pût les arrêter.

Mais il ne rencontrait rien qui put attirer son attention.

Tous deux avaient parcouru ainsi toute l'étendue occupée par les carlistes, toujours accueillis par cet uniforme silence qui leur semblait d'un lugubre présage.

Ils en arrivèrent alors à supposer que l'Encarnado s'était trompé en attribuant à Ignacio l'arrière-pensée d'une trahison. Ils en conclurent que celui-ci gardait lui-même don Juan Ramero pour le remettre à l'Encarnado.

La chose était possible, car ce n'eût été que justice, et le prisonnier, Ignacio devait peu s'en soucier.

Mochuelo et Paquo, sans avoir échangé une parole, en étaient venus tous les deux à la même conclusion.

Un bruit qui se fit entendre vint les arracher à leurs réflexions. Ce bruit était évidemment celui que produit une discussion violente.

Ils prêtèrent l'oreille attentivement.

Une voix sonore et puissante troublait, par ses éclats, le calme de la nuit ; cette voix était celle de l'Encarnado.

Mochuelo et Paquo se précipitèrent, prêts à tout.

XXI

LES DEUX CHEFS.

Lorsque Ignacio comprit que l'intention formelle de l'Encarnado était de tuer don Juan Ramero, il sentit que le plus court était de céder sur-le-champ, ou du moins d'avoir l'air de céder pour gagner du temps, et surtout qu'il fallait momentanément le tromper en affectant de traiter le prisonnier avec une excessive sévérité.

C'est pourquoi il avait donné les ordres que nous connaissons lorsque l'Encarnado quitta son quartier général.

Il connaissait, pour les avoir vues s'agiter devant lui, les passions impétueuses de Fernando, et, pour leur donner le change, il avait recours à un terme moyen ; il avait hypocritement sollicité un délai que la loyauté de son adversaire lui avait pourtant accordé avec peine.

Le plus sûr moyen de vaincre la difficulté était, pour lui, de la tourner ; c'est ce qu'il résolut de faire.

Comme on le voit, les deux chefs n'avaient pas l'un en l'autre une confiance extrême.

Le plus loyal des deux était cependant l'Encarnado ; aussi devait-il être trompé.

Ignacio ne s'endormit pas dans une confiance aveugle; il comprit que la haine du chef de la Compagnie rouge était trop violente pour se contenir jusqu'au lendemain, et il ne voulut pas attendre l'heure qu'il avait fixée pour mettre à exécution le plan qu'il avait conçu.

Lorsque don Juan s'était retrouvé en présence du général, il n'avait plus su quelle contenance tenir, surtout après les paroles brusques que Ignacio lui avait adressées en présence de l'Encarnado. Il crut que sa dernière heure était venue ; mais il était courageux et il ne se troubla point.

Quel fut donc son étonnement quand Ignacio, s'adressant à Pelez, lui dit :

« Coupe les liens du prisonnier et ne t'éloigne pas, je puis avoir besoin de toi. »

Don Juan était demeuré stupéfait.

« Où est le sauf-conduit que vous a donné le général Zaratiégui ? demanda Ignacio.

— Le voici, dit don Juan.

— Bien ! Maintenant écoutez-moi, car nous n'avons pas de temps à perdre.

— Je ne comprends pas, général.

— Vous avez un ennemi puissant.

— Quel est-il ?

— Je ne puis vous le dire, mais je vous en préviens. Vous n'avez qu'un moyen de lui échapper. Et ce moyen qu'il faut employer sur l'heure sans perdre un instant, sans perdre une minute, ce moyen, c'est la fuite.

— Je suis donc libre ?

— Oui, ou du moins vous allez l'être.

— Bien !

— Vous alliez à Grenade lorsque je vous ai fait arrêter?

— Oui, général.

— Eh bien ! vous vous y rendrez directement en sortant d'ici, surtout ne perdez pas une minute !

— Ne craignez rien. Ensuite ?

— Vous irez vous installer dans votre famille, et vous ne parlerez à qui que ce soit au monde de ce qui vous est arrivé ce soir.

— C'est facile.

— Vous le jurez ?

— Sur les cendres de mon père !

— Et maintenant hâtez-vous !

— Mais c'est une fuite, cela, général !

— Vous l'avez dit.

— Et je ne puis savoir devant qui je me retire aussi honteusement ?

— Je ne dois pas vous le dire.

— C'est que je ne connais plus personne en Espagne, et je ne puis m'expliquer...

— Sachez seulement que vous êtes fort heureux que je vous aie fait arrêter ce soir, et que vous devez une belle prière à la Vierge pour être tombé entre mes mains.

— Quel étrange mystère !

— Vous le connaîtrez peut-être un jour; pour le présent, c'est un secret qui ne m'appartient pas et que je ne puis vous confier.

— C'est différent.

— Senor don Juan, je vous sauve tout simplement; ne m'en remerciez pas, car c'est à vos opinions politiques que vous devez ma protection. J'ai trouvé en vous un partisan de don Carlos ; vous appartenez à une famille qui jouit d'une grande influence dans cette province, et nous avons besoin que vous viviez pour nous servir.

— Général, vous pouvez dès aujourd'hui compter sur moi comme sur le plus dévoué de vos amis.

— J'accepte au nom de Sa Majesté.

— Qu'aurai-je à faire ?

— Rien pour le moment. Contentez-vous de vous montrer et de vous faire connaître; faites de la popularité si vous le pouvez, je vous transmettrai plus tard les ordres du souverain.

— J'attendrai donc !

— Et maintenant partez !

— Je me souviendrai que je vous dois la vie.

— Où est votre cheval ? dit Ignacio.

— Je l'ignore absolument ? vos guerilleros m'ont arrêté et enlevé avec une rapidité telle, que je n'ai rien vu de ce qui m'arrivait qu'après que le fait avait eu lieu.

— Je vais vous rendre votre monture. Holà ! Pelez.

— Me voici, général ! répondit le soldat en survenant tout à coup.

— Où est la monture du prisonnier ? demanda Ignacio.

— Elle est attachée à deux pas d'ici.

— Est-elle dessellée ?

— Pas encore.

— C'est bien ; amène-la promptement.

— J'y cours, général. »

Une minute après, Pelez amenait le cheval de don Juan, au moment où Ignacio disait à celui-ci de le suivre.

Ignacio et don Juan s'éloignèrent ensemble.

Don Juan tenait son cheval par la bride.

Arrivés aux limites du camp de la guerilla :

« Montez à cheval, dit Ignacio, entrez à Grenade sans perdre une minute, et attendez mes instructions.

— Vos sentinelles me laisseront-elles sortir d'ici ?

— Un de mes hommes vous conduira et vous guidera.

— Très-bien.

— Partez.

— Général, dit don Juan se mettant en selle, si vous avez jamais un service à demander à quelqu'un, faites en sorte que ce soit à moi. Dût-il m'en coûter la vie, je vous le rendrai.

— J'espère n'en avoir jamais besoin, senor don Juan ; mais je prends bonne note de vos paroles. Hâtez-vous !

— A bientôt, » dit don Juan en s'éloignant.

Un guerillero le suivit sur un signe de son chef.

Ignacio écouta attentivement.

Le bruit produit par les sabots du cheval était lent et incertain ; il franchissait la ligne des sentinelles. Tout à coup, on entendit dans le lointain uu galop sonore ; les échos retentirent quelques instants ; puis le bruit s'éloigna et se perdit dans le silence de la nuit.

Il y avait cinq minutes à peine que don Juan venait de quitter Ignacio, lorsque Mochuelo et Paquo avaient pénétré dans la guerilla à la suite de l'Encarnado.

Nous avons vu les deux premiers se livrer à d'infructueuses recherches ; suivons donc l'Encarnado au moment où il franchissait le seuil de la tente sous laquelle rentrait Ignacio.

Ignacio dormait. Ce sommeil était-il profond? Non sans doute, car un sourire de satisfaction vint plisser sa lèvre au moment où lui apparut la figure de l'Encarnado.

Celui-ci avait ôté son masque de velours rouge.

Ignacio se redressa vivement, comme s'il eût été réveillé en sursaut, et, quand il vit debout devant lui cette belle figure pâle et énergique, un frisson involontaire parcourut son corps pendant qu'il s'écriait :

« Comment ! c'est vous, Fernando ? Je ne m'attendais à vous voir que demain.

— Je vois que j'ai bien fait de revenir, répondit l'Encarnado ; car je vous trouve seul, et je dois en conclure que vous avez suffisamment interrogé votre prisonnier et que rien ne s'oppose plus à ce que vous le remettiez entre nos mains.

— Sans doute ; mais il se présente à cela une insurmontable difficulté.

— Laquelle, je vous prie?

— C'est que j'ai vérifié l'exactitude des assertions de don Juan Ramero, qu'il est en effet porteur d'un sauf-conduit du général Zaratiégui, et que nous sommes forcés de le respecter.

— Ah! prenez garde, senor!

— Je ne puis vous donner la vie d'un prisonnier lorsque son existence est garantie par un des nôtres.

— Eh! que m'importe!

— Mais vous ne voulez donc pas réfléchir à l'utilité dont nous sera cet auxiliaire?

— Non; je ne vois qu'une chose, c'est que vous m'avez pris un homme qui m'appartenait, que la vie de ce prisonnier était à moi, et que vous venez brutalement vous placer entre moi et ma vengeance.

— Je ne puis pourtant pas vous donner cet homme.

— Alors, écoutez-moi bien : mort ou vivant je le prendrai. Il ne s'agit plus ici d'une cause politique à laquelle je renonce si elle ne consent à servir ni mes intérêts ni ma haine.

— Vous êtes en proie à une surexcitation que je vous prie de calmer, senor Fernando, dit Ignacio d'une voix insinuante ; car il voulait éviter une altercation qui pouvait devenir nuisible, dans ses résultats, à la cause à laquelle il s'était voué corps et âme.

— Rien! s'écria Fernando; ce drapeau, sous les plis duquel j'ai versé mon sang, me devient indifférent. Tout s'anéantit et se concentre en moi dans le désir absolu d'une implacable vengeance!

— Songez davantage à la grandeur de notre cause, et moins à vos propres intérêts.

— Eh! ne vous abritez pas vous-même derrière un égoïsme impénétrable. Quoi! mon père et ma mère sont morts par vous et pour vous, ma sœur a souffert en silence les tortures d'un sublime martyre par les mains de nos ennemis, je vous ai prodigué pendant quatre années mon sang, ma vie, ma santé, ma jeunesse, et, lorsque je viens vous demander en échange la vie d'un homme, vous me répondez : c'est impossible !

— Calmez-vous, senor ; écoutez-moi....

— Je ne vous ai que trop écouté ! je vous laisse à choisir maintenant entre ma défection ou la remise immédiate entre mes mains de mon prisonnier. Je suis las de combattre pour ceux qui ne daignent pas récompenser mon dévouement alors que je mets, pour la première fois, leur générosité à l'épreuve.

— Vous oubliez trop à qui vous parlez, dit Ignacio que la colère gagnait à son tour.

— Au contraire, je vous connais de longue date, senor Ignacio !

— Je suis général de Sa Majesté don Carlos.

— Oui, vous êtes soumis aux ordres d'un roi ; mais moi je suis un chef comme lui, j'ai mon parti comme il a le sien, j'ai un nom au bruit duquel vous avez pu voir frémir l'Andalousie tout entière : ce nom, c'est l'Encarnado ; mon drapeau, c'est ma haine !

— Mais vous perdez la raison, capitaine ; et moi, don Ignacio, général de Sa Majesté don Carlos, je vous somme de m'obéir et de vous retirer.

— Et moi, l'Encarnado, je refuse ! Je ne suis plus carliste ; je ne dépends que de moi, et dans mon camp l'on ne commettra jamais de trahison ni de lâcheté !

— Sortez ! dit Ignacio exaspéré.

— Je ne sortirai d'ici qu'avec don Juan Ramero.

— Il est à Grenade.

— Vous l'avez laissé partir !

— J'ai voulu sauver un serviteur du roi.

— Et vous avez cru que je consentirais à servir encore une cause dont l'astuce et le mensonge sont les moyens d'action ? s'écria l'Encarnado avec violence. Dieu ne m'a pas fait l'âme si étroite que je fraye avec des gens sans parole et sans foi ! je n'ai pour ceux-là que du mépris.

— Imprudent ! s'écria Ignacio ; n'es-tu pas entre mes mains ?

— L'Encarnado ne craint rien ! Ecoute, Ignacio, et pèse mes paroles. Nous avons combattu ensemble, pour la même cause, ne l'oublie pas, et c'est pourquoi je fais violence à ma colère ; mais, si je te retrouve ici à l'aurore la guerre que je te déclare commencera, et tu sauras ce que pèse le bras de l'Encarnado !

— Des menaces ! » hurla Ignacio en saisissant un pistolet.

Mochuelo et Paquo s'étaient précipités sous la tente ; ils avaient entendu toute la fin de ce dialogue animé ; ils avaient jugé qu'il était temps d'intervenir.

Paquo bondit au devant de l'Encarnado ; le coup partit et l'atteignit au bras.

Pendant ce temps Mochuelo s'approchait d'Ignacio, le renversait par une secousse violente, et lui posant son poignard sur la poitrine :

« Faut-il ? dit-il simplement en se tournant vers l'Encarnado.

— Non, » répondit l'Encarnado avec mépris.

Puis s'adressant à Ignacio immobile et muet :

« Adieu, général, dit-il ; entre nous il n'y a plus rien de commun ; veuillez faire prévenir Sa Majesté don Carlos; si vous l'osez vous lui expliquerez le motif de ma retraite. »

Et il disparut, suivi de Mochuelo et de Paquo.

Ignacio fit un bond comme pour s'élancer et appeler ses hommes ; mais une réflexion le retint.

« Pauvre ami ! dit l'Encarnado à Paquo, je porte malheur à qui m'approche ; tu es blessé ?

— Oh ! c'est peu de chose, répondit Paquo ; une simple écorchure. Je n'aurais pas cru Ignacio si maladroit. »

Tous trois gravirent silencieusement cette fois les hauteurs du Mulhacen.

L'Encarnado était grave et réfléchi.

Mochuelo frémissait de rage.

Paquo chantonnait un boléro ; mais ses yeux noirs lançaient des éclairs.

XXII

A GRENADE.

La fraîcheur de la nuit rendit à l'Encarnado tout son sang-froid.

Lorsqu'il pénétra dans son campement, il jeta autour de lui un rapide coup-d'œil, il contempla les traits accentués des hommes qui composaient la Compagnie rouge, et sourit d'un air de confiance en même temps que de défi.

La confiance était pour lui, le défi pour Ignacio.

Son premier soin fut de faire panser immédiatement la blessure que Paquo venait de recevoir, et qui peut-être lui avait sauvé la vie ; le chirurgien y plaça, pour la forme, un appareil à peu près inutile, car elle était sans gravité

Que nos lecteurs ne s'étonnent point de trouver au milieu de la Compagie rouge un chirurgien et un confesseur.

Les Espagnols en général, et ceux-là en particulier qui coudoyaient la mort à chaque pas, tiennent à la santé de l'âme au moins qu'à celle du corps, et s'ils ne sont pas sauvés par le chirurgien, il faut au moins que le confesseur soit là pour leur ouvrir les portes du paradis.

C'est à la sainte Vierge qu'ils s'adressent le plus volontiers, comme s'ils comprenaient qu'ils trouveront dans le sein d'une mère l'indulgence et le pardon qui leur sont nécessaires.

L'Encarnado s'était enveloppé, pour dormir, dans le manteau rouge qu'il portait habituellement, lorsqu'il fit signe à Mochuelo de venir lui parler.

Mochuelo continuait à maugréer en silence.

— Demain matin, lui dit l'Encarnado, tu iras à Grenade, tu t'informera adroitement de deux choses.

— Lesquelles?

— Je vais te les dire; mais calme-toi, la bataille est bien perdue pour nous ce soir.

— Ah! maudit soit Ignacio!

— Sois tranquille, j'aurai ma revanche.

— Je l'espère bien!

— Je lutterai seul maintenant; mais plus je serai forcé de combattre, plus terrible sera ma vengeance!

— Et je vous y aiderai, caramba!

— Arrivé à Grenade, tu feras en sorte de parler à Eusebio, le domestique de don Luis Ramero, il te mettra au courant de l'effet produit par l'arrivée de ce don Juan, que Dieu confonde!

— Très-bien!

— Sache aussi dans combien de jours partent de Grenade pour Madrid les cinquante mille réaux qu'on doit y envoyer.

— Je le saurai !

— Tu en réponds ?

— Oui, bien que ce soit chose piteuse que d'arrêter une malheureuse diligence.

— Ne te plains pas trop, car elle sera bien escortée, on commence à avoir peur de nous.

— Tant mieux ! j'aime la guerre, moi !

— Surtout, informe-toi bien près d'Eusebio de tout ce qui aura été dit devant lui.

— Je vous le promets, capitaine.

— Cela est très-important ; car, de la réponse que tu me rapporteras, dépend mon plan de conduite.

— Alors je ne m'acquitterai que mieux de ma mission.

— Il le faut ! car si je reste seul désormais, je renoncerai à tout pour continuer l'œuvre que j'ai commencée.

— Bah ! dit Mochuelo, dormons ! la nuit porte conseil, dit-on, nous verrons bien.

— Va, dit l'Encarnado, et à demain.

Mochuelo s'éloigna toujours soucieux.

Quant à l'Encarnado, il s'étendit devant le feu, s'enveloppa dans son rouge manteau et s'endormit avec peine, en proie aux plus sombres pensées. Ses traits contractés, ses mains crispées exprimaient suffisamment la nature de ses idées au moment où le sommeil l'avait vaincu.

Nous qui n'avons pas pour rester sur les hauteurs du Mulhacen les mêmes raisons que Fernando, nous qui avons le privilége de pénétrer partout, suivons maintenant le senor don Juan depuis le moment où, grâce à Ignacio, il vient d'échapper miraculeusement à la mort qui l'attendait

Il cheminait sur la route de Grenade, la tête pleine d'idées confuses auxquelles il cherchait en vain une explication satisfaisante.

Qu'était donc cet ennemi inconnu qui le menaçait lorsqu'à peine il venait de poser le pied sur le sol de l'Espagne.

Comment pouvait-il se faire même que son arrivée fût connue d'un autre que de son oncle à qui seul il l'avait annoncée ?

Qu'allait-il faire ?

Allait-il rentrer à Grenade à cette heure et faire tapage à la porte de la maison de don Luis.

Après avoir longtemps pesé le pour et le contre, il se décida pour un parti que nous qualifierons d'extrême : il alla frapper à la porte d'une posada.

Hâtons-nous de dire à sa louange qu'il était fort ignorant des us et coutumes d'Espagne, sans cela ce n'est certes pas dans une maison de ce genre qu'il fût entré pour prendre autre chose qu'une chaise, ainsi que le dit le proverbe espagnol.

En règle générale, vous ne trouverez rien dans une posada, et si la nature a horreur du vide, les hôteliers espagnols ne sont pas comme elle.

Après avoir fait rage à la porte pendant quelques minutes, une vieille servante délabrée vint ouvrir en grommelant.

Don Juan se fit donner une chambre qu'il paya au poids de l'or, car rien n'est cher en Espagne comme ce dont on a besoin, puis il se reposa patiemment en attendant le jour.

Après avoir dormi vaillamment, comme s'il eût été dans un lit parfaitement confortable, le soleil levant le trouva dispos, alerte et gai comme s'il sortait de sa propre demeure.

Il s'achemina pensif vers Grenade, et comme Boabdil *el rey chico*, il contempla cette ville moresque encore noyée dans le brouillard du matin.

Il fit son entrée en ville par la porte du jugement, ainsi nommée parce que c'est une tour crénelée et massive, sous laquelle de pauvres soldats déguenillés montent la garde, à la place où les califes écoutaient autrefois les réclamations des croyants.

Il déboucha ensuite sur la place de *las Algives*, et après s'être informé de la demeure de son oncle, il se dirigea de ce côté et vint frapper à l'huis, tandis que sa monture poussait un hennissement sonore.

« Qui va là ? dit une voix puissante.

— Moi, don Juan Ramero.

Qui fut bien étonné en ouvrant la porte et en voyant se dresser devant lui cette figure inconnue ? Ce fut le brave Eusebio José qui certes, croyait ouvrir la porte à l'Encarnado.

Mais il était probablement intelligent, puisqu'il comprit de suite qu'un événement quelconque était venu changer les dispositions prises.

Aux cris d'étonnement joyeux qu'il poussa, toute la maison fut bientôt sur pied.

Don Luis Ramero arriva en personne pour connaître la cause de ce vacarme matinal.

— « Qu'y a-t-il et que voulez-vous, senor ? dit-il.

— Est-ce à don Luis Ramero que j'ai l'honneur de parler ? demanda don Juan.

— Oui. Qui êtes-vous ?

— Qui je suis ? Mais ne le savez-vous pas ? Ne vous ai-je pas écrit pour vous annoncer mon arrivée ?

— Nullement !

A ces mots, notre cavalier mit pied à terre.

— Mon cher oncle, dit-il, j'ai l'honneur de vous présenter don Juan Ramero, votre neveu, fils de don Francisco Ramero, votre frère défunt.

— Vous êtes fou, mon ami, s'écria don Luis en reculant.

— Fou, moi ! répéta don Juan qui ne pouvait comprendre l'exclamation de son oncle, ignorant, qu'il était, qu'un autre don Juan Ramero eût fait déjà son entrée dans la famille.

— Sans doute, vous êtes fou ! répéta don Luis, et vous arrivez trop tard !

— Qu'est-ce à dire ? fit don Juan en reculant.

— Don Juan Ramero est à Grenade depuis bientôt quatre mois.

— Comment ! fit don Juan en éclatant d'un rire joyeux, il y a si longtemps que ça que je suis arrivé ?

— Allons ! cessez cette plaisanterie, jeune homme, dit le vieillard, car si vous voulez rire à mes dépens, je ne suis pas d'humeur à le supporter.

— Permettez ! ceci demande une explication, et je tiens à vous la donner, s'écria don Juan en reprenant son sérieux, car il voyait que don Luis parlait fort sérieusement. Vous avez été victime d'un imposteur, je vous l'affirme, c'est moi qui suis don Juan Ramero, et je vais vous le prouver à l'instant.

— Vous! répéta don Luis.

— Ah! cher oncle, je ne puis pas admettre que vous me forciez à vous montrer ici tous mes papiers. Entrons! nous causerons en famille.

— Soit! dit le vieillard que l'aplomb et la gaieté du jeune homme commençaient à ébranler et qui, tout en croyant encore avoir affaire à un fou, ne voulait pas brusquer un inconnu dont les dehors séduisants, les façons élégantes, la tenue excellente décelaient un homme malade, peut-être, mais à coup sûr de la meilleure compagnie.

Don Juan pénétra dans le patio, et là, le jeune homme montra à son oncle autant de preuves qu'il en aurait fallu pour le convaincre dix fois.

C'étaient les actes de décès de son père et de sa mère, son acte de naissance à lui, son acte de baptême, un passe-port visé par tous les consuls imaginables.

Don Luis Ramero n'avait jamais songé à en demander autant au neveu qui lui était tombé du ciel quelques mois avant.

Aussi, après avoir réfléchi longuement au cas épineux dans lequel son imprudente confiance venait de placer sa famille entière, il crut devoir la prévenir à l'instant de ce qui se passait.

« Vous avez peut-être raison, senor don Juan, dit-il, nous avons sans doute été victimes de quelque adroit fripon ; mais il faut que je m'assure positivement du fait.

— Cela est facile, répondit don Juan.

— Comment ?

— Confrontez-moi avec celui qui a pris mon nom et mon individualité.

— Il n'est plus à Grenade.

— Depuis quand ?

— Depuis hier soir.

— Il aura appris mon arrivée.

— Par qui ?

— Je vous avais écrit.

— Je n'ai pas reçu de lettre.

— Cette lettre aura été soustraite.

Don Luis regarda don Juan. Il doutait; il ne savait que penser.

Il avait devant lui des preuves, mais ces preuves de l'individualité de son neveu pouvaient avoir été enlevées à leur véritable propriétaire, et quel était ce propriétaire véritable ?

Là était la question.

« Ah ! on m'a volé mon nom, répétait don Juan.

— Oui, répondit don Luis.

— Mais dans quel but ?

— Je l'ignore.

— Quel homme était-ce que celui que vous avez accueilli ?

— Un charmant garçon, de votre âge à peu près, distingué, riche, élégant, envié de tous les hommes, adoré de toutes les femmes. Il s'est fait à Grenade une réputation que vous aurez de la peine à soutenir.

— Grâce à Dieu et à mon père, je suis riche aussi, je n'ai pas trop méchante tournure, et je ferai de mon mieux. »

Le senor Ramero avait fait prévenir ses filles et sa nièce qu'il avait à leur parler sur-le-champ.

Carmen et Lola firent invasion en riant dans la pièce où se trouvait don Ramero ; quant à Dolorès, elle s'avançait, toujours calme et mélancolique.

« Mes chères filles, dit don Ramero, et toi, Dolorès, ma nièce, que je pourrais presque appeler aussi ma fille, je vous présente votre cousin, don Juan Ramero, fils de feu mon frère don Francesco Ramero.

— Quelle plaisanterie ! s'écrièrent en même temps Carmen et Lola.

— Mes chers enfants, ce que je vous dis est très-sérieux, nous avons été joués par un fourbe, et c'est sur moi que doit retomber cette faute, puisque c'est mon aveugle confiance qui l'a favorisée.

La stupéfaction des filles de don Ramero était profonde ; quant à Dolorès, elle ne parut pas ressentir les effets de l'étonnement.

« Oh ! fit-elle, je le savais ! J'avais deviné ! »

Et tendant la main à don Juan.

« Je vous salue, mon cousin ! » dit-elle.

Don Luis était stupéfait à son tour. Il ne croyait pas encore, et la petite scène qu'il venait de jouer n'avait eu lieu que dans le but de jeter une nouvelle lumière sur l'événement par la présence de ses filles.

Mais cette lumière devait bientôt jaillir brillante.

Don Juan avait non-seulement tous ses papiers de famille, toutes les lettres échangées entre son père et ses frères, mais il connaissait des faits, des particularités que lui avait confiés son père, que don Luis connaissait seul et dont la révélation devait confondre le vieillard.

Une heure après, le doute n'était plus permis.

« J'ai été joué ! s'écria le vieillard, mais quel était cet homme ? »

Dolorès murmura un nom que personne n'entendit.

Peu à peu le babil de Carmen et de Lola reprit le dessus de la conversation, les conjectures les plus fantastiques furent mises en avant, jusqu'à ce qu'enfin Lola s'écria moitié en riant, moitié en frémissant de peur :

« Si c'était l'Encarnado ! »

Don Juan frissonna involontairement, il avait vu l'Encarnado la veille.

— Tu es folle, ma chère Lola, dit Dolorès avec sa même figure impassible et dédaigneuse.

— Pourquoi folle ? répondit la jeune fille.

— Parce que c'est nous faire injure à nous-mêmes que de supposer que nous ayons été dupes d'un bandit vulgaire. Il est impossible en effet que l'Encarnado puisse réunir la distinction, l'élégance et l'éducation que possédait le Sosie de notre cousin.

— Qui te dit que l'Encarnado soit un bandit vulgaire.

— Tout ! sa conduite, les actes de cruauté féroce qu'il a commis.

— Mais par les temps de guerre civile qui courent, cela peut s'expliquer.

— Non, rien n'explique ces actes ni ne les justifie. L'Encarnado est un de ces misérables que la faveur même de notre souveraine ne daignerait pas accueillir à *indulto* (à pardon). Nous sommes de trop belle noblesse pour qu'un voleur de grand chemin ait osé venir vivre au milieu de nous, et nous sommes trop haut placés pour qu'un soupçon de ce genre soit sérieusement possible.

— Quoi qu'il en soit, dit don Luis Ramero, et bien que je sois de l'avis de Dolorès, il est certain qu'un malheur peut nous menacer. Qu'il nous vienne d'un ennemi, ou simplement d'un audacieux fripon, il n'en plane pas moins sur nous, car celui qui s'est introduit ici doit avoir un but que nous ignorons.

— Vous avez raison, mon oncle, dit don Juan, et nous devons nous unir pour le combattre.

— Je vais écrire aujourd'hui même à mon frère, le colonel, pour le prévenir de ce qui s'est passé. Allez, mes enfants, reposez-vous sur moi !

Puis appelant Eusebio :

— Tu vas conduire mon neveu don Juan dans sa chambre, dit-il, et si celui qui a volé son nom et notre amitié osait se présenter ici, ne dis rien, Eusebio, et viens me prévenir à l'instant.

— Je n'y manquerai pas, fit Eusebio en s'inclinant.

Comme don Juan se retirait, don Luis Ramero le rappela :

— Senor don Juan ! voulez-vous me confier les papiers que vous m'avez montrés tout à l'heure ? demanda-il.

— Très-volontiers, mon oncle, les voici !

Et don Juan lui remit la liasse qu'il tenait à la main.

Dolorès était restée debout, muette et absorbée. Elle avait si vaillamment combattu l'opinion émise par Lola, que le faux don Juan pouvait être l'Encarnado, qu'on aurait pu croire qu'elle en était parfaitement convaincue.

Cependant un soupir s'échappa de sa poitrine oppressée, tandis que ses lèvres murmuraient :

« Oh ! oui ! c'était bien l'Encarnado ! »

XXIII

PAQUO.

Le soleil éclairait depuis longtemps la crête du Mulhacen, lorsque Mochuelo, soucieux et mécontent, se dirigea vers Grenade.

Il cheminait seul sur le sentier escarpé qui descendait tortueusement vers la route, contemplant, comme l'avait fait don Juan, cette ville élégante et coquette, ce riche fleuron de la couronne d'Espagne.

Aussitôt arrivé, il se promena silencieusement devant la maison des Ramero, puis voyant que rien ne bougeait, il se campa doucement au soleil, les mains dans les poches, le dos paresseusement appuyé à la muraille.

L'Espagnol est, comme le lazzarone, le lézard de la création.

Il se mit à siffloter tranquillement un air étrangement modulé.

Quelques instants après, la porte de la maison devant laquelle il s'était campé s'ouvrit doucement et un homme en sortit et s'éloigna sans jeter même un regard sur le paresseux Mochuelo.

Pourtant celui-ci suivit aussitôt la même direction que cet homme, conservant toujours le même air indifférent, et achevant l'espèce de fandango qu'il avait commencé.

Ils quittèrent alors Grenade, conservant toujours entre eux la même distance, jusqu'à ce qu'arrivés à un endroit de la route où se trouvait un massif de verdure, l'homme y pénétra sans se retourner.

Mochuelo, toujours indifférent, toujours sifflotant, y entra derrière lui et disparut dans le massif.

« C'est toi, Eusebio José? dit-il.

— Je t'ai entendu, et je suis sorti, répondit le valet.

— Tiens, mon ami, voici dix cuartos que notre maître m'a chargé de te donner.

— Merci! » dit Eusebio en tendant avidement la main.

Et il se mit à compter consciencieusement son argent.

Puis, cette opération terminée, il ouvrit une poche dans laquelle les cuartos s'engouffrèrent en rendant ce petit son métallique qui plaît tant à l'oreille des hommes.

A dater de ce moment, Eusebio se montra disposé à parler, ce dont Mochuelo, en homme habile, abusa sur-le-champ de cette disposition pour se faire mettre au courant des moindres détails relatifs à l'événement du jour, à l'arrivée de don Juan.

Lorsqu'il se trouva suffisamment renseigné, il se disposa à prendre congé de son interlocuteur.

Mais celui-ci, fort en train de bavarder longuement, ne paraissait pas devoir quitter la place de sitôt; Mochuelo, peu expansif de son naturel et suffisamment instruit, le congédia un peu brusquement, non sans lui avoir rappelé pour la forme que sa vie dépendait toujours de sa fidélité et de son entière discrétion.

Cela fait, il reprit sa route sans se préoccuper davantage des terreurs que cette dernière recommandation avait mise au cœur du valet.

Mochuelo gravit les hauteurs du Mulhacen, peu satisfait du résultat de ses investigations, mais muni de renseignements précis sur les incidents qui avaient provoqué son expédition matinale.

Lorsqu'il arriva au campement de la Compagnie rouge, où sa présence avait été attendue avec la plus vive impatience par l'Encarnado, il l'entraîna dans un endroit écarté, afin de n'avoir pas à craindre un curieux importun.

— « Eh bien ! dit l'Encarnado, quelles nouvelles, Mochuelo !

— Mauvaises, senor ! répondit le *coscon*.

— Mais encore ?

— Le senor don Juan Ramero est arrivé à Grenade ce matin seulement, il a fait grand tapage à la porte, et a fini par exhiber autant de pièces qu'il en faudrait pour constater l'identité de dix don Juan comme lui.

— Je m'en doutais !

— Il y a eu, comme vous pouvez le penser, grand émoi dans la maison. On s'est livré aux suppositions les plus étranges, jusqu'à dire même que l'Encarnado pourrait bien être ce faux don Juan.

— On a dit cela ?

— Oui, mais la senorita Dolorès a détrompé si habilement sa famille, que son oncle a été de son avis.

— Dolorès ? voilà qui est bizarre !

— Eh ! mon Dieu ! cela n'a rien d'étonnant ! Je vous dis que cette belle fille-là vous aime ! Qu'elle ne vous l'ait jamais dit, je le crois ; peut-être ne se l'est-elle pas avoué à elle-même ! Mais j'en suis convaincu ! »

Il est difficile d'exprimer tout ce qui se passait alors dans l'esprit de l'Encarnado ; mille idées confuses se heurtaient dans le chaos enfanté par la série d'aventures fatales dont il était victime depuis près de quatre années.

Son passé se dressait devant lui, avec son cortége de douleurs et de remords.

Le malheur de sa famille lui apparaissait dans toute son horreur, tel qu'il l'avait fait lui-même.

« Ainsi, disait-il tout haut, bien qu'il ne s'adressât pas directement à Mochuelo, je ne puis plus rentrer à Grenade ! Ce rêve que j'avais caressé s'évanouit, et c'est à Ignacio que je dois ce nouveau malheur !

C'est la cause carliste, à laquelle j'ai tout sacrifié, qui me vaut cette humiliante déception !

Et je me condamnerais pour une cause ingrate aux mille privations que j'ai déjà souffertes !

Et je me résignerais stupidement à voir profiter de ma victoire ceux-là qui font ma ruine, quand ils ont laissé échapper l'occasion de ma vengeance !

Non ! j'ai assez souffert par autrui !

C'est moi seul qui me charge à l'avenir du soin de satisfaire à ma haine et à mon honneur ! »

Puis, songeant aux paroles qu'avait dites Dolorès :

« Si elle m'aimait ! s'écria-t-il, quelle splendide vengeance ! »

Mochuelo ne disait mot.

« Qu'est devenu Ignacio ? dit brusquement l'Encarnado.

— Je l'ignore, répondit Mochuelo.

— Est-il donc parti ?

— Il a dû quitter de bonne heure le campement, car ce matin, en allant à Grenade, j'ai aperçu la place vide et les feux éteints.

— Allons, le sort en est jeté ! » dit l'Encarnado en se levant brusquement.

Après quelques minutes de réflexion, pendant lesquelles il arpentait fiévreusement l'espace, il porta à sa bouche le sifflet d'argent pendu à son cou.

Le son aigu et perçant qui s'en échappa dans le silence de la montagne retentit longuement répercuté par les échos, et fit accourir à l'instant tous les partisans qu'il avait raliés à son drapeau et qui formaient la Compagnie rouge.

Ils se réunirent en cercle autour de l'Encarnado, prêts à exécuter les ordres qu'il allait leur transmettre.

Le temps était magnifique, le ciel pur et sans nuages, le soleil dardait ses plus chauds rayons sur les cimes environnantes.

Seul le plateau sur lequel se trouvaient réunis les guerilleros de l'Encarnado était protégé de ces ardeurs par une ombre salutaire projetée par l'énorme masse de granit qui le surmontait.

On entendait mugir, à quelques cents mètres au-dessous, les eaux écumantes d'un torrent qui bondissait capricieusement au fond d'un précipice dont l'œil avait peine à mesurer la profondeur.

Partout cette solitude aride, et ces masses sombres devant lesquelles l'âme se recueille, et qui fait sentir à l'homme le néant de son ambitieux orgueil.

Quelques arbustes rabougris et chétifs s'échappaient des flancs de ces énormes rochers, comme pour protester contre l'envahissement de cette sauvage nature. Partout où quelque fissure existait, dans laquelle un peu de terre ait pu s'introduire, un brin de verdure s'élevait ambitieusement comme pour reposer l'œil fatigué de l'uniformité de ce paysage inerte.

Du sein de ce vaste silence, la voix de l'Encarnado sortit grave et calme résonnant fièrement dans la solitude du Mulhacen.

« Mes amis, dit-il en s'adressant à ceux qui l'entouraient, Dieu m'est témoin que, depuis dix-huit mois que nous sommes réunis, j'ai tout fait pour vous épargner les privations et la misère.

— Oui ! oui ! crièrent-ils.

— Tout ce qu'il a été en mon pouvoir de faire pour vous éviter des fatigues inutiles, je crois l'avoir fait.

— Oui ! oui !

— Est-il parmi vous quelqu'un qui ait à se plaindre de moi ? Personne peut-il me faire le reproche d'avoir été pour vous un mauvais capitaine, ou d'avoir pâli devant le danger ?

— Non ! non ! *Vive l'Encarnado* !

— Eh bien ! mes amis, au moment de me séparer de vous, je suis heureux que vous me rendiez ce témoignage. A dater d'aujourd'hui, vous êtes libres ! »

Un morne désappointement accueillit ces dernières paroles ; un murmure confus parcourut le cercle, tandis que Paquo, plus hardi, se détachait du groupe et s'avançait gravement vers l'Encarnado :

« Pardon, capitaine, lui dit-il, mais je viens protester au nom de mes camarades, dont je crois pouvoir me faire l'interprète, car je connais leur dévouement à votre personne.

— Bien parlé, Paquo ! cria une voix, tandis que les guerilleros faisaient un signe d'approbation.

— Mes amis, dit l'Encarnado, je ne veux pas que vous me quittiez sans emporter d'ici ce qui vous est nécessaire pour rejoindre vos familles, ou la guerilla la plus proche ; tout ce que j'ai d'or vous appartient ; le voici, partagez-le entre vous.

— Merci encore, capitaine, dit Paquo ; c'est assez pour nous du chagrin de vous quitter, sans que nous emportions d'ici le regret de nous voir méconnus. D'ailleurs, loin d'avoir besoin de votre or, grâce à vos généreuses largesses, nous en avons toujours eu au delà de ce qui nous était nécessaire. Gardez-le pour vous, senor, il vous sera plus utile qu'il ne pourrait l'être à nous-mêmes.

— Bravo, Paquo ! bravo, amigo ! » hurla le chœur.

L'Encarnado était visiblement ému.

Il marcha vers Paquo avec une noble franchise, et s'adressant à ses hommes, il leur dit :

« Je vous remercie de votre dévouement, mes chers camarades, et c'est à vous tous que je veux serrer la main en prenant dans la mienne celle de ce brave Paquo, qui vous représente si dignement !

La Compagnie rouge trépigna frissonnante.

« Ecoutez-moi, mes amis, continua l'Ecarnado ; ce que j'ai à vous dire est grave et réclame toute votre attention. J'ai besoin, comme par le passé, d'hommes dévoués et aguerris.

— Allons donc ! fit Paquo en souriant.

— Je renonce à représenter un parti politique ; je ne veux plus marcher sous les étendards carlistes, pas plus que sous ceux de la reine. Le parti que je veux représenter à l'avenir c'est le mien ! Il n'aura d'autre chef que moi ; je ne veux plus dépendre de personne !

— Bravo !

— Je ne suis donc plus qu'un bandit toujours en

guerre avec le gouvernement et la société. S'il est parmi vous quelques cœurs fidèles qui veuillent me continuer une obéissance et une discrétion absolues, qu'ils restent ! Mais qu'ils n'oublient pas qu'ils seront bandits comme moi ! Ceux-là partageront mes dangers et ma fortune ; les autres peuvent dès à présent rejoindre, s'ils le veulent, les guerillas dont ils faisaient partie avant de s'enrôler dans la mienne.

— Non, non ! crièrent ensemble toutes les voix ; nous restons avec vous quand même.

— Songez que je vous demande l'abnégation complète des deux choses qui sont le plus chères à l'homme : liberté et volonté ! Songez que j'exige une soumission aveugle à mes ordres, et que pour quiconque y manquera, je serai sans pitié comme je l'ai été pour le lieutenant !

— Oui ! oui ! hurla en masse la foule des bandits.

— Consultez-vous, mes amis, je ne veux surprendre la bonne foi de personne !

— Non, c'est inutile ; nous restons avec vous.

— Le jurez-vous sur votre salut ?

— Sur notre salut, nous le jurons ? dirent toutes les voix, en même temps que toutes les mains s'étendaient pour affirmer.

— Vous êtes bien décidés ?

— Oui ! oui ! *Vive l'Encarnado ! vive !*

— Tenez, dit le chef en donnant à Paquo une bourse pleine d'or, voici de quoi boire à ma santé quelques outres de val de penas. »

Cette fois Paquo accepta avec enthousiasme, et les cris de la foule se joignirent à ses protestations de dévouement et d'obéissance passive.

L'Encarnado, ému, rayonnait de bonheur ; il se sentait pénétré de joie en présence de la preuve irrécusable d'attachement que la Compagnie rouge tout entière venait de lui donner.

La confiance lui revint au cœur, et le regard de défi qu'il lança dans l'espace était comme une vague menace qui s'étendait sur la ville dont le panaroma se déroulait sous ses yeux.

XXIV

LE DÉPART POUR LA COURSE.

C'était *dia de toros* à Grenade.

Depuis plusieurs jours déjà on sentait circuler dans cette ville cette animation qui précède toujours quelque grand événement.

Jamais attente n'avait semblé plus longue ; des groupes de curieux stationnaient devant les affiches apposées au coin des principales rues, car ces affiches promettaient monts et merveilles.

Enfin ce jour tant désiré était arrivé.

Certes si un étranger fût entré à Grenade ce jour-là et qu'on lui eût dit que le goût des courses de taureaux se perdait en Espagne, il eût été fort désappointé par l'inexactitude de ce renseignement.

Grâce à Dieu, la civilisation ne les a pas fait disparaître, et nous devons l'en remercier, car une course de taureaux est un admirable spectacle, et la civilisation a emporté tant de belles et bonnes choses, qu'on doit s'estimer fort heureux qu'elle ait respecté celle-là.

Que les écrivains sensibles et les membres de la société protectrice des animaux se transportent avec la foule bariolée et enthousiaste dans le cirque où ce spectacle doit avoir lieu, ils en reviendront, j'en suis sûr, avec des idées identiquement contraires à celles qu'ils avaient en partant.

C'est un lundi, jour de taureaux, *dia de to ros*, et par conséquent jour de fête.

La ville est en rumeur, les boutiques sont hermétiquement fermées, ceux qui n'ont pas encore pris leurs billets marchent à grands pas vers le cirque pour s'entasser le mieux possible dans l'espace qui reste libre.

C'est pour cette solennité seulement que sortent de leurs remises les carrosses poudreux, les calesins et les chars à bancs les plus fantasques, le tout attelé de chevaux ou de mules invraisemblables.

Il y a une grande analogie entre les calesins et les corricoli de Naples.

Une caisse sans ressort, ornée de peintures les plus grotesques, posées sur d'énormes roues, doublées d'une étoffe dont il est toujours difficile de deviner la nature primitive, tel est le calesin.

Le conducteur est assis sur le brancard ; c'est là qu'il donne l'avoine à sa mule à grand coups de bâton, laissant par ce moyen une place de plus à ses pratiques.

La mule est tellement ornée qu'elle ressemble exactement à la devanture de la boutique d'un bourrelier.

A voir s'ébranler ce véhicule, on croit qu'il va tomber en morceaux, et vous êtes surpris de le voir disparaître avec la rapidité du vent dans un tourbillon de cris joyeux et de poussière blanchâtre.

Nous ne parlons pas des carrosses qui sillonnent ce jour-là les rues, et qui réalisent ce que nous ont fait entrevoir les gravures les plus naïves du temps de Louis XIII et de Louis XIV.

Il n'y a pas une boîte quelconque montée sur deux roues qui ne soit mise à contribution ce jour-là.

Les grisettes ou *las manolas*, comme on voudra les appeler, n'ont au monde qu'une ambition, c'est d'aller en calesins aux courses de taureaux.

Pour y arriver, il n'est pas de sacrifices qu'elles ne fassent.

Si l'argent leur manque elles mettront en gage jusqu'à leur paillasse, mais elles font en sorte d'éviter cette pénible extrémité.

Je ne saurais trop dire si elles pèchent par excès de vertu, dans le cours ordinaire de la vie, mais ce qu'il y a de certain c'est que leur cœur s'attendrit visiblement à l'approche de ce grand jour des courses de taureaux.

De tous côtés, l'animation est la même.

Les gens de la campagne arrivent en foule, à cheval, à mule, à âne, avec ou sans leurs femmes, n'importe comment, pourvu qu'ils arrivent.

Sur les artères qui aboutissent à Grenade, les chariots traînés par les bœufs, les files d'ânes se suivent à intervalles rapprochés.

Les *aficionados* sont comme les *dilettanti* de l'Opéra, renommés pour la véhémence et la furie de leur admiration.

Rien ne les arrête, ni la chaleur, ni la difficulté, ni le péril du voyage, il faut qu'ils aient leurs places près de la *barrera*, et s'ils peuvent frapper de la main la croupe du taureau, ils se croient amplement payés de leurs fatigues.

Quel est l'auteur qui de nos jours pourrait se vanter de jouir d'une vogue semblable?

Les cris les plus fantastiques se répondent, les dialogues les plus comiques s'entre-croisent bruyamment interrompus par la joie des *muchachos* pendus en grappe à la queue de chaque cheval, à l'arrière de chaque voiture.

Au milieu de ce chaos confus de véhicules de tout âge et de toutes sortes, quelques élégantes calèches glissent rapidement, emportant sur leurs moelleux coussins des femmes coquettement drapées dans leurs noires mantilles, et des hommes en élégant costume de majo.

Car c'est un usage en Andalousie, de revêtir ce jour-là le costume national, et l'habit noir et ridicule de nos jours de fête et de deuil n'obtiendrait aucun succès à Grenade.

Une calèche d'un goût remarquable et d'une sobriété d'ornements rares en Espagne, suivait comme les autres le chemin aboutissant au cirque.

Elle contenait trois ravissantes jeunes filles, et deux hommes, l'un vieux déjà, l'autre jeune et de bonne mine.

« Eh bien, chère Carmen, dit le plus jeune des deux cavaliers, nous voici arrivés bientôt et vous allez assister enfin à un combat de taureaux.

— Oh! je voudrais déjà y être, répondit Carmen en frappant l'une contre l'autre ses mains mignonnes, tandis que ses pieds froissaient impatiemment le tapis sur lequel ils étaient posés.

— Et vous, charmante Lola?

— Oh! moi, senor don Juan, répondit Lola, j'ai assisté une fois déjà à ce magnifique spectacle!

— Et Dolorès que pense-t-elle des courses ? ajouta don Ramero.

— Que m'importe ! répondit Dolorès du bout des lèvres. Tout ce bruit me fatigue.

— Il est certain, dit don Juan de son air le plus aimable, que sans vos cousines nous eussions été privés de votre présence, chère Dolorès !

— Tu n'es pas malade pourtant, dit don Luis Ramero.

— Non, mon oncle.

— Alors pourquoi cette mélancolie perpétuelle qui vient attrister ton front ?

— Je ne sais, mon cher oncle ; vous savez que je ne suis pas très-expansive de mon naturel, mais croyez que je n'en sais pas moins reconnaître toutes vos bontés.

— De quoi me parles-tu là, ma chère enfant ? Ne suis-je pas ton père ?

— Il est vrai que suis presque orpheline !

— Non, je ne puis croire que don Horacio soit mort, il reviendra bientôt, crois-moi ! J'ai prévenu, en outre, ton oncle de l'arrivée de don Juan à Grenade, et, d'après ce qu'il a répondu, je l'attend d'un jour à l'autre.

— Il est même étonnant, dit Carmen, qu'il ne soit pas encore venu, car voilà six semaines que notre cousin est au milieu de nous.

— Vous avez raison, jour pour jour, chère Carmen, répondit don Juan.

— Et vous ignorez toujours, malgré vos recherches, quel est l'homme qui a si étrangement abusé de votre nom et de notre hospitalité ?

— Oui, mon oncle.

— Je soutiens ce que j'ai dit, fit observer Lola, je crois que c'est l'Encarnado.

— Encore cette folie ! dit Dolorès impatiemment.

— Le fait est, dit Carmen, que depuis cette époque on n'entend plus parler de lui.

— Vous vous trompez, ma belle cousine, répondit don Juan. Quatre jours après mon arrivée, il a galamment volé quatre ou cinq cent mille réaux au gouvernement.

— L'argent était cependant bien escorté ! dit Lola.

— Oui, mais les bandits en ont eu facilement raison.

— Sont-ils donc nombreux ! demanda Carmen.

— Je l'ignore, mais je crois.

— Et on ne sait pas ce qu'ils sont devenus? dit Lola.

— Non. Il est probable qu'ils se seront dispersés après s'être partagé cette somme rondelette, répondit don Juan.

— Mais l'Encarnado ?

— Il aura été vivre dans quelque pauvre village avec l'argent qu'il a si péniblement gagné.

— Grand bien lui fasse ! dit Carmen ; je n'aimerais pas à me trouver en face de cet homme rouge.

— Mais il fort beau garçon, dit-on, fit don Juan en souriant.

— Qui dit cela ?

— Le bruit public.

— Mais on ne l'a jamais vu, puisqu'il porte toujours un masque.

— Cela ne fait rien ; le bruit court qu'il est beau, bon, brave, courageux.

— Oh ! fit Dolorès avec dédain, la stupidité des masses est toujours prête à déifier de tels gens.

— Vous arrangez bien nos compatriotes, Dolorès, dit don Juan en souriant.

— Eux ! ils canoniseraient un bandit plus volontiers qu'un saint !

— C'est ma foi vrai ! » dit don Juan.

La calèche venait de s'arrêter devant l'entrée du cirque ; le premier jour des courses allait commencer, et l'impatience des curieux se manifestait comme si cette journée ne devait pas être suivie des deux autres.

Le cirque pouvait contenir environ douze ou quinze mille spectateurs.

C'est un vaste entonnoir dont l'arène forme le fond, et dont les bords s'élèvent à la hauteur d'une maison de cinq étages.

Il est difficile d'imaginer un coup d'œil plus étrange et plus splendide que celui que présentaient ses immenses gradins couverts d'une foule ardente et passionnée, et cherchant à tromper son attente par toutes sortes de bouffonneries de l'originalité la plus burlesque.

Les habits modernes, en très-petit nombre, étaient régulièrement accueillis par des rires, des huées et des sifflets ; aussi le spectacle ne faisait qu'y gagner.

Les mille couleurs bariolées des costumes nationaux, les éventails de toutes nuances agités par la main des femmes enlevaient à cette foule entassée cet extérieur d'enterrement de première classe qu'offrent chez nous les réunions les plus gaies.

Il était deux heures à peine, et le soleil inondait d'un déluge de feux tout un côté des gradins de l'amphithéâtre.

Heureux les privilégiés qui sont à l'ombre !

Ceux-là se moquent sans pitié de ceux qui cuisent sur place ; mais lorsque le soleil, en tournant, dévore à son tour de ses rayons le railleur de tout à l'heure, comme il se trouve assailli de huées et de plaisanteries de toute sorte !

Le côté plaisant de ce spectacle va se montrer.

Voici venir le détachement de garde nationale à cheval qui s'avance, musique en tête, pour évacuer l'arène encombrée de muchachos et de majos.

C'est là que l'élasticité de la foule se montre au grand jour.

En quelques minutes, cette foule disparaît et se fond dans la masse compacte des spectateurs.

Pourtant vous auriez juré qu'il n'y avait pas la place d'une épingle !

C'est alors qu'a lieu l'évacuation de l'arène et la fuite précipitée de l'alguazil, quand il a jeté au garçon de combat la clef du *toril* où sont enfermées les victimes.

En Espagne, tout ce qui se rattache à la police n'est pas entouré du prestige qu'elle a chez nous, et la sortie de l'alguazil est invariablement accompagnée des cris et des huées de la foule. Heureusement il y est habitué.

Nous n'entrerons point dans les détails infinis des places diverses qu'on peut occuper dans le cirque, nous dirons seulement que les loges de la *Reina Gobernadora y de la inocente Isabel* étaient décorées avec des draperies de soie et fermées par des rideaux.

A côté se trouve la loge de l'*ayuntamiento* (municipalité) qui préside à la fête, et doit résoudre les difficultés qui se présentent.

Nous allons assister maintenant avec cette foule émue et attentive au magnifique spectacle qui l'attend : la course de taureaux.

XXV

UNE COURSE DE TAUREAUX.

Autour de l'arène, d'une grandeur vraiment romaine, se trouve une barrière en planches couleur de sang, dont la hauteur est de six pieds environ.

Elle est garnie, à deux pieds de terre, d'un rebord en bois sur lequel les chulos et les banderilleros mettent le pied pour franchir la barrière lorsque le taureau les serre de trop près.

Cette barrière s'appelle las tablas.

Elle est percée de plusieurs portes destinées au service, l'entrée du taureau, l'enlèvement des cadavres; car il y a des cadavres.

Entre cette barrière et celle qui suit, un peu plus élevée que la première, se trouve un couloir dans lequel se tiennent les chulos fatigués ou le picador sobresatiente qui est tout simplement la doublure de son chef d'emploi.

Il doit se tenir là tout armé, tout prêt à remplacer le picador blessé ou tué.

On voit aussi dans ce couloir quelques aficionados enthousiastes qui, malgré les règlements, parviennent à s'y glisser.

La seconde barrière est garnie de cordes en réseau pour que le taureau ne puisse pas prendre un nouvel élan si par hasard il avait franchi la première.

Des charpentiers, armés de leurs outils, se tiennent là

tout prêts à réparer les dommages causés par les taureaux aux clôtures, de manière à prévenir le plus possible les accidents qui pourraient en résulter.

On a vu cependant des taureaux franchir la seconde barrière, mais c'est rare.

A partir de cette seconde barrière s'élèvent en amphithéâtre les gradins destinés au public et qui s'étendent jusqu'au pied des places couvertes.

Puis viennent les loges appelées palcos, qui sont assez grandes pour contenir une vingtaine de personnes.

Les gens qui se piquent de bon goût et d'élégance ont leur loge aux taureaux, comme à Paris on a la sienne à l'Opéra et aux Italiens.

Les douze ou quinze mille spectateurs que renferme cette vaste enceinte sont tous bien assis et bien placés, ce qui est de la plus haute importance pour un spectacle qui ne s'adresse qu'aux yeux.

Le soleil répand sur cette foule un torrent de lumière, les éventails s'agitent, les ombrelles s'ouvrent sous un ciel toujours bleu, et c'est déjà un fort joli coup d'œil.

La garde nationale, précédée de deux alguazils en costume du temps d'Henri IV, parcourt l'arène chassant devant elle les muchachos, les chiens et quelques aficionados enragés.

L'arène vide, les alguazils vont chercher les toreros, c'est-à-dire les picadores, les chulos ou capeadores, les banderilleros et l'espada.

On ne se sert jamais en Espagne des mots matador ni toréador, on dit : l'espada ou le torero.

Les picadores montent des chevaux dont les yeux sont bandés, de peur que la vue du taureau ne leur fasse faire des écarts dangereux pour la vie de leur cavalier.

Leur costume est fort joli.

Il se compose d'une veste courte qui ne se boutonne pas, en velours de couleur voyante et richement brodée d'or ou d'argent, ornée de franges et de boutons en filigrane, d'un gilet du même genre, d'une chemise à jabot d'une cravate jetée négligemment autour du cou, d'une ceinture de soie et de pantalons de peau de buffle fauve rembourrés ou garnis de fer comme les bottes de postillons, pour préserver les jambes des atteintes du taureau ou des chutes du cheval.

Un chapeau gris, bas de forme et large de bords, qui disparaît sous des flocons de rubans, complète cet ajustement.

L'arme du picador est une lame au bout de laquelle se trouve une pointe de fer de deux ou trois pouces de longueur, qui ne fait pas au taureau de blessure dangereuse, mais suffit pour l'irriter et le contenir.

Un pouce de peau adapté à la main du picador empêche la lance de glisser.

La selle est très-haute devant et derrière et ressemble beaucoup à celles dont se servaient les chevaliers du bon vieux temps ; l'étrier recouvre entièrement le pied du cavalier dont le talon est armé d'un long éperon en fer, car un éperon ordinaire ne suffirait pas à diriger un cheval aux trois quarts éventré.

Les chulos, en culotte courte de satin, en bas de soie, en veste historiée d'arabesques de toute sorte, ont une tournure fort galante et fort leste.

Ils portent sous le bras la capa, manteau d'étoffe ordinairement rouge, qu'ils déploient et font papillonner devant les yeux du taureau pour l'irriter s'il est trop mou, ou pour le distraire s'il poursuit de trop près le picador.

Ce sont des jeunes gens élancés, alertes, découplés, et qui contrastent singulièrement avec les picadores qui se font remarquer en général par leur haute taille et leurs formes athlétiques.

Mochuelo aurait fait un superbe picador.

Les banderilleros portent le même costume que les chulos.

Ils ont pour spécialité de planter dans les épaules du taureau des espèces de petites flèches bariolées de découpures de papier, et qui se nomment banderillas.

Elles ont pour objet de raviver l'ardeur du taureau, afin qu'il se présente convenablement aux coups de l'espada.

On doit poser deux banderillas à la fois, et pour cela, passer les deux bras entre les cornes du taureau.

C'est une opération délicate, et pour laquelle il faut éviter toute distraction.

Quant aux banderillas de fuego, elles ne s'emploient que pour les taureaux dont la lâcheté a besoin de stimulant. Ce sont des flèches qui contiennent une espèce de feu d'artifice.

Quelquefois pourtant cela ne suffit pas à irriter suffisamment le taureau, et la foule demande à grands cris *los perros !* (les chiens.)

L'espada ne diffère des banderilleros et des chulos que par la richesse exceptionnelle de son costume.

Ses armes sont une longue épée dont la poignée a la forme d'une croix, et un morceau d'étoffe écarlate dont le nom technique est muleta.

C'est une espèce de bouclier dont l'insuffisance n'a pas besoin d'être démontrée.

Nous avons nommé au lecteur les acteurs de ce terrible spectacle, nous allons maintenant les mettre en scène.

Si nous insistons quelque peu sur les détails, c'est que nous avons pensé qu'ils offriraient quelque attrait et quelque utilité.

Les picadores, escortés des chulos, vont saluer la loge de l'ayuntamiento d'où on leur jette les clefs du toril.

L'alguazil les ramasse et va les porter au garçon de combat, puis il se sauve au galop au milieu des cris et des huées de la foule.

Les deux picadores vont alors se poser à la gauche des portes du toril, car la sortie du taureau est le prologue émouvant du drame.

Ils sont postés à peu de distance l'un de l'autre, bien campés sur leurs arçons, la lance au poing, attendant l'ennemi.

Les chulos et les banderilleros se tiennent à distance ou s'éparpillent dans l'arène.

Tous ces préparatifs, qui paraissent plus longs à raconter qu'à être vus, excitent vivement la curiosité.

Tous les yeux se fixent avidement sur la fatale porte, et la plus belle femme du monde n'obtiendrait pas à ce moment-là la faveur d'un simple regard.

Le taureau se précipita dans l'arène.

C'était un superbe animal, de couleur noire, bien râblu, aux jambes fines et nerveuses, coiffé d'une paire de cornes aiguës et luisantes. Il portait entre les deux épaules un nœud de ruban fixé par une aiguillette.

Il s'arrêta une seconde, respira bruyamment, contempla d'un œil ébloui ce beau soleil, cette foule compacte et agitée ; puis, apercevant le picador, il se précipita sur lui au grand galop de son élan furieux.

Le picador ne bougea pas.

C'était un homme dans toute la force de l'âge, de belle mine et de fière désinvolture, taillé en Hercule.

Sa figure basanée était d'un calme superbe, il avait une expression dédaigneuse sur les traits et une pose presque héroïque.

Lorsqu'il vit le taureau à quelques pas de lui, il abaissa lentement sa lance et soutint si victorieusement le choc que le taureau chancela et passa outre, tandis que le sang s'échappait en filets rouges de la blessure qu'il venait de recevoir.

Il s'élança, plus furieux que jamais, sur le second picador.

Celui-ci fit à côté de la première une nouvelle blessure, car un picador ne doit toucher qu'à l'épaule ; mais le taureau revint sur lui, et planta dans le ventre du cheval un des plus beaux coups de corne qni se puissent imaginer.

Les chulos arrivèrent en masse, agitant leur petit manteau rouge, et réussirent si bien à distraire l'animal, qu'il se mit à les poursuivre à toutes jambes ; il arriva ainsi près de la barrière et se trouva tout bête de ne plus voir personne.

Les chulos avaient légèrement escaladé la barrière en mettant le pied sur le rebord dont nous avons déjà parlé.

Quant au cheval du picador, il avait le ventre fendu ; ses entrailles se répandaient jusqu'à terre.

Vous allez croire peut-être que le picador alla en chercher un autre ?

DOLORES

Point ! il lui mordit l'oreille pour voir si la blessure n'était pas mortelle, vit que sa monture n'était que décousue, lui enfonça dans le ventre l'éperon formidable que vous savez, et alla au petit galop de chasse se replacer plus loin.

Mais le taureau commençait à perdre courage.

Désenchanté sur le compte des picadores, avec qui il n'attrapait que des coups de lance, furieux de voir disparaître devant lui à chaque instant l'armée de chulos qui l'assaillait tout à l'heure, il paraissait éprouver le besoin de se reposer quelque peu, il songeait peut-être à son paturage absent !

En vain les chulos agitaient-ils devant lui leurs capas de couleurs éclatantes, il retournait toujours à sa guerencia.

En termes de l'art, la guerencia est l'endroit que le taureau se choisit pour gîte, et auquel il revient constamment.

Pourtant un des chulos poussa l'audace jusqu'à coiffer le taureau de sa capa.

Celui-ci, furieux, se débarrassa comme il put de cet ornement qui ne paraissait pas lui convenir, et s'élança dans l'arène.

Le premier picador, celui qui l'avait si vaillamment reçu la première fois, voulut profiter de cette recrudescence pour fournir une jolie passe, et il se porta en avant et attendit.

Le taureau hésita, et, prenant son parti, se précipita sur son ennemi qui résista avec une telle force, que le cheval sur lequel il était monté fut littéralement enlevé de terre sans avoir été touché par le taureau.

Cheval et cavalier roulèrent dans la poussière ; le picador eut soin de tomber sous le cheval, pendant que la foule enivée criait :

Bravo, picador ! Bravo !

C'était en effet d'une science et d'une adresse remarquable, parce que l'homme se trouve ainsi à l'abri des coups de corne, puisque le corps de sa monture lui sert de bouclier. Le cheval en fut quitte pour une blessure légère à la cuisse, et l'homme se remit en selle avec son sang-froid admirable.

Le second picador, dont la monture avait été déjà entamée, voulut revenir à la charge ; mais il fut moins heureux.

Son cheval reçut dans le poitrail un coup si violent que la corne entière du taureau disparut dans la blessure.

Tandis que le taureau cherchait à se dégager, le picador démonté s'approcha de la barrière, derrière laquelle il disparut avec l'aide des chulos.

On comprend en effet que le picador, bardé de fer comme une caille de lard, n'ait pas la gymnastique facile.

Le pauvre cheval, privé de cavalier, se mit à errer dans le cirque, comme un homme ivre, décrivant les zigzags les plus capricieux, s'embarrassant les pieds dans ses propres entrailles ; enfin il vint s'abattre près des tablas.

Il releva deux ou trois fois la tête, agita convulsivement ses quatre pieds sur le sable, comme s'il eût voulu s'élancer encore, puis la mort lui donna cette roideur cadavérique et cette forme aplatie que l'on connaît.

La course continua.

Le picador revint avec un cheval frais ; il y eut encore quelques attaques, mais le taureau, harassé et découragé du peu de succès qu'il avait obtenu, commençait à faiblir visiblement.

C'est alors qu'arrivèrent les banderilleros.

Un jeune banderillero se fit remarquer à trois reprises par son adresse et son audace.

Il planta successivement six flèches garnies de papier, et se permit chaque fois, avant de se retirer, un entrechat que n'eût pas désavoué l'Académie impériale de musique et de danse.

Le taureau bondit avec rage et poursuivit de si près un chulo, qu'il franchit presque en même temps que lui la barrière.

Le couloir fut lestement évacué, et le taureau, reconduit à coups de cannes par les spectateurs du premier rang, rentra dans l'arène par une autre porte.

Alors se présenta l'espada, devant lequel se retirèrent chulos et picadores.

Il alla saluer l'ayuntamiento et demanda la permission de tuer le taureau ; elle lui fut accordée sur-le-champ.

Il marcha d'un pas délibéré, cachant son épée dans les plis de sa muleta.

Après avoir agité plusieurs fois l'étoffe écarlate, sur laquelle le taureau se précipitait aveuglément, le moment favorable étant venu, l'espada se plaça juste en face du taureau, tenant son épée horizontale, la pointe à la hauteur des cornes de l'animal.

Il est impossible de décrire l'avide curiosité de ces douze mille spectateurs et le moment de l'angoisse qui serre le cœur de cette foule, car l'un des deux va mourir.

Le taureau s'élança, l'espada écarta sa muleta, laissant son buste à découvert.

Les cornes du taureau n'était qu'à un pouce de sa veste, qu'une épingle de femme eût traversée; il était perdu !

Tout à coup un éclair jaillit, l'épée passa comme la foudre au milieu des deux cornes de l'animal, et le taureau tomba à genoux en poussant un beuglement de douleur.

Entre ses deux épaules était la poignée de l'épée du torero.

Un tonnerre d'applaudissements ébranla l'espace, nobles, bourgeois, peuples, grandes dames, grisettes, tout cela trépignait avec un ensemble parfait qui eût fait rougir de pudeur nos précieuses de l'Opéra.

Mais la pétulance et l'ardeur méridionales se faisaient jour dans toute leur énergie, et ces cris retentissaient dans le cirque immense, comme le tonnerre dans les nuages :

Bueno ! Bueno ! Viva l'espada ! Viva !

XXVI

L'ESPADA.

Les courses continuèrent après l'entr'acte obligé.

Quatre mules magnifiquement harnachées, encombrées de plumets, de grelots, de pompons de laine, de petits drapeaux jaunes et rouges aux couleurs de l'Espagne, entrèrent au galop dans l'arène.

Cet attelage était destiné à enlever les cadavres.

Les garçons de services arrivèrent avec des corbeilles pleines de terre, dont ils saupoudrèrent les mares de sang où le pied des toreros aurait pu glisser.

Puis les picadores reprirent leurs places à côté de la porte, l'orchestre joua une maigre fanfare, et un autre taureau s'élança dans l'arène ; car ce spectacle n'est suspendu par aucun incident, pas même par la mort d'un torero.

Nous n'entrerons pas dans les détails qui accompagnèrent la mort des quatre taureaux suivants ; nous aborderons de suite l'incident principal de cette mémorable journée.

Un magnifique taureau noir venait d'être lâché dans la place.

A la manière brusque dont il était sorti du toril, les connaisseurs avaient conçu de lui la plus haute opinion.

Il y a en Espagne, dans les toreros surtout, des gens qui, dès les premiers pas que fait un taureau dans l'arène, savent s'il est clair ou obscur, c'est-à-dire s'il attaque franchement ou s'il a recours à la ruse, s'il est de muchas piernas ou aplomado, léger ou pesant, s'il fermera les yeux en donnant la cogida, ou s'il les tiendra ouverts.

Le taureau qui venait de faire son entrée sur la scène sanglante réunissait toutes les qualités d'un taureau de combat : ses cornes étaient longues et aiguës, les pointes bien tournées ; les jambes, sèches et nerveuses, annonçaient une grande légèreté ; son large fanon, ses flancs arrondis, dénonçaient une force extraordinaire.

Sans la moindre hésitation, il fondit sur le picador posté auprès des tablas, le renversa avec son cheval qui resta mort sur la place, puis s'élança sur le second qui eut le même sort et qu'on eut à peine le temps de faire passer par-dessus les barrières, tout moulu et tout froissé de sa chute.

En moins d'un quart d'heure sept chevaux éventrés, gisant sur le sable, témoignaient de la vaillance de l'animal.

Le peuple enthousiasmé criait : Bravo toro ! car il applaudit avec autant d'impartialité les hommes et les bêtes.

Les chulos n'agitaient que de loin leur capa de couleur éclatante, et ne s'éloignaient pas des tablas qu'ils franchissaient lestement dès que le taureau faisait mine d'approcher.

Une nouvelle prouesse de l'animal vint porter au dernier degré l'enthousiasme.

Un sobresaliente, doublure de picador, car les deux chefs d'emploi étaient hors de combat, attendait, la lance baissée, l'assaut du taureau, et l'occasion de conquérir peut-être la première place ; mais celui-ci, sans se préoccuper davantage de sa piqûre à l'épaule, prit le cheval sous le ventre d'un coup de tête, lui fit tomber les jambes de devant sur les tablas, et d'un second lui soulevant la croupe, envoya de l'autre côté de la barrière cheval et cavalier, dans le couloir de refuge qui circule tout autour de l'enceinte.

La joie des spectateurs ne connut plus de bornes ; elle se traduisit en exclamations bruyantes et en compliments flatteurs pour le taureau.

Lui, maître de la place, parcourait l'arène en vainqueur, s'amusant, faute d'adversaires, à retourner et à jeter en l'air les cadavres des chevaux qu'il avait décousus. Les banderilleros, à cheval sur les tablas, n'osaient plus descendre dans le cirque ni harceler de flèches barbelées ce terrible jouteur, dont la fureur n'avait aucunement besoin d'être excitée.

Les spectateurs, impatientés de cette espèce d'entr'acte, criaient : Las banderillas ! las banderillas ! fuego al alcade !

« Le feu à l'alcalde qui ne donne pas l'ordre comme c'est son devoir ! »

Enfin, sur un signe du gouverneur de la place, un banderillero se détacha, planta dans le cou de l'animal ses deux flèches de papier et se sauva à toutes jambes.

Malgré sa vitesse la corne lui effleura le bras et fendit sa manche.

Alors, malgré les vociférations et les huées du peuple, l'alcade donna le signal de la mort, et fit signe au torero de prendre sa muleta et son épée, en dépit des règlements de la tauromachie, qui veulent qu'un taureau ait reçu au moins quatre paires de banderillas avant d'être livré à l'estoc de l'espada.

L'espada se posa à quelques pas des tablas, afin de pouvoir fuir en cas de danger.

Le taureau ne l'eût pas plutôt aperçu qu'il se précipita sur lui sans hésiter : mais celui-ci ne jugea pas prudent d'attendre le choc de cet élan furieux, et disparut derrière la barrière.

Les sifflets de la foule, les injures les plus grossières tombaient comme grêle sur le malheureux.

L'amour-propre le saisit et il reparut dans l'arène, bien décidé à en finir avec l'animal.

Après deux ou trois passes qu'il exécuta assez gracieusement, mais qui ne firent qu'accroître la colère de son adversaire, il se résolut à le tuer.

Encouragé par les applaudissements qui commençaient à soutenir son courage, il fit bravement face au taureau et dirigea horizontalement son épée à la hauteur des cornes de l'animal.

Mais, soit qu'il fut intimidé malgré lui de la sauvage férocité de son ennemi, son épée ne sut pas frapper à l'endroit voulu ; et le taureau blessé, dont la rage augmentait encore, le traversa d'un coup de corne, et il s'acharnait sur lui, quand *banderilleros* et *chulos* se précipitèrent à son secours.

Le taureau, d'abord indécis, se jeta tête baissée au milieu de cette nuée d'adversaires ; ou put alors enlever le corps du torero à moitié mort.

Le drame se compliquait, on le voit: la seconde *espada*, en présence de cet accident, se refusa positivement au combat.

L'impatience des spectateurs ne connut plus de bornes, les imprécations les plus vives sortaient de toutes les bouches, les cris : *fuego al alcade* se renouvelaient, les sifflets et les huées forcèrent la seconde *espada* à recourir à une fuite précipitée ; le taureau parcourait en roi le cirque désert.

Le combat allait cesser faute de combattants.

L'alcade se démenait dans sa loge et cherchait à calmer la colère de la foule ; mais sa voix était couverte par les vociférations.

En ce moment, un homme, enveloppé d'un long manteau, et portant sur la figure un masque de velours rouge, se présenta devant l'*ayuntamiento*.

Le chef de la municipalité se leva devant cet inconnu pour lui demander ce qu'il voulait.

Ce mouvement fut bien vite remarqué par le peuple ; tous les yeux se dirigèrent alternativement vers la loge en question, dans l'espoir qu'une décision inattendue allait trancher la difficulté.

On ne songeait déjà plus à l'alcade, et un silence si profond se fit dans cette multitude, que les beuglements du taureau seuls en troublèrent par intervalle la profondeur.

Les spectateurs les plus proches se levèrent, et purent entendre le dialogue suivant qui eut lieu entre le chef de l'*ayuntamiento* et l'inconnu.

« Que demandez-vous ? dit le chef.

— Senor, je viens vous demander la permission de tuer le taureau, répondit l'inconnu.

— Bah ! fit le chef étonné.

— C'est comme j'ai l'honneur de vous le dire.

— Vous êtes donc bien sûr de vous-même ?

— Moi ; non !

— Avez-vous donc été déjà torero ?

— Jamais, senor.

— Alors, c'est impossible !

— Pourquoi ?

— Vous allez vous faire tuer !

— Cela me regarde.

— Qui êtes-vous ?

— Je désire ne pas me faire connaître.

— Ah ! je devine ! Quelque *aficionado* enthousiaste qui veut s'essayer. Il est fou !

— Cela se peut, senor : mais ce n'est pas une réponse.

— Je vous l'ai dit déjà, c'est impossible !

Mais cette réponse ne fut pas du goût des spectateurs qui se trouvaient à portée d'entendre cette conversation, et leur intervention ne se fit pas attendre.

Bravo ! el senor caballero ! Bravo !

Le reste de la foule applaudit de confiance sans savoir ce dont il s'agissait.

Bientôt, les applaudissements éclatèrent en tonnerre comme si l'on eût compris que la présence de cet inconnu avait rapport aux courses.

Le chef de l'ayuntamiento était déjà à moitié vaincu.

« Vous êtes parfaitement décidé, dit-il.

— Serais-je venu vous trouver, sans cela ?

— Alors, faites.

— Je tiens d'abord à bien poser nos conditions.

— Lesquelles ?

— C'est que je garderai mon masque, et que je sortirai quand et comme il me plaira.

— C'est trop juste, allez !

— Faites-moi donner la muleta et l'épée du torero qui vient d'être blessé.

Sur l'ordre qu'il reçut, un algûazil fit armer l'inconnu et se retira.

Le peuple était ivre de bonheur, il commençait à comprendre de quoi il s'agissait.

L'inconnu s'avança dans le couloir, s'assura que l'épée était bien en main et de bonne trempe et rejeta son manteau.

Le taureau s'occupait toujours à retourner les cadavres des chevaux éventrés.

L'inconnu sauta légèrement dans l'arène.

La perfection de ses formes et l'élégance de sa désinvolture se révélèrent alors dans toute leur force et leur grâce. C'était un homme de trente ans environ, brun, de haute taille et d'une riche carrure.

Il portait un costume de velours rouge brodé d'or d'une élégance et d'un luxe extrêmes, sa ceinture rouge dessinait la finesse de sa taille, sa jambe modelée sur celle de l'Antinoüs, se terminait par un mollet nerveux et bien placé, l'attache était fine ; le pied élégant chaussé d'escarpins sur un bas de soie rouge, complétait l'ensemble de ce type moderne de la mâle beauté.

Le masque rouge qu'il portait sur la figure empêchait de distinguer ses traits.

La foule, toujours admiratrice du courage, lui prodiguait les plus sympathiques bravos, les dames agitaient leur mouchoir, les *manolas* frappaient dans leurs petites mains, les hommes applaudissaient avec frénésie.

Lorsque le taureau se vit face à face avec cet ennemi nouveau, il renifla bruyamment et s'élança.

L'*espada* inconnu se jeta lestement de côté, évita le choc impétueux de l'animal, prit la bête farouche par la queue et lui fit faire trois ou quatre tours de valse à son grand déplaisir, mais aux applaudissements frénétiques du peuple entier.

Le taureau revint sur lui, et l'inconnu se planta devant lui, les bras croisés et l'œil fixe ; le monstre s'arrêta subitement, subjugué par ce regard clair, aigu et froid comme une lame d'épée.

Cette fois, ce furent des cris, des hurlements, des vociférations, des trépignements, des explosions de bravos dont on ne peut pas se faire une idée.

Le taureau ahuri, l'écume aux lèvres, plein d'une rage féroce, se rua de nouveau sur son impassible ennemi.

Celui-ci l'attendit calme et les bras toujours croisés, moins agité cent fois qu'aucun des témoins de cette lutte sanglante.

Le taureau baissa la tête pour transpercer son adversaire, mais celui-ci posa lestement son pied entre les cornes de l'animal, et s'appuyant sur ce piédestal d'un nouveau genre, il retomba dix mètres plus loin derrière le monstre étonné.

Alors le délire s'empara de toutes les têtes, un vertige général agita sur ces bancs les douze mille spectateurs ivres d'*aguardiente*, de soleil et de sang; les mains s'élevaient fiévreusement, les chapeaux sautaient en l'air et l'inconnu, seul calme, savourait en silence sa joie profonde et contenue, et saluait légèrement en homme capable de bien d'autres prouesses.

On comprend que pour de pareils applaudissements un homme risque sa vie, ils ne sont pas trop payés.

L'exaspération du monstre était à son comble, il faisait voler avec ses cornes des nuages de poussière et de sang.

L'inconnu agita sa muleta; l'animal se jeta en aveugle sur le léger tissu, mais avant qu'il ne l'eût atteint, l'*espada* l'écarta vivement; la lame de son épée fit briller son reflet d'acier et disparut toute entière entre les épaules du taureau qui tomba bruyamment sur le sable comme une masse inerte.

Le public était encore en proie à l'étonnement joyeux qui l'oppressait, lorsque l'espada s'empara vivement du nœud de rubans placé entre les épaules du taureau, et se dirigeant vers la loge occupée par les Ramero, il le jeta adroitement sur les genoux de Dolorès.

Cette action nouvelle et hardie, enthousiasma la multitude et jeta dans un étonnement profond, l'entourage de Dolorès et de ses cousines.

L'espada inconnu disparut au milieu des cris intraduisibles de la multitude.

Dolorès était pâle et agitée.

Cette fois elle ne se trompait pas !

Elle avait reconnu l'Encarnado !

XXVII

LE MENDIANT.

La foule enthousiasmée s'écoula bruyammment.

La course avait été bonne : six taureaux avaient été tués, quatorze chevaux éventrés, un banderillero blessé légèrement, un torero à demi mort ; on ne pouvait rien souhaiter de mieux.

L'apparition de l'espada qui avait si vaillamment terminé cette glorieuse journée, agitait surtout les masses ; son courage, sa beauté, son sang-froid étaient unanimement célébrés dans tous les groupes, et le soir plus d'une veillée fut égayée du récit mille fois répété de ce merveilleux combat.

Chaque course doit rapporter vingt ou vingt-cinq mille francs ; c'est une concession faite par le gouvernement aux hôpitaux, où les blessés reçoivent tous les soins imaginables.

L'inconnu s'était éloigné en toute hâte du théâtre de la course.

Dolorès l'avait bien deviné : c'était l'Encarnado.

Il n'avait pas trouvé de meilleur moyen pour se rappeler à son souvenir, et il y avait eu recours au péril de sa vie.

Sans doute le moyen était bon.

Au moment où l'Encarnado quittait le cirque pour aller rejoindre ceux de ses compagnons qui n'avaient pas assisté à ce drame émouvant, un mendiant pâle et déguenillé, s'approcha de lui.

« La charité, mon bon senor ! » dit le mendiant.

L'Encarnado fouilla dans sa poche et mit dans la main du pauvre une poignée de réaux ; mais il ne se détourna pas et poursuivit son chemin.

Le mendiant se mit à le suivre en répétant toujours :

« La charité, mon bon senor. »

Celui qu'il interpellait ainsi se retourna vivement ; et s'adressant brusquement au mendiant :

« Que me veux-tu ? dit-il.

— J'ai à vous parler, répondit l'autre à voix basse.

— Toi !

— Vous ne me reconnaissez pas ?

— T'ai-je jamais vu seulement ?

— Regarde-moi bien, don Fernando !

L'Encarnado, qui jusque-là n'avait pas daigné jeter les yeux sur le mendiant, tressaillit en entendant prononcer son nom, et fixa sur lui un regard investigateur.

« Andrès ! fit-il avec étonnement.

— Enfin, dit le mendiant avec un sourire.

— Toi ?

— Moi-même!

L'Encarnado frissonna.

Une demande était sur ses lèvres, et cette demande n'osait en sortir.

La réponse pouvait être terrible.

« Ma sœur? dit-il enfin en faisant un brusque effort.

— Elle vit! répondit Andrès.

— Elle vit? s'écria l'Encarnado.

— Oui.

— Tu l'as vue?

— Non.

— Alors...

— Je sais qu'elle existe.

L'Encarnado leva les yeux vers le ciel, et parut formuler à voix basse une muette prière d'action de grâces.

Andrès le regardait.

Tout à coup celui-ci pâlit et chancela.

L'Encarnado le retint dans ses bras.

« Qu'as-tu? dit-il.

— Je souffre! balbutia Andrès.

— Es-tu blessé?

— Non!

— Qu'as-tu alors?

— J'ai faim!

— Faim! s'écria l'Encarnado en reculant à cet aveu terrible.

— Oui; la misère et la fatigue me tuent, et je n'ai plus un cuarto pour acheter du pain ni pour payer une chambre!

L'Encarnado saisit son ami par le bras, et le soutenant:

« Viens ! » dit-il.

Et il l'entraîna rapidement.

Après quelques minutes de marche, ils arrivèrent dans un des faubourgs de Grenade, et entrèrent dans une *fonda* sombre et fumeuse, bien qu'elle s'intitulât orgueilleusement : *Fonda del Sol*.

Dans une salle basse étaient entassés quelques buveurs émérites appartenant à l'honnête corporation des majos, laquelle a toujours le ventre creux et le gosier sec.

Le vin étalait orgueilleusement ses rubis dans les verres ; la fumée des *papelitos* s'élevait lentement dans l'atmosphère épaisse.

C'étaient des cris et un tapage à réveiller un mort.

Une fille accorte et jolie circulait dans la salle, la taille bien cambrée, la main leste, et tenant parfaitement tête aux amoureux entreprenants qui la poursuivaient de propos galants et de provocations plus directes.

La vue de la salle n'était pas précisément séduisante, mais elle offrait du moins un côté pittoresque.

Le haillon dominait, mais il avait un air de fête, il se ressentait de la solennité du jour.

Quelques rares buveurs plus solides restaient debout à côté des victimes du val-de-penas, qui ronflaient bruyamment sur un coin de table ou sur le carreau humide de la salle.

L'Encarnado franchit avec Andrès le seuil de la fonda del Sol, et fit un signe imperceptible.

Quelques hommes se levèrent alors négligemment de leurs bancs, et allèrent se placer à la porte avec une nonchalance telle, qu'on aurait évidemment cru qu'ils dormaient à demi encore quoique debout déjà.

Cependant, si l'on eût pu, à travers les cris assourdissants de la salle, entendre quelques fragments d'une conversation qui avait lieu à la porte de la fonda, on aurait deviné facilement que ces hommes, engourdis en apparence, n'avaient pas besoin du souffle rafraîchissant de l'air pour les tenir en éveil.

Un jeune majo se préparait à entrer.

— Où allez-vous, jeune majo ? dit une voix.

— Vous le voyez bien, j'entre, répondit l'élégant enfant du peuple.

— Eh ! bien vrai, fit la voix tandis qu'une main ferme prenait le bras du majo, je ne vous le conseille pas.

— Pourquoi donc ?

— Parce qu'il y a tant de monde dans cette salle que nous avons été forcés d'en sortir.

— Raison de plus, si vous en êtes sortis je puis bien y entrer.

— Vous plaisantez à ravir, jeune majo, mais la plaisanterie peut-être mauvaise ; n'entrez pas !

— Lâchez-moi donc, vous froissez la manche de mon habit.

— Pauvre amoureux ! Allons, calmez-vous et partez !

Mais le majo était entêté, et la dispute allait s'envenimer, lorsqu'un nouveau personnage survint et demanda la cause de ce bruit.

« Il est là, répondit à voix basse l'adversaire du majo.

— Très-bien, jeune homme, continua le nouveau venu en s'adressant au majo, je vous engage à aller passer la soirée ailleurs ; votre place est où l'on danse et non pas où l'on boit.

— Caramba ! s'écria le jeune homme, j'ai dit que j'entrerais et j'entrerai, fussiez-vous cent à renverser !

— C'est votre dernier mot?

— Oui.

— Alors je vais vous mettre à la porte avec tous les égards dus à la fraîcheur de votre costume.

Cela dit, le personnage en question saisit le jeune majo par la ceinture, l'enleva de terre comme une plume et le déposa doucement à vingt-cinq pas de là.

Cette preuve de force avait déjà refroidi l'ardeur et l'entêtement du jeune homme, et les dernières paroles qu'il entendit achevèrent de le convaincre.

« Si vous vous avisez de vouloir entrer dans cette fonda, je vous enfonce ma navaja dans le ventre, et, vive Dieu! je ne répète jamais deux fois une première menace. »

Les témoins de cette scène riaient aux éclats.

Le majo s'enfuit sans en demander davantage.

Le nouveau venu fit son entrée dans la salle en disant :

« Peblo, va nous chercher quelques danseuses, mon ami; cela occupe l'œil et fait trouver le vin bon. »

Le torse athlétique de ce personnage expliqua de lui-même le tour de force qu'il venait d'exécuter, et la lueur des quinquets permit de distinguer ses traits : cet homme était Mochuelo.

Il vint s'asseoir sans empressement et sans affectation auprès de l'Encarnado et d'Andrès, demanda un verre et une bouteille de xérès, ce qui disposa en sa faveur la jeune fille de la fonda, et parut fort étonné d'apercevoir avec l'Encarnado ce mendiant qui tournait le dos à la lumière, et dont il ne pouvait pas voir la figure.

« Senor Mochuelo, dit le mendiant en souriant, vous ne me dites rien? »

Mochuelo regarda d'un air défiant cet homme qui le connaissait si bien et que lui ne connaissait pas.

« Allons ! il paraît que je suis bien changé ! dit Andrès en souriant.

— C'est possible, je n'en sais rien, répondit Mochuelo.

— Comment ! Mochuelo, tu ne me reconnais pas?

Et Andrès avança la tête en pleine lumière.

« Andrès ! murmura Mochuelo.

— Lui-même !

— Vous à Grenade ?

— Tu le vois !

— Depuis quand ?

— Depuis une heure.

— Et.....

— Du bruit ! du bruit ! dit vivement l'Encarnado, que nous puissions causer, et fait servir Andrès.

Mochuelo frappa violemment sur la table.

« Holà ! » cria-t-il.

La fille d'auberge accourut.

« Un *puchero* fumant et le meilleur vin de ta cave, senorita ! »

La jeune servante paraissait séduite par l'extérieur cependant peu flatteur de Mochuelo. Elle se hâta donc, et cinq minutes après, xérès et puchero se tenaient joyeuse compagnie sur la table, devant Andrès qui se prépara à les attaquer.

En ce moment, une troupe de danseuses fit irruption dans la salle, vêtues de leurs plus beaux costumes andalous, ainsi que l'exigeait la solennité d'un jour comme celui-là.

Le bruit redoubla, et l'attention des buveurs se concentra tout entière sur les senoritas qui venaient d'entrer et dont les castagnettes et les tambours de basque retentissaient déjà avec un entrain remarquable.

La servante avait servi Andrès, et celui-ci, en face d'un plat immense de puchero, semblait ressaisir quelques forces.

L'Encarnado le regardait, n'osant l'interroger encore. Il semblait profondément ému.

« Elle vit ! ma sœur ! Inès ! murmurait-il. Je ne suis plus seul au monde !... oh ! Dieu a pitié de moi !... »

Puis, s'adressant brusquement à Mochuelo, au milieu des danses qui commençaient à tourbillonner :

« Quelles nouvelles ? dit-il de sa voix ferme et imposante.

— D'importantes ! répondit Mochuelo.

— Lesquelles ?

— Don Ramero arrive dans quelques jours à la tête d'un détachement de troupes royales.

— Dans quel but ?

— Uniquement pour rassurer Grenade contre les attaques des carlistes, s'il y a lieu.

— Il n'est pas question de nous ?

— Aucunement,

— On nous croit donc disparus ?

— Evanouis comme la fumée !

— Tant mieux !

— Certes ! L'opinion publique est que la Compagnie rouge s'est dissoute le lendemain du jour où elle a pris à la reine les cinq cent mille réaux destinés à Madrid.

— C'est bien tout ?

— Absolument tout ce que je sais.

— Où est Paquo.

— Il était aux courses.

— Je le sais, dit l'Encarnado ; il voulait m'empêcher de combattre le taureau.

— Et il avait bien raison !

— Pourquoi ?

— Parce que vous pouviez mourir pour un caprice de jeune homme entièrement étranger à votre but.

— Tais-toi !

— Vous avez réussi, je n'ai rien à dire.

— Ne fallait-il pas, pour atteindre mon but, que je me rappelasse à Dolorès par quelque action d'éclat, qui me redonnât à ses yeux le prestige que j'avais jadis.

— Je ne dis pas le contraire.

— Eh bien ! alors ?

— Je vous répète que Paquo avait raison. Vous avez réussi : Paquo et Mochuelo ont tort, c'est fini !

Andrès achevait le puchero qui avait disparu tout entier : la bouteille de xérès avait fait de même ; et le malheureux, sans doute privé depuis longtemps de nourriture confortable, semblait ranimé comme un homme qui vient de faire un bon repas, et dont la digestion commence à opérer.

Les danseuses s'agitaient toujours avec ces ondulations harmonieuses, ces poses agaçantes et coquettes qui sont un des caractères principaux de la danse espagnole. Les spectateurs étaient enchantés, et accompagnaient de la tête ou des doigts le rhythme entraînant des castagnettes entremêlé des ronronnements du tambour de basque.

Bientôt l'ardeur des senoritas s'éteignit, la vivacité de leurs jambes se ralentit, la souplesse de leur taille se roidit, et elles commencèrent à travers les tables des buveurs leur quête habituelle.

Lorsqu'elles arrivèrent devant l'Encarnado, celui-ci leur jeta quelques cuartos.

Mochuelo leur sourit.

« Vous restez ce soir avec nous, mes belles, dit-il; si vous avez soif, buvez! »

Les danseuses s'arrêtèrent en regardant Mochuelo, puis, faisant un signe affirmatif, elles passèrent.

Cinq minutes après, elles recommençaient leurs danses : l'Encarnado se pencha vers Andrès :

« Es-tu remis? demanda-t-il.

— Oui, dit Andrès.

— Alors je t'écoute ! Parle !...

— Au milieu de tout ce monde?

— Nulle part nous ne serions mieux qu'ici ! Ne vois-tu pas que tous les buveurs sont sous le charme des danseuses que j'ai fait retenir, et que mes hommes sont venus comme par hasard se grouper curieusement entre eux et nous ?

— Bien !

— Ici, nous n'avons rien à redouter. En plein air, la nuit, il peut se trouver une oreille derrière un arbre, un rocher, et j'ai besoin que ma présence à Grenade soit complétement ignorée.

— Soit ! répondit Andrès convaincu ; je commence.

XXVIII

ANDRÈS.

Mochuelo se rapprocha pour mieux entendre. L'*Encarnado* fixait sur Andrès des regards pleins d'inquiétude et d'impatience.

Andrès commença son récit à voix basse, mais parfaitement intelligible :

« Tu sais, dit-il, que je te quittai quelques jours après la mort du général Zumala-Carregui, alors que, tandis que tu partais pour l'Andalousie, je me lançais, moi, à la recherche de ta sœur, de ma fiancée, afin de savoir au moins ce qu'elle était devenue.

— Je me rappelle cela, dit l'*Encarnado*.

— A partir de ce jour, je me consacrai donc absolument à l'œuvre que j'avais entreprise.

Te dire combien de temps j'errai dans les villes, dans les bourgs, dans les montagnes, est chose impossible.

J'étais exténué, à bout de ressources, et je n'avais rien trouvé encore !

— Pauvre ami ! dit l'Encarnado. Oh ! tu as bien souffert aussi ! Mais pourquoi n'avoir jamais voulu consentir à accepter l'aide de Mochuelo ?

— Pourquoi l'aurais-je fait ? Je n'aurais pas accompli avec un autre la moitié du chemin que j'ai parcouru ; là où j'ai passé inaperçu quand il le fallait, j'eusse été remarqué, et puis, je suis pauvre, et je pouvais à peine vivre seul !

— Que d'obstacles n'as-tu pas rencontrés ?

— Tu peux en juger par l'état dans lequel tu me retrouves, et encore ces obstacles n'étaient rien !

— Comment ! rien ?

— Ecoute ! Il y avait quatre mois environ que je parcourais en tous sens les provinces du nord de l'Espagne, et je n'avais obtenu aucun succès, lorsque j'arrivai aux environs de Saragosse.

J'étais exténué, mourant de faim et d'épuisement dans un pays inconnu.

J'essayai de lutter ; mais les forces me trahirent, mes membres refusèrent d'obéir à l'énergique impulsion de ma volonté.

J'eus à peine la force de me traîner sur les genoux et sur les mains au bord de la route, et là je succombai à tant de fatigues, je perdis connaissance, et j'attendis la mort avec résignation. »

Mochuelo interrompit le récit d'Andrès par un juron énergique, et frappa de son poing fermé la table de chêne sur laquelle il s'était accoudé pour écouter cette triste histoire.

Andrès allait continuer, quand la servante accourut au bruit que venait de faire Mochuelo.

« Que désirez-vous, senor ? dit la jeune fille.

— Rien ! répondit Mochuelo.

— Je croyais que vous aviez appelé.

— Oui, dit l'Encarnado, donne-nous du vin !

— Du même, Senor ?

— Sans doute, et dépêche-toi. »

La servante se précipita avec empressement.

Les danses continuaient toujours dans la salle de la *fonda del Sol*.

« Combien de temps restai-je ainsi anéanti, reprit Andrès, je l'ignore.

Quand je revins à moi, je me trouvai dans une chambre blanchie à la chaux, d'une propreté ravissante, couché sur un lit qui, sans être précisément moelleux, était pour moi un lit de roses.

A mon chevet se tenait un homme noir, lisant dans un gros livre, dont la tranche témoignait, par sa teinte sombre, qu'il était souvent feuilleté.

Je jetai les yeux sur le livre; c'était un missel; je regardai l'homme noir, c'était un prêtre.

« Où suis-je? m'écriai-je.

— Ne craignez rien, mon enfant, vous êtes chez moi, répondit l'homme noir, je suis prêtre.

— Mais qui m'a amené chez vous ?

— Moi-même mon enfant.

— Où m'avez-vous trouvé?

— Je revenais à cheval sur la route, lorsque je vous ai aperçu gisant au bord du chemin, je suis descendu, je vous ai relevé, je vous ai porté en travers sur mon cheval, en vous soutenant la tête avec mon bras gauche, et nous sommes arrivés ensemble.

— Que je vous remercie, mon père !

— Et maintenant, me dit-il, prenez cette tasse de bouillon, buvez ce doigt de madère, et vous me raconterez la cause de votre évanouissement, si vous le jugez convenable. »

Après m'être réconforté l'estomac, je lui fis le récit d'une partie de mes aventures, sans en nommer les acteurs, et je lui confiai que je m'étais mis à la recherche d'une personne qui m'était chère.

Il me quitta pour vaquer à ses occupations habituelles, en me recommandant le repos le plus absolu pendant quelques jours.

Je voulus me lever, en dépit de cette recommandation ; je ne voulais pas abuser d'une hospitalité si généreusement offerte ; mais je retombai sur mon lit, j'étais d'une faiblesse telle que je me croyais paralysé.

Le lendemain une fièvre ardente s'empara de moi ; je restai huit jours dans cet état, en proie au plus violent délire, entre la vie et la mort ; peu à peu cet état d'exaltation se calma et je repris quelques forces.

Une chose m'avait frappé pendant ma maladie, et malgré le délire, j'en avais conservé le plus exact souvenir.

Deux êtres m'étaient apparus à tour de rôle ; l'un habillé en prêtre, me prodiguait les consolations de l'âme, l'autre était un médecin et me soignait avec une sollicitude vigilante que je m'expliquais difficilement.

Ce qu'il y avait de plus bizarre c'est que ces deux personnages, bien distincts, se confondaient dans ma pensée en une seule figure, et c'était celle de mon hôte.

Quinze jours après, grâce aux encouragements du prêtre et aux soins du médecin, grâce surtout à la vigueur de ma constitution et à ma jeunesse, j'étais sauvé, et j'avais acquis la conviction que je ne m'étais pas trompé dans mes suppositions.

Mon hôte était à la fois prêtre et médecin.

Lorsque je fus en état de me lever, j'essayai mes forces dans le jardin, et je prenais doucement le soleil, dont la chaleur bienfaisante me faisait grand bien, lorsque je vis venir à moi l'homme à qui je devais la vie.

Après m'avoir adressé sur l'état de ma santé quelques

questions insignifiantes, il s'assit à mes côtés et me dit :

« Mon cher enfant, vous avez prononcé dans votre délire les noms de plusieurs personnes qui vous touchent sans doute de près.

— Vraiment ! dis-je d'un air inquiet.

— Rassurez-vous ; le caractère de ma profession serait pour vous une garantie suffisante de ma discrétion, si ces noms ne m'étaient pas déjà connus.

— Quels sont-ils ?

— Vous avez parlé d'Urdova, de la senora Negra, de Fernando, d'Inès, de Ramero... ».

J'étais épouvanté !

« Ecoutez, me dit-il, je suis obligé de vous supplier d'avoir confiance en moi, et de me dire tout ce que vous pouvez savoir concernant la famille des don Urdova. »

Comme il vit que j'hésitais, il ajouta :

« Je porte moi-même à cette famille le plus grand intérêt.

Si vous ne voulez pas continuer la confidence dont votre maladie m'a rendu maître, je serai bien forcé de me passer de votre aide ; mais je vous conjure de vous fier à moi.

Vous connaissez la famille des Urdova ?

— Parfaitement bien, » lui répondis-je.

Je me sentais entraîné malgré moi vers cet homme qui m'était inconnu, mais dont la bonté et les soins m'avaient sauvé.

« Depuis combien de temps la connaissez-vous ?

— Depuis environ dix ans ?

— Vous savez alors de quelle manière est mort don Antonio Urdova ?

— Oui ; il a été fusillé dans la nuit du 15 au 16 octobre 1833, à Pampelune, par la main des christinos, dont il était prisonnier.

— C'est bien cela ! Et la senora Negra, comme vous l'appelez ?

— Pauvre dame ! Celle-là est morte victime d'une vengeance implacable !

— La nuit de l'incendie du village d'Adrian ?

— Vous le savez donc ?

— Oui ; mais vous avez parlé de vengeance ! A-t-elle donc été assassinée ?

— Hélas ! oui.

— Alors, c'est par un Ramero ! »

« J'étais stupéfait ! Cet homme connaissait évidemment tous les secrets de ta famille, » dit Andrès en s'adressant à l'Encarnado.

Celui-ci écoutait, suspendu, pour ainsi dire, aux lèvres de son interlocuteur.

« Après ? dit-il.

— Après ? répéta Andrès.

— Oui. Que te dit encore le prêtre ?

— Il me parla d'Inès.

— Qu'est-elle devenue ? me demanda-t-il.

— Je l'ignore, répondis-je. C'est elle que je cherche. Elle a disparu avec son mari, don Horacio Ramero.

— De quelle façon ?

Je lui racontai alors, ce qui s'était passé sur le plateau où campait la guerilla de Cuevillas. Il ignorait tous ces détails.

« Et don Fernando, dit-il, vous le connaissez ?

— C'est mon meilleur ami.

— Alors, vous savez où il est ?

— Je l'ai quitté il y a quatre mois ; mais je ne sais pas où il est allé.

— Ainsi, le seul renseignement dont j'aie besoin, vous ne pouvez pas me le donner !

— Quel renseignement ?

— Où est Fernando ?

— Je l'ignore.

— Alors vous ne savez où le revoir.

— Non, mais je le retrouverai toujours quand je le voudrai. C'est un des meilleurs officiers de l'armée carliste ; il était aide-de-camp du général Zumala-Carregui. Il est bien connu.

— Je ne l'ai jamais vu, et il faut pourtant que je le retrouve ! dit le prêtre avec un accent singulier.

— Pourquoi ?

— Pour lui remettre des papiers qui m'ont été confiés par sa mère.

— La senora Negra ?

— Par dona Sabina en personne !

— Et ces papiers sont importants ?

— A ce point que personne autre que moi ne peut les lui remettre.

— Qu'allez-vous faire ?

— Vous avez quitté Fernando pour aller à la recherche d'Inès, m'avez-vous dit ?

— Oui, mon père.

— A quel titre ?

— J'étais le fiancé d'Inès.

— Vous êtes donc le senor Andrès ?

— Oui ! comment le savez-vous ?

— Peu vous importe, mon enfant, pourvu que notre but soit le même. Voici ce que vous allez faire :

Vous partirez de votre côté, vous continuerez les recherches que vous avez commencées, et Dieu aidant, vous réussirez, j'en suis certain.

De mon côté, je vais tâcher de retrouver don Fernando, car je me fais vieux déjà, et c'est ma mission ici-bas. »

Nous prîmes nos dispositions en conséquence, et le lendemain je quittais le bon prêtre et l'excellent médecin ; il me remit une bourse pleine d'or, et comme je refusais de l'accepter :

« Ne me désobligez pas, dit-il, vous pouvez accepter sans crainte, c'est un ami qui vous l'offre; plus tard vous me rendrez cet argent. »

Que te dirais-je, mon cher Fernando, continua Andrès, j'étais fasciné par la parole douce et paternelle de ce brave curé, j'acceptai sans honte et sans hésitation. A peine voulut-il entendre les remercîments que je lui adressais ; il disparut en me disant ces seules paroles :

« A bientôt senor Andrès, que la main de Dieu s'étende sur vous, car votre cause est bonne et juste, et la Providence vous doit son appui. »

« Comment nommes-tu cet homme ? dit vivement l'Encarnado à Andrès.

— Je l'ignore, répondit celui-ci avec un soupir, mais ses traits sont gravés au plus profond de mon cœur.

Cela t'étonne ; mais tant que je fus malade, en présence de sa bonté, jamais la pensée ne m'est venue de lui demander son nom. Plus tard, je voulus le faire, mais il éluda une réponse, et je compris que ma question était indiscrète.

Bien plus, je cherchai à m'informer. Je demandai dans le voisinage quel était mon hôte : personne ne put ou ne voulut me le dire.

Je demeurai dans l'ignorance. On m'avait répondu simplement :

« C'est le prêtre médecin. Chacun ne lui donne que ce nom et ne lui en connaît point d'autre. »

J'aurais voulu en savoir davantage, mais cela me fut impossible.

Son souvenir demeura là mais son nom ne put être placé dans mes bénédictions qui le suivront partout.

— Combien y a-t-il de temps que tu l'as quitté? demanda l'Encarnado.

— Seize mois environ, répondit Andrès.

— Il est étrange alors que je ne l'aie pas vu.

— En effet, cela m'étonne.

— Que peut-il avoir à me confier? dit l'Encarnado pensif. Quel est cet homme? Comment connaissait-il toute ma famille? »

XXIX

L'INCONNU.

Mochuelo s'intéressait au dernier point au récit émouvant d'Andrès, il oubliait même de boire ; mais Andrès sembla vouloir faire une pause, et se chargea en tendant son verre vide de faire voir à Mochuelo que le sien était resté plein.

Celui-ci ne voulut pas faire à Andrès l'injure de le laisser boire seul, il se hâta d'achever son verre et d'en servir deux autres pleins à déborder.

L'Encarnado était triste et rêveur.

Il était préoccupé de cette étrange rencontre de son ami avec un homme qui paraissait posséder tous les secrets de sa famille et dont il lui était impossible de savoir même le nom.

Au reste, si l'Encarnado avait choisi à dessein la fonda del Sol pour théâtre de sa conversation, il ne pouvait avoir eu meilleure idée.

Le bruit et le vacarme redoublaient de minute en minute.

L'attention des buveurs était concentrée sur les boleros, les fandangos, les cachuchas des gitanas que Mochuelo avait retenues dans ce but.

La vie et l'animation de la salle s'était magiquement transportées autour des ballerines, et personne n'eût pu supposer, au milieu de ce brouhaha perpétuel, que trois hommes pussent s'occuper sérieusement d'autre chose que du spectacle dont jouissait en ce moment les amateurs de la fonda.

— Après ? après ? dit l'Encarnado en voyant Andrès disposé à reprendre son récit.

— Je venais de quitter le brave curé, dit Andrès, alerte, dispos, complétement guéri ; j'avais quelque argent dans ma poche ; ses paroles m'avait redonné du courage, je me sentais fort, je me remis en route avec ardeur et surtout avec confiance, car il m'avait dit que notre cause était bonne, il m'avait fait espérer que la main de la Providence s'étendrait sur moi.

Cependant deux longs mois s'écoulèrent sans que je fusse plus avancé qu'auparavant.

Un jour, j'errais dans la montagne, je suivais un sentier solitaire, lorsque j'aperçus de loin, assise sur une pierre, une forme humaine d'une immobilité étrange.

Au bruit que je fis en m'approchant, la statue releva la tête par un mouvement machinal. Ses yeux me fixèrent longuement, puis la tête retomba sur la poitrine, avec une expression qui voulait dire : « Je ne le connais pas. »

Je m'approchai de cet homme immobile, et je m'arrêtai pour le contempler à mon aise.

C'était un personnage grand et robuste, d'une figure mâle et accentuée ; il avait une tournure militaire tellement accusée qu'il était impossible de se tromper à son extérieur, il avait évidemment servi dans un régiment quelconque.

Comme je l'examinais attentivement, car je me rappelais vaguement l'avoir déjà vu, il releva fièrement la tête et me regarda à son tour d'un œil curieux et étonné.

Remarquez bien que j'ai dit : d'un œil, car il était borgne.

J'avais beau interroger mes souvenirs, je ne pouvais parvenir à me rappeler l'endroit où j'avais vu cet homme, et je renonçais même à mes recherches lorsque, sans dire un mot, il se leva pour m'examiner à son tour.

« Christino ? dit-il avec peine et comme s'il eût prononcé très-difficilement ce seul mot.

— Christino ! répondis-je à tout hasard.

— Oui !

— Vous me connaissez ? dis-je.

— Oui !

— Où m'avez-vous donc vu déjà ?

— Madrid ! »

C'était vrai. Alors que la guerre civile commença à ensanglanter l'Espagne, et alors que Mina appellait aux armes, j'avais pris rang dans l'armée de la Régente et, tu le sais, je m'étais engagé à Madrid.

« Vous êtes christino ? » dis-je à mon tour.

L'homme secoua la tête sans que je pusse deviner sa réponse.

« Qui êtes-vous ? lui dis-je encore.

— Rien ! fit-il.

— Mais qui servez-vous ?

— Maître !

— Votre maître fait partie des armées de la reine, en ce cas ?

— Oui.

— Comment s'appelle-t-il ? »

L'homme ne répondit pas.

Je répétai ma question : même silence.

Mon interlocuteur faisait des efforts évidents pour parler, mais il ne pouvait parvenir à formuler un son.

Il semblait frappé subitement d'un accès de mutisme.

Je le regardais avec stupéfaction.

Plus je le contemplais, plus je me persuadais que ses traits ne m'étaient pas inconnus, et cependant je ne pouvais rappeler suffisamment mes souvenirs pour éclairer la situation. Enfin, tout à coup, la lumière se fit dans mon cerveau en travail.

Je me souvins subitement de l'endroit précis où j'avais vu cet homme.

C'était le soldat dévoué et presque muet de don Horacio, celui qui se trouvait avec lui parmi les prisonniers de la guerilla de Cuevillas.

— Qui ? demanda vivement l'Encarnado, Rodolfo.

— Précisément.

— Celui qui renversa si violemment d'un coup de tête les soldats qui maltraitaient Inès.

— C'est bien cela.

— Mais je le croyais mort.

— Il était tombé en effet criblé de balles, mais il avait la vie dure, faut-il croire, et il n'était pas mort.

Tu comprends, continua Andrès, quelle fut ma joie en retrouvant le serviteur dévoué de don Horacio, de celui que je poursuivais depuis si longtemps, car par lui je retrouverais son maître, et, par son maître, je retrouverais sa femme, je retrouverais Inès.

Rodolfo me connaissait, lui, mais s'il m'avait vu jadis à Madrid, alors que je prenais service dans le régiment de son maître, le colonel, il ignorait absolument ce qui s'était passé depuis à mon égard.

Il n'avait pu me voir dans la Sierra, alors que nous arrivâmes tous deux auprès de Cuevillas : il était déjà étendu presque sans vie lorsque nous apparûmes.

Rodolfo ignorait donc et mes projets et mes résolutions, et même ma situation.

Je résolus aussitôt de mettre à profit cette ignorance qui pouvait m'être si grandement utile.

« Votre maître ! m'écriai-je, je le connais. »

Rodolfo me regarda.

« C'est don Horacio Ramero y Puelès ! » ajoutai-je.

Il poussa un grognement sourd.

« Est-ce vrai ? dis-je.

— Oui ! fit-il après un effort.

— Je le connais ! il a été mon colonel.

12.

— Oui ! fit encore Rodolfo.

— Vous lui êtes toujours dévoué ?

— Toujours.

— Mais pourquoi ce dévouement ?

Rodolfo ne répondit pas. Il réfléchisssait de nouveau dans la position où ma brusque arrivée l'avait surpris.

Il était évidemment préoccupé.

J'attendis quelques instants, croyant qu'il allait m'adresser de nouveau la parole, mais il ne paraissait plus disposé à parler.

Il fallait qu'il parlât cependant.

Je ne pouvais pas, au moment où je me voyais sur les traces, renoncer ainsi à la piste.

Je m'assis donc à côté de Rodolfo que cette familiarité ne parut pas satisfaire outre mesure.

Après quelques essais infructueux de renouer la conservation, je m'aperçus que le seul moyen de lui faire ouvrir la bouche était de lui parler de son maître.

« J'ai entendu parler vaguement d'une aventure étrange dont don Horacia Ramero avait été victime pendant les dernières guerres, dis-je.

— Oui, fit Rodolfo avec une certaine inquiétude.

— Pouvez-vous me confier cette aventure ?

— Non !

— Sa femme n'était-elle pas avec lui alors qu'elle lui arriva.

— Possible !

— C'est un bruit qui a couru dans nos rangs, sans que personne fût à même de pouvoir dire au juste ce qui en était.

— Non ! fit Rodolfo.

— Vous y assistiez donc? continuai-je, malgré le ton bourru de mon interlocuteur.

— Oui. »

Je poussai un soupir de soulagement, car il devint évident pour moi que Rodolfo ne me reconnaissait pas pour m'avoir vu en sa compagnie et il ne se rappelait pas notre brusque arrivée sur le plateau où était la guerilla de Cuevillas.

« Le bruit a couru même que don Horacio et sa femme étaient morts, repris-je.

— Eh bien ? fit-il.

— Comment ! repris-je d'un air dégagé ; mais je serais désolé d'apprendre que notre cause eût perdu misérablement un de ses plus vaillants défenseurs. »

Rodolfo grogna sans que je pusse savoir le sens de ce grognement.

Ainsi que tu le vois la conversation était difficile.

Au reste, je m'aperçus rapidement d'une chose. Rodolfo ne parlait pas, non par discrétion, mais bien parce que la nature, par un caprice bizarre, lui avait refusé le don de s'exprimer autrement que par monosyllabes.

Je me rappelai la réputation de mutisme qu'il avait parmi l'armée de la Régente dans laquelle il était fort connu.

Le malheureux souffrait si cruellement pour formuler un son, qu'il avait trouvé plus simple et plus commode de se faire passer pour muet.

Il ne parlait que dans les grandes circonstances. Mais la circonstance était grande pour moi, il fallait donc qu'il parla et j'étais décidé à lui arracher les mots.

« J'ai connu don Horacio, dis-je.

— Ah! fit-il.

— Et je l'estime et je l'aime. »

Rodolfo me regarda :

« C'est naturel, poursuivis-je. En temps de guerre civile, on a toujours quelque sympathie pour les siens, surtout lorsqu'il s'agit d'un nom aussi célèbre par sa noblesse et par son courage.

— Oui, dit Rodolfo.

— Je sers dans vos rangs, dis-je encore, et si vous portez réellement de l'intérêt à don Horacio, vous pouvez m'en donner une preuve.

— Comment?

— Don Horacio vit-il encore?

— Oui? dit Rodolfo avec plus de facilité et sans hésiter. »

J'étais radieux! j'avais fait un grand pas dans la confiance de Rodolfo!

« Comment! lui dis-je, vous espérez que le colonel vit encore?

— Oui, dit-il.

— Il a échappé?

— Oui.

— Qui l'a sauvé?

— Moi.

— Où est-il? »

Rodolfo regarda un précipice voisin.

« Que n'est-il là! » fit-il avec un soupir.

Je devinai une partie de la vérité.

« Est-il donc menacé d'un danger, dis-je en me levant brusquement comme pour faire preuve de plus de zèle.

— Prisonnier, dit Rodolfo.

— Le colonel.
— Oui !
— De qui ?
— Des carlistes.
— Depuis combien de temps ?
— Deux jours.
— A quel endroit ?

Rodolfo désigna la montagne.

« Et que faisiez-vous là ? Voulez-vous donc vous faire prendre aussi ?

— Non, répondit énergiquement Rodolfo.
— Alors, vous êtes bien imprudent !
— Non !
— Que voulez-vous ?
— Délivrer !
— Seul ?
— Oui.
— Mais vos amis ?
— Aucun !
— Les partisans de la reine.
— Non !
— Comment ? » dis-je avec étonnement, car je ne comprenais plus.

Rodolfo fit un effort surhumain et parvint à prononcer cette phrase :

— Si j'approche de la guerilla avec des troupes, elles seront signalées, et je ne pourrai pas pénétrer dans les montagnes.

— Vous avez raison, dis-je en rendant hommage au bon sens de Rodolfo.

— Alors...

— Mais, lui dis-je, obéissant à une idée soudaine qui traversait mon esprit, si je vous proposais de vous aider, moi ?

— Vous !

— Moi-même ! »

Rodolfo me regarda en hésitant.

« Vous ? répéta-t-il.

— Pourquoi pas ?

— Comment ?

— Je risquerais mes jours pour sauver don Horacio.

— Vrai ?

— Je le jure !..

— Mais...

— Don Horacio est l'un de nos meilleurs chefs, et je veux être utile à la cause que je défends.

— Eh bien ?

— Acceptez-vous ?

— Quel nom ?

— José Parra, » répondis-je sans hésiter : car il ne pouvait effectivement savoir mon véritable nom.

Rodolfo réfléchit encore, il me regardait avec des yeux qui cherchaient évidemment à lire au fond de mon âme.

Sans doute il voyait dans ma proposition un bienfait de la Providence, mais il n'osait pas se fier encore entièrement à moi.

« Eh bien ? dis-je.

— Eh bien... fit-il en hésitant encore.

— Voulez-vous ?

— Sauver le colonel ?

— Oui.

— Jurez!...

— Je jure !
— Alors...
— Alors que faut-il faire ?..
— Ce soir !
— Où cela ?
— Ici !
— Quelle heure ?
— Neuf !
— Bien !
— Armé ?
— J'y serai avec mes armes ! »

Je respirai fortement.

Puis après un silence, je repris.

« Connaissez-vous bien ce pays ?
— Oui.
— Alors indiquez-moi une maison quelconque dans laquelle je puisse me reposer.
— Fatigué ?
— Je n'en puis plus !
— Vous alliez ?
— J'allais à Madrid, chez mon père. »

J'étais effrayé moi-même de l'aplomb avec lequel je me voyais mentir.

« Partez !
— Non !
— Pourquoi ?
— Je veux vous aider à sauver don Horacio : un jour de plus ou de moins ne m'arrête pas dans ce que j'ai à faire.
— Venez ! »

Et Rodolfo tournant sur lui-même après m'avoir lancé un dernier regard, me fit signe de la main.

Je le suivis et nous reprîmes ensemble le sentier que j'avais parcouru tout à l'heure triste et découragé ; nous étions les meilleurs amis du monde.

Rodolfo me conduisit à une cabane fort délabrée dans laquelle un vieillard et sa femme étaient assis.

La pièce unique dans laquelle je me trouvai était loin d'annoncer un grand bien-être, c'était l'aspect de la plus triste pauvreté.

Rodolfo fit un signe, la femme se leva, ouvrit, dans le plancher même de cette pièce, une trappe habilement dissimulée par une couche de carreaux dont les angles s'emboitaient hermétiquement dans les vides correspondants, elle me donna du pain, du jambon et du vin.

Quand mon compagnon me vit en bonnes dispositions, il me quitta en me disant, mais en s'y prenant à plusieurs reprises :

« Ce soir, neuf heures ! »

Je fis un signe d'assentiment, et Rodolfo disparut.

Mon repas terminé, les provisions retournèrent au garde-manger d'un nouveau genre d'où l'on venait de les extraire ; le vieillard me montra le lit pour m'engager à dormir, je le remerciai, et j'attendis plus patiemment le rendez-vous que m'avait donné Rodolfo.

J'étais préoccupé malgré moi de l'air profondément triste des deux vieillards.

Depuis une heure que je me trouvais avec eux, ils n'avaient pas ouvert la bouche ; pour me donner une contenance, je m'étais contenté de fumer force cigarettes.

Enfin je rompis un silence qui me pesait, et je m'adressai au vieillard :

« Vous paraissez triste, mon brave homme! » lui dis-je.

Le vieillard secoua lentement sa tête blanchie.

« Serait-il indiscret de vous demander ce qui peut causer votre tristesse ?

— Non, c'est une histoire si commune par nos temps orageux de guerre civile !

— Dites, je pourrai peut-être vous être utile.

— Mon malheur est de ceux que rien ne peut guérir, le temps pourrait l'adoucir, mais, ajouta-t-il en montrant ses cheveux blancs, le temps n'est pas fait pour les vieillards, et ma douleur ne connaît pas de remèdes.

— Avez-vous donc perdu quelqu'un ?

— Hélas !

— Oh ! pardonnez-moi ! Je fais saigner involontairement une cruelle blessure.

— Oh ! la guerre civile ! » dit le vieillard en élevant vers le ciel son poing fermé.

Puis, comme s'il se fût repenti de ce mouvement involontaire, il ajouta avec résignation :

« Seigneur, que votre volonté soit faite ! »

J'appris alors que son fils faisait partie des troupes de la reine et qu'il avait été pris et fusillé un mois avant par les carlistes.

Certes, cet événement n'avait rien de bien extraordinaire, et pourtant le visage grave et triste de ce vieillard, sa résignation amère et douce à la fois, les pleurs que sa femme laissait lentement couler sur sa joue ridée, se sont représentées bien souvent à ma mémoire.

Je respectai cette douleur sourde et profonde, et j'attendis impatiemment l'heure.

Je pris congé de ces pauvres désolés, et quand je voulus offrir au vieillard, l'obole que je lui croyais due.

« Gardez votre argent, me dit-il, vous êtes des nôtres.

— Au moins, lui répondis-je, permettez-moi de faire dire une messe pour l'âme de votre fils. »

Le vieillard fondit en larmes; au moment où je franchissais le seuil de sa chaumière, je le vis debout, étendant sur moi ses deux mains, pendant que sa voix tremblante me disait :

« Soyez béni ! »

XXX

LA FUITE.

Je marchais silencieusement dans la montagne, j'étais encore sous l'impression de la scène pénible à laquelle je venais d'assister et que ma curiosité avait sottement provoquée. Cependant, les dernières paroles du vieillard m'enhardirent et me firent tirer bon augure de la réussite de mes projets.

La nuit semblait se prêter elle-même au plan que Rodolfo avait conçu, bien que je n'en connusse pas les détails.

Je réfléchissais malgré moi à la singularité de ma position.

Si je n'avais fait que risquer ma vie pour un inconnu, c'eût été un de ces accidents ordinaires comme on en heurte tant dans la vie ; mais non, c'était pour mon plus mortel ennemi que je me sacrifiais ! pour celui qui avait brisé tout un avenir d'amour et de bonheur, pour le bourreau d'Inès, ma fiancée !

Mon cœur se révoltait contre ma volonté, et je me surpris plusieurs fois dans le trajet, m'arrêtant subitement en présence de l'horreur que m'inspirait don Horacio.

Cependant, comme c'était pour moi l'unique moyen de connaître le sort d'Inès, je persistai dans le parti que j'avais pris ; un scrupule seul m'arrêta, et je me résolus à recourir à Rodolfo pour le lever, bien décidé à ne rien faire pour lui, s'il refusait de répondre à la question que j'avais l'intention de lui adresser.

Ce scrupule était bien naturel et je m'étonnai de n'y avoir pas songé plus tôt.

Je consentais à sauver don Horacio, mais je voulais être certain que je ne le faisais pas en vain et qu'Inès vivait encore. Elle morte, je n'avais plus aucune raison de me sacrifier et j'abandonnais don Horacio à la justice des carlistes.

J'attendais donc avec impatience l'arrivée de Rodolfo ; oubliant que j'avais moi-même devancé l'heure du rendez-vous, je l'accusais de lenteur.

A ce moment Rodolfo parut.

« Il va être neuf heures, me dit-il, êtes-vous prêt ?

— Je vous attendais.

— Je le vois, vous êtes exact. »

J'étais stupéfait.

Une transformation étrange s'était accomplie en Rodolfo : il parlait vite et facilement.

Etait-ce donc un rôle qu'il jouait ordinairement en se faisant presque muet ?

Etait-ce, au contraire, l'importance des événements qui lui déliait subitement la langue ?

Je ne sais encore ; mais durant toute cette nuit il parla avec autant de facilité qu'il avait paru parler difficilement jusqu'alors.

« Don Horacio est-il prévenu ? repris-je.

— Oui, dit Rodolfo, j'ai pu lui faire dire par un de nos espions déguisé en chanteur, qu'il se tint prêt ce soir à tout événement.

— Mais il n'a pas d'armes.

— Cet homme lui a remis un poignard.

— Espérons alors qu'il échappera encore cette fois à la mort qui l'attend.

— Il le faut bien !

— Du moins ferons-nous tout ce qu'il faudra faire pour y arriver.

— Je vous en remercie pour lui.

— Car enfin, il a une femme, des enfants peut-être, qui réclament sa présence. »

Rodolfo ne répondit pas.

« Serait-il veuf ? repris-je.

— Non, me répondit cette fois Rodolfo avec un énorme soupir.

— Il a une femme, jeune, jolie, qui l'aime sans doute ?

— Oui, répondit brusquement Rodolfo.

— Où est-elle ? dis-je de mon air le plus naïf.

— Elle est en lieu sûr, dans un couvent.

— Dans lequel ?

— Je n'en sais rien.

— Alors, comment savez-vous qu'elle existe ? repris-je en riant pour mieux cacher l'émotion poignante à laquelle j'étais en proie.

— Je le sais... je le sais... parce que je le sais ! » me dit Rodolfo d'un ton péremptoire.

Je vis bien que je ne tirerais pas d'autre renseignement

de l'espèce de porte de prison à laquelle je m'adressais. Seulement, j'étais maintenant rassuré, relativement au moins, sur le sort d'Inès, et je dis à Rodolfo, pour détourner ses soupçons.

« Après tout, cela ne me regarde pas, je ne suis pas venu ici pour causer des affaires de famille de don Horacio, mais pour le sauver.

— A la bonne heure ! dit Rodolfo.

— Quel est votre plan ?

— Je n'en ai aucun.

— Voulez-vous donc combattre à vous seul toute une guerilla carliste ?

— Non, je veux tout simplement tuer les sentinelles que je rencontrerai sans leur laisser le temps de pousser un cri.

— Cela ne sera pas facile.

— Je le ferai !

— Très-bien !

— Je suis allé reconnaître les lieux hier soir, je connais l'endroit où se posent les deux seules sentinelles qui soient sur un point écarté, et dont il faille se défaire.

— Je comprends : une pour vous, l'autre pour moi.

— Cela ne vaudra que mieux.

— Alors, il nous faut plus d'adresse que de courage.

— Soyez tranquille, vous n'aurez que trop l'occasion de déployer les deux cette nuit. Etes-vous armé ?

— J'ai ma navaja.

— Fort bien ! la navaja sera pour la sentinelle ; voici maintenant pour les carlistes. »

Et il me tendit deux paires de pistolets que je passai dans ma ceinture.

« Maintenant, dit Rodolfo, en route !

La nuit était noire, les nuages, lourds et chargés d'électricité, couvraient le ciel de leurs voiles épais, quelques éclairs sillonnaient la nue, inondant de leurs vives lueurs le sentier que nous suivions en silence et aidaient notre marche pénible.

La nature entière semblait endormie dans un sommeil de plomb, que pas un bruit ne venait troubler, et l'obscurité était tellement compacte, qu'à peine pouvais-je distinguer les talons de Rodolfo qui marchait cependant devant moi.

Tout à coup je l'entendis s'arrêter, en même temps que sa main saisissait vivement mon bras.

« Baissez-vous, me dit-il.

— Sommes-nous donc arrivés ?

— A dix pas de vous, vous allez apercevoir la sentinelle.

Un éclair sillonna les nuages, et comme nous étions accroupis sur les rochers :

« L'avez-vous vue ? me dit Rodolfo.

— Oui, dis-je en prenant ma navaja.

— Tâchez d'arriver jusqu'à elle en rampant, car si elle vous aperçoit, nous sommes perdus.

— Où vous retrouverai-je ?

— Attendez-moi à la même place où vous l'aurez tuée ; quand j'aurai fini, je viendrai vous retrouver. »

A ces mots il disparut.

Je m'avançai doucement en glissant tantôt sur le ventre tantôt sur les genoux et sur les mains ; je suis convaincu que je mis plus d'un quart d'heure à faire ces dix pas. Enfin, profitant d'un moment où la sentinelle venait à moi, je bondis comme un tigre et ma navaja tout entière disparut dans la poitrine du malheureux carliste.

Il tomba comme une masse, sans proférer le moindre cri, et j'attendis impatiemment le retour de Rodolfo, craignant que sa maladresse ne chargeât mon repos d'un meurtre inutile. Heureusement il n'en fut rien.

Au bout de dix minutes d'attente, Rodolfo vint ; il avait réussi comme moi.

« Vous êtes un brave cœur, José Parra, me dit-il avec une extrême émotion.

— Allons, finissons-en, lui dis-je.

— Le plus difficile est fait, il s'agit maintenant de profiter de la nuit pour examiner sans être vus le camp des carlistes.

— Comment faire ?

— Leurs feux nous éclaireront sans nous trahir.

— Mais je n'en vois point.

— Ils sont là derrière cet énorme rocher. Montez-y avec moi et observons. »

Je suivis machinalement Rodolfo ; le sang-froid presque héroïque de cet homme m'étonnait, et j'avais peine à m'expliquer que don Horacio eût jamais pu exciter autant de dévouement.

Nous gravîmes ensemble, dans le plus grand silence, le monticule qui cachait à nos yeux le camp des ennemis, et nous pûmes voir ce qui s'y passait avec autant de facilité que si nous y étions nous-mêmes. Les guerilleros étaient presque tous endormis, et nous distinguâmes à vingt-cinq pas environ celui que nous étions venus chercher.

Il était adossé à un rocher; il avait les mains liées derrière le dos et par conséquent ne pouvait pas nous aider à le sauver avant que l'un de nous eût pu le détacher.

Mais qui se chargerait de cette périlleuse mission?

Je ne le pouvais pas. Je craignais d'être reconnu par don Horacio, bien que ma barbe longue et inculte me changeât énormément.

Nous conférâmes à voix basse Rodolfo et moi, et nous résolûmes de patienter encore pour donner aux carlistes le temps de s'endormir et profiter de la surprise que notre présence causerait parmi eux.

Notre retraite était assurée; les sentinelles que nous avions tuées ne pouvaient naturellement plus s'y opposer, et la nuit nous favorisait à ce point, que nul autre indice que le bruit de nos pas ne pouvait diriger sur nous les coups de ceux qui nous poursuivaient.

Quant à don Horacio, que nous avions le loisir de pouvoir examiner à notre aise, il devint évident pour nous qu'il avait bien été prévenu par l'espion que lui avait envoyé Rodolfo.

Ses regards se dirigèrent inquiètement dans l'obscurité comme pour en sonder la profondeur; il attendait.

Je le considérai avec attention; il n'avait pas changé.

C'était bien toujours la même figure dure, impassible et fière que je connaissais; il promenait sur ceux qui l'entouraient un œil à demi fermé par le mépris. On sentait en le voyant que rien ne pourrait abattre l'orgueil indomptable de l'hidalgo.

Enfin, au bout d'une heure d'attente qui me parut un siècle, entourés de dangers de toute sorte, craignant à chaque instant qu'on allât relever les sentinelles, et que le double meurtre que nous avions commis ne trahit notre présence, mais, préparés à tout pour un cas extrême, nous pûmes nous lever et commencer notre périlleuse descente.

Nous tombâmes dans le camp des carlistes avec l'agilité du chevreuil et la promptitude de la foudre.

D'un coup de poignard Rodolfo coupa les liens qui retenaient les mains de don Horacio, tandis qu'avec mon pistolet je tenais en respect la sentinelle chargée de le surveiller; puis nous nous enfuîmes tous les trois sans que l'alarme fût donnée encore.

Nous gravissions déjà le rocher derrière lequel nous devions trouver le salut, quand la sentinelle, revenue de son étonnement, donna l'alarme et me lâcha son coup de carabine.

J'entendis la balle siffler et je vis mon chapeau tomber.

Je ne m'occupai point de le ramasser, et lorsqu'une décharge générale vint nous assaillir, nous étions presque hors de danger.

Notre fuite commença rapide, et nous entendîmes derrière nous les cris confus des carlistes signalant notre passage aux sentinelles.

Nos précautions étaient bien prises; et dix minutes s'étaient à peine écoulées que nous n'entendions déjà plus sur nos pas la marche précipitée de ceux qui nous poursuivaient en désordre.

Nous avions sur eux l'immense avantage de parcourir un sentier que nous avions à deux reprises suivi dans la journée, et que Rodolfo paraissait connaître encore bien mieux que moi et surtout que son maître.

Après une heure d'une fuite précipitée, rassurés désormais sur notre sort, certains que nous étions hors d'atteinte, nous fîmes une légère pause.

Don Horacio demanda sans doute à Rodolfo qui j'étais car il s'avança vers moi. L'obscurité profonde qui régnait l'empêchait de distinguer nettement mes traits.

D'ailleurs j'étais bien changé depuis qu'il ne m'avait vu, et à cette époque il avait dû d'autant moins faire attention à moi, qu'il ignorait alors mon amour pour Inès.

Me tendant la main, il me dit :

« Senor José Parra, je ne vous connais pas, mais ce que vous venez de faire pour moi me montre suffisamment que vous êtes homme de cœur, et je tiens à vous prouver ma reconnaissance.

— Senor, lui répondis-je, le seul plaisir de vous avoir été utile me suffit ; nous servons le même drapeau ; c'est à ce titre seul que je me suis intéressé à votre sort et au nom que vous portez. »

Il allait m'offrir de l'argent ; le dégoût me monta du cœur aux lèvres, et je m'empressai de lui dire que je n'avais besoin de rien.

« Allons, dit-il, je vois que j'ai eu affaire à un galant homme. Je vous offrirai donc mon crédit à la cour, si toutefois vous daignez l'accepter ; je vous promets de parler de vous à la reine. Si vous désirez me voir, je serai dans trois jours à Madrid, et José Parra n'aura qu'à se nommer pour avoir chez moi ses grandes entrées. »

XXXI

A MADRID.

Mochuelo était littéralement ébahi en entendant le récit d'Andrès ; on lisait sur son visage qu'il s'expliquait difficilement que le jeune homme eût pu consentir à sauver don Horacio.

L'Encarnado écoutait, toujours calme et toujours triste, adressant de temps à autre à Andrès de cordiales poignées de main, pour lui exprimer la part qu'il prenait à ses souffrances et à ses dangers.

Andrès se pencha sur la table en face de son ami, et continua, au milieu des cris, des rires et des chansons de la foule qui encombrait la *fonda del Sol*, où les danseuses faisaient florès plus que jamais, le récit qu'il avait commencé.

Lorsque je m'éloignai, dit-il, Rodolfo, ce personnage que j'avais si bizarrement rencontré, vint à moi et me dit :

« Senor José Parra, vous êtes un brave cœur.

— Ce que j'ai fait est bien naturel.

— Non, on ne donne pas ainsi sa vie pour le premier venu ; je veux vous prouver ma reconnaissance à ma manière.

— Parlez, mon ami ; que voulez-vous ?

— J'espère, dit-il, que nous nous rencontrerons un jour.

— J'y compte bien.

— Alors, si jamais vous avez besoin d'un bras fort et d'un cœur dévoué, venez me trouver.

— Je vous le promets.

— Et moi, je vous promets une chose à mon tour, c'est que, quoi que vous me demandiez un jour, je le ferai pour vous.

— Y songez-vous, mon ami ?

— Et cela, je vous le jure par Notre-Dame del Pilar !

— Allons, j'accepte, répondis-je en riant.

— Croyez, me dit-il solennellement en me prenant le bras, que Rodolfo n'a qu'une parole.

— Au revoir et merci, lui dis-je.

— Au revoir, et, bien que je ne souhaite pas que vous ayez jamais besoin de moi, mon cœur et mon bras sont à vous, je l'ai juré. »

Je partis alors, emportant cette étrange promesse que m'avait faite Rodolfo, et l'arrière-pensée me vint en route que cette promesse pourrait m'être utile un jour, si jamais nous nous trouvions aux prises avec don Horacio.

Trois jours après, j'étais à Madrid; j'avais presque épuisé mes ressources à faire subir à mon individu une complète transformation.

J'avais entièrement coupé ma barbe longue et sale, j'avais laissé au fripier chez lequel j'étais allé, les haillons dont j'étais couvert, et ainsi déguisé en séduisant cavalier, je me mis à arpenter silencieusement les rues de Madrid.

Chaque fois que je voyais don Horacio sortir, je m'attachais à ses pas avec un acharnement sans pareil ; j'espérais chaque fois qu'il allait prendre la route du couvent inconnu qui renfermait la malheureuse Inès, et chaque fois je le voyais rentrer sans que mes incessantes démarches fussent couronnées du plus mince résultat.

Un jour que je me promenais, suivant mon habitude, devant la maison habitée par don Horacio, je vis Rodolfo en sortir avec les plus grandes précautions. Il m'aperçut et vint à ma rencontre.

Je ne cherchai point à l'éviter, je continuai ma promenade de l'air le plus nonchalant et le plus dégagé du monde ; je regardai effrontément passer Rodolfo qui m'examina avec une certaine hésitation, mais qui ne reconnut pas, dans le personnage brillant qui passait insolemment devant lui, le partisan quelque peu délabré qui avait aidé, quelques jours avant à la fuite de don Horacio.

Cependant je mis plus de discrétion à l'épier à l'avenir, et, pour y arriver, je résolus de chercher mon logement dans les environs.

Le hasard me servit merveilleusement ; je trouvai dans la maison qui faisait face à celle de don Horacio une chambre qu'un barbier consentit à me louer, moyennant la somme de dix réaux par semaine.

Je m'y installai dès le lendemain, et je ne quittai mon observatoire que pour m'élancer sur les traces de don Horacio.

Vous dire les mille émotions auxquelles j'étais en proie est impossible ; je crus maintes fois être sur la trace d'Inès, et mon désappointement était extrême quand je rentrais chez moi sans avoir réussi.

Un jour j'aperçus don Horacio qui sortait à cheval de Madrid ; je m'élançai sur ses traces sans songer que, s'il faisait une longue traite, je ne parviendrais pas à le suivre, mais je n'eus pas besoin de faire preuve d'une bien longue énergie ni de beaucoup de finesse.

Arrivé à cinq cents pas du faubourg de cette ville, don Horacio Ramero descendit de cheval et entra dans une maison d'assez bonne apparence. Il y resta dix minutes environ, et reprit tranquillement la route qu'il venait de parcourir.

Ainsi, je savais qu'Inès vivait, je savais qu'elle était enfermée dans un couvent, et je venais de perdre six mois entiers sans le plus mince résultat.

Arrivé chez moi, je songeai tout à coup à ce barbier chez lequel je demeurais, et qui avait essayé vingt fois de lier conversation avec moi. Je descendis sous le prétexte bien naturel de me faire faire la barbe, mais bien décidé à le contraindre de causer, et à diriger de mon mieux cet entretien sur le sujet qui m'occupait le plus.

Le barbier vint à moi de son air le plus aimable, me salua de sa plus gracieuse révérence, et commença, en se livrant à son industrie, ce caquetage perpétuel qui est l'apanage des gens de sa profession, et qui a valu à ce genre de commerçants la réputation d'être les plus grands bavards du monde.

Cependant il avait déjà médit de tous ses voisins sans avoir ouvert la bouche sur celui qui habitait en face de sa boutique; je n'osais pas lui en parler le premier, de peur qu'il ne devinât que je fusse descendu dans cette seule intention.

Je souriais aux observations souvent stupides, mais parfois spirituelles, qu'il faisait, comme pour l'encourager à continuer.

Enfin, à force de patience, j'entendis sortir de ses lèvres le nom de don Ramero.

« Quel est ce don Ramero ?

— Senor, c'est un membre de l'une des plus nobles familles de l'Espagne ; elle habite l'Andalousie depuis la prise de Grenade sur les Maures.

— Comment se fait-il alors que ce don Ramero soit à Madrid ?

— Senor, il n'y a à Madrid que deux frères, le reste de la famille est à Grenade.

— Que sont-ils venus y faire ?

— Ils sont venus mettre leur épée au service de notre gracieuse reine, *la inocente Isabel*.

— Ils sont militaires ?

— Colonels tous les deux. L'un est sous les drapeaux, l'autre est de retour à Madrid depuis six mois environ, après une longue absence, car on les a crus morts sa femme et lui.

— Et ils sont de retour ?

— Lui seul est de retour : on n'a pas revu sa femme à Madrid depuis deux ans.

— Elle est donc morte ?

— Ah ! répondit le barbier mystérieusement, il circule là-dessus les propos les plus étranges.

— Bah ! dis-je en souriant, des histoires à dormir debout !

— Oh non ! senor. Voyez-vous, il n'y a pas de fumée sans feu !

— Racontez-moi donc cela !

— Non, les Ramero sont puissants, dit le barbier en se grattant l'oreille, et s'ils apprenaient jamais...

— Bien, bien, mon ami ! ne vous compromettez pas ! Je ne tiens pas à connaître ces bruits, je suis étranger, je vais partir dans quelques jours, la famille des Ramero m'est absolument inconnue, et tout ce que l'on peut dire d'elle m'est parfaitement indifférent. »

Je m'aperçus, continua Andrès, que j'étais dans la bonne voie, car à mesure que je témoignais plus d'insouciance, le barbier mettait plus d'empressement à causer.

« Au fait, dit-il, vous avez raison, qu'est-ce que cela peut vous faire ? Vous ne voudriez pas faire de tort à un pauvre barbier, et je puis bien vous confier ce que je sais.

— Comme il vous plaira.

— Il paraît que l'aîné, don Ramero, celui qui est maintenant absent, a eu dans sa jeunesse un amour malheureux.

— Pour qui ?

— Je l'ignore ; mais je crois que celui-ci, don Horacio, n'est pas beaucoup plus heureux en ménage.

— En vérité ?

— On prétend qu'il rend sa femme très-malheureuse, qu'elle l'aime à la passion et cependant qu'il ne l'a épousée que par la violence, et qu'il se venge de ses dédains par toutes sortes de souffrances. Le fait est que ce mariage est au moins bizarre.

— En quoi ?

— Figurez-vous qu'il a épousé la fille d'un ennemi de la reine, d'un seigneur qui avait embrassé la cause des rebelles, et qui a été fusillé par le frère même de don Horacio.

— En effet, répondis-je en affectant le plus grand

sang-froid, bien que mon cœur saignât cruellement, c'est un mariage assez étrange.

— La pauvre dame n'était pas heureuse, on le voyait bien ; elle ne sortait jamais qu'avec lui, et à peine daignait-elle lui répondre quand il lui adressait la parole. Je crois qu'il l'aimait, mais voilà où est sa punition, s'il est vrai qu'il l'ait épousée malgré elle.

— Peut-être n'est-ce pas vrai !

— Si, cela doit-être ! Il a essayé de triompher de la haine de sa femme, car on dit qu'il y a entre eux un abime, la haine des deux familles ; mais il paraît qu'il s'est lassé de cette lutte.

— Ah ! qu'a-t-il fait ?

— Il s'en est débarrassé !

— Il l'a tuée !

— Non, mais le bruit court qu'elle est solidement verrouillée.

— Dans quel endroit ?

— C'est ce qu'on ignore. Il faut qu'elle soit bien enfermée et que le secret soit bien gardé, car le vieux soldat qui le suit partout ne le sait pas lui-même. On a tout fait pour l'apprendre, car vous savez, senor, que rien n'excite la curiosité comme le mystère ; mais on n'est pas arrivé à connaître la vérité.

— Mais c'est tout un roman, cela, savez-vous !

— Oui, et il se complique d'autant plus que don Horacio va quitter Madrid avec son régiment.

— Où va-t-il ?

— Il va, dit-on, à Grenade pour défendre le pays contre les tentatives carlistes ; peut-être aussi veut-il se rapprocher de sa femme.

— Est-elle donc enfermée dans un des couvents de l'Andalousie?

— Qui pourrait le dire ? Personne ! Tout au plus peut-on le supposer en voyant don Horacio se diriger de ce côté ! »

Le barbier venait d'achever ma toilette, je n'avais plus de raison pour le retenir ; je le congédiai en lui annonçant que je partirais d'un jour à l'autre, et je le rassurai sur l'issue de ses confidences en lui promettant la plus grande discrétion.

J'avais tiré de cette conversation un renseignement précieux : c'était le départ prochain de don Ramero pour Grenade : je me promis donc de le surveiller. Cela m'arrangeait d'autant mieux que je calculai que mes ressources étaient épuisées, et qu'il ne me resterait pas un maravédis quand j'aurais payé à mon hôte les quelques réaux que je lui devais.

Je résolus donc de quitter le soir même le logement que j'occupais : je prétextai une affaire importante dont une lettre venait de m'informer, et je m'en allai le gousset vide.

Je retournai chez le fripier changer mes habits contre un costume plus modeste, et trois jours après, je quittais Madrid à la suite du régiment commandé par don Horacio.

En chemin, je vendis pièce par pièce les vêtements dont j'étais couvert, et je suis arrivé à Grenade pendant les courses de taureaux, précédant de quelques instants la venue de don Horacio. C'est ce dont Mochuelo te parlait tout à l'heure, en t'apprenant l'arrivée de quelques troupes royales.

Le ciel nous protége, puisque c'est toi le premier qu'il a mis sur mon chemin.

A nous deux nous serons forts, à nous deux nous trouverons le mot de l'énigme que je ne puis déchiffrer depuis dix-huit-mois.

A ton tour, maintenant, de me raconter ce que tu as fait, puis nous aviserons ensemble aux moyens que l'avenir nous réserve. »

L'Encarnado mit rapidement Andrès au courant des événements de sa vie depuis le jour de leur séparation.

« Ainsi, dit Andrès, c'est toi qui es l'Encarnado ?

— Moi-même.

— Je l'avais presque deviné. C'est fort heureux pour nos projets, car je vais te confier l'idée qui m'est venue en t'écoutant. »

XXXII

LE RÉVÉREND PÈRE PASCUAL.

La fonda del Sol offrait réellement ce soir-là un coup d'œil très-animé, les habitués de la maison terminaient leur journée d'une manière digne du commencement.

Après les émotions du jour, après ce fameux combat de taureaux qui avait si dignement clos la première journée des courses, ils passaient doucement leur soirée entre le vin, la cigarette, et les danses nationales.

C'était un spectacle ravissant à voir que ces élégantes filles de Bohême, à la jambe nerveuse, aux bas de soie bien tendus, à la jupe écourtée, à la taille cambrée, à la basquine miroitante, s'agitant convulsivement dans le brouillard de fumée qui les enveloppait comme un nuage bleu.

Aussi, pas un amateur n'eût-il quitté sa place, pas une querelle ne se fit-elle entendre dans le cours de cette mémorable soirée.

Minuit allait sonner quand le récit de l'Encarnado eut mis Andrès au courant de la position de son ami.

Mochuelo, toujours immobile, la bouche béante, était littéralement fasciné par les émotions qu'avaient excitées en lui l'histoire d'Andrès.

L'œil avide des membres de la Compagnie rouge se reposait parfois sur le mendiant dont la longue conversation avec leur capitaine semblait présager quelque événement mystérieux.

C'était bien toujours les mêmes hommes que nous avons vus jadis sur les hauteurs du Mulhacen, avec la même énergie, la même nonchalance apparente que nous leur connaissons.

« Voyons, dit l'Encarnado à Andrès, quelle est ta pensée ?

— Ma pensée ? — Oui, dis vite !

— Devons-nous donc partir ?

— Cette *fonda* restera ouverte toute la nuit, mais comme j'en ai fait défendre l'entrée, les curieux qui stationnent au dehors pourraient s'impatienter, et il en résulterait une désagréable collision.

— Je te comprends, et je m'explique.

— J'écoute.

— La famille des Ramero habite Grenade, et tu la connais parfaitement, puisque tu as vécu quatre mois au milieu d'elle.

— C'est vrai.

— Ne m'as-tu pas dit que Dolorès était la fille de don Horacio ?

— Oui, c'est le fruit de son premier mariage.

— Très-bien. Quel est le père des autres demoiselles ?

— C'est don Ramero.

— Lequel ?

— Le chef de la famille : don Luis.

— De mieux en mieux ! Notre vengeance est toute prête.

— Je te devine : j'ai eu la même pensée.

— C'est possible, explique-toi.

— Et j'aurais réalisé cette pensée depuis longtemps, si ton absence ne m'eût paralysé, à cause du doute dans lequel elle me laissait.

— Je comprends cela.

— Rappelle-toi bien, Andrès, que j'ai dit et toujours dit que ma vengeance serait terrible. Œil pour œil, dent pour dent ; je l'ai juré !

— Oui, c'est bien la même idée, dit Andrès.

L'occasion est splendide pour la réaliser. Les courses de taureaux durent trois jours ; ces fêtes donnent à Grenade une vie et une animation très-propres à servir nos projets, il ne s'agit plus que d'arrêter un plan et de l'exécuter.

— As-tu de l'argent ? demanda Andrès.

— Beaucoup.

— As-tu des hommes ?

— Peu, mais déterminés.

— Oui !

— Comme il les faut.

— Alors, nous réussirons.

— Viens ici demain, à la même heure, après les courses, tu me donneras ton plan, nous le discuterons, et après-demain nous l'exécuterons!

— A demain donc ! dit Andrès en se levant.

— Un instant, mon ami, tu te lèves, tu vas partir, sans savoir seulement où tu vas coucher.

— Bah ! cela ne m'embarrasse guère, une pierre sur un semblant d'herbe, voilà un lit auquel je me suis résigné souvent.

— Mais tu es fou ! Ne t'ai-je pas dit que j'avais de l'argent ?

— Si, et même beaucoup.

— Eh bien ! ce qui est à moi, n'est-il pas à toi? dit l'Encarnado. Tiens, voici cent douros en attendant mieux ; tu vas prendre un costume de majos avec lequel tu iras demain parader au courses, et le soir tu me retrouveras ici.

— C'est convenu, à demain.

— A demain, » dit l'Encarnado se levant à son tour.

Il fit un signe, et les hommes qui les entouraient s'écartèrent respectueusement pour laisser passer le mendiant, tandis que l'Encarnado paraissait dévorer des yeux la danse qui tourbillonnait encore au milieu de la salle de la fonda del Sol.

« Partons ! dit l'Encarnado à Mochuelo, et avertis mes hommes que je les attends tous demain soir, après la course.

— A quel endroit, senor ?

— Toujours aux *Tours-Vermeilles.* »

Mochuelo se détacha de quelques pas en avant, tandis que Peblo s'avançait curieusement à sa rencontre.

Il lui dit deux ou trois mots à l'oreille sans même s'arrêter un instant, et disparut, fendant avec sa large poitrine la cohue de curieux qui encombraient le passage, tandis que, derrière lui, l'Encarnado avançait sans effort dans le vide produit par les vigoureuses épaules de son compagnon.

Une fois sorti, Mochuelo demanda à l'Encarnado la permission de s'éloigner.

« Où vas-tu ? demanda le chef.

— Rejoindre cet écervelé de Paquo qui est ce soir avec sa Casilda, en train de danser des boléros.

— Tu vas danser aussi, toi ?

— Non, je vais le prévenir de se tenir prêt pour demain.

— Bah ! nous le verrons aux courses !

— N'importe ! Avez-vous besoin de moi ? — Non.

— Alors je vais retrouver Paquo.

— Va, et à demain. »

L'Encarnado et Mochuelo se séparèrent.

Pendant ce temps, Andrès avait erré vaguement dans les rues désertes de Grenade.

Enfin il avisa une hôtellerie d'un extérieur presque confortable dans laquelle il se risqua.

L'aspect d'Andrès n'était pas fait pour prévenir en sa faveur l'hôtelier le mieux disposé ; il est même probable qu'en Ecosse, où l'hospitalité est réputée si désintéressée, il n'eût pas été accueilli à bras ouverts. Heureusement, il avait sur lui de quoi faire ouvrir les portes les plus rebelles, et quand il eut fait sonner la bourse dont les flancs arrondis parlaient un langage éloquent, on le reçut avec tous les égards dus à la royauté du métal qu'elle renfermait.

On lui donna même une des meilleures chambres de l'auberge dans laquelle il était entré, et le respect s'accrut encore de l'ordre qu'Andrès donna de lui envoyer un tailleur le lendemain.

La nuit se passa tranquille, et le matin, Andrès fut réveillé par un grattement discret.

Il ouvrit sa porte ; c'était le tailleur qu'il avait fait demander.

Ce tailleur jouissait d'une grande réputation pour les costumes nationaux, et professait pour les habits noirs et pour les redingotes un mépris et une haine profondes.

Aussi, donna-t-il devant Andrès libre carrière à son amertume, et répandit-il dans son sein toutes les élégies imaginables sur la décadence de l'art.

Andrès lui fit observer qu'il désirait avant tout s'habiller des pieds à la tête.

« Avez-vous, dit-il au tailleur, un costume à ma taille?

— Je l'espère, senor ; j'en ai apporté trois, les plus beaux que je possède.

— Peut-on les essayer?

— Non-seulement on le peut, mais on le doit.

— Alors commençons l'opération.

— Volontiers, senor. »

Le tailleur essaya alors à Andrès toutes les pièces dont se compose le costume complet d'un élégant majo. Andrès était merveilleusement habillé.

Lorsque le tailleur vit à quel point ce costume était réussi, il fut tellement ébloui par l'éclat du pot à fleurs qu'il avait brodé au milieu du dos de la veste, qu'il entra dans une joie folle et se mit à faire toutes sortes d'extravagances.

Puis, tout à coup, l'idée de laisser ce chef d'œuvre aux mains d'Andrès vint traverser sa joie et l'assombrit cruellement.

Cependant, il faillait se décider, et comme, s'il était amoureux de son habit, il l'était bien davantage des douros d'Andrès, il s'en sépara pour un bon prix tout en adressant au costume des adieux déchirants.

Andrès sortit alors de l'auberge pour aller se pavaner orgueilleusement dans les rues de Grenade.

Il marchait au hasard, obéissant aux caprices de la machine humaine, lorsqu'il arriva aux environs de l'Alhambra, près de cette fontaine où jadis Dolorès avait rencontré les gitanos.

Les fontaines sont nombreuses en Espagne, où l'eau est rare dans les fleuves.

A Grenade et aux environs, les fontaines abondent, car les eaux qui proviennent de la montagne les alimentent facilement.

Voici comment les fontainiers procèdent pour conduire ces eaux durant des trajets longs souvent de plusieurs lieues.

Quand ils ont reconnu l'existence d'une source, ils creusent un puits de trois pieds de diamètre jusqu'à ce qu'ils aient rencontré la nappe d'eau qu'ils cherchent.

Alors ils étendent du milieu de leur puits une corde de huit mètres environ en se dirigeant en ligne droite vers l'endroit où ils veulent mener l'eau.

A l'extrémité de cette ligne, ils percent un second puits de trois pieds de diamètre qu'ils réunissent à l'autre par une galerie pratiquée au niveau de la source.

Ils font ainsi des puits et des galeries jusqu'à ce qu'ils

aient amené l'eau au point où ils la veulent conduire ; ensuite on l'élève avec des *norias* pour pouvoir la distribuer dans les fontaines publiques.

Cette méthode est simple et économique ; mais ces conduits souterrains ont l'inconvénient de s'ensabler rapidement. C'est pour cela sans doute que les eaux des fontaines de Madrid sont maintenant si peu abondantes.

Les aguadores, afin de recueillir celle qui leur est nécessaire pour servir leurs pratiques, sont obligés de rester constamment auprès de ces filets d'eau qui coulent goutte à goûte ; et comme la quantité que les fontaines jettent pendant le jour ne leur serait pas suffisante, ils veillent chacun à leur tour pour amasser celle qu'elles versent pendant la nuit.

La fontaine près de laquelle était arrivé Andrès portait le singulier nom de fontaine des Sept-Miches (*de las Siete Hogazas*).

Voici comment on explique l'origine de ce nom.

Un berger venait de recevoir la provision de pain qu'il ne devait manger qu'en sept jours lorsque pour déjeuner il s'assit au bord de cette fontaine.

Il but, pour se désaltérer de l'eau de la fontaine.

Mais à mesure qu'il buvait, sa faim agmentait ; si bien qu'en un repas et sans être rassasié il dévora les sept pains destinés à toute la semaine.

Selon Ambrosio Moralez, qui rapporte cette anecdote, cette eau aurait la vertu de donner de l'appétit.

Cet auteur ajoute qu'il en a fait lui-même l'expérience.

« J'ai, dit-il, l'estomac faible et délabré. J'ai bu abondamment de cette eau, et j'ai trouvé qu'elle me donnait des forces et favorisait mes digestions. »

Une eau à l'aide de laquelle on peut dîner toujours !

Oh ! Brillat Savarin ! oh ! Grimod La Reynière ! oh ! Berchoux ! oh ! Blaze ! si vous l'aviez connue !...

Les lacs et les étangs sont fort rares en Espagne ; mais près de cette fontaine se trouvait un petit lac avoisinant tout à fait l'Alhambra, et vers lequel Andrès se dirigea lentement.

Ce petit lac possède une curieuse histoire qui lui est propre, car la vertu qu'on lui attribue se rattache à l'une des plus touchantes légendes de la Péninsule. Ses eaux ont, dit-on, la propriété de guérir le flux de sang et les autres maladies de ce genre.

Sainte Casilda est la première qui en ait fait l'épreuve.

Au temps du saint roi don Fernando Ier de Castille, vivait sainte Casilda, fille du roi maure Almenon, de Tolède.

C'était une jeune fille belle et vertueuse, aimant singulièrement son père, et pour laquelle se présentaient de riches alliances.

Mais elle avait mis en sa volonté de rester vierge.

Elle était si remplie de piété envers les captifs chrétiens, qu'elle s'en allait les visitant elle-même dans les *mazmorras*, où ils étaient prisonniers, et cela à l'insu de son père.

Elle les pourvoyait de ce dont ils avaient besoin ; et comme le roi vint à apprendre cela, il se sentit fort indigné contre sa fille.

On dit même qu'à ce sujet il la maltraitra vivement de paroles ; mais elle n'eut aucun souci de ses menaces, et, bien mieux, elle continua à mener la conduite qu'elle avait tenue par le passé.

Il arriva que comme le roi était un soir à la porte de

son palais, la guettant pour voir s'il était vrai qu'elle portât du pain et d'autres choses encore aux chrétiens captifs, il lui dit :

« Ma fille, que portez-vous là ? »

Elle lui répondit subitement :

« Que serait-ce, si ce n'étaient des roses? »

Et comme il écarta le bas de sa robe longue qu'elle avait relevée, il vit en effet que c'étaient des roses blanches et vermeilles, et ne prit plus pour vérité ce qu'on lui disait de sa fille.

Casilda, après avoir vu ce miracle, s'en fut vers les chrétiens captifs et le leur raconta.

Puis, ils se mirent tous, de concert avec elle, à rendre des grâces infinies à Dieu.

Vers ce temps, il arriva que Casilda tomba dangereusement malade d'un flux de sang, et bien que de savants médecins s'occupassent de la guérir, et que son père fît de grandes dépenses à son sujet, elle ne put recouvrer la santé.

Mais la jeune infante eut en songe une révélation ; il lui fut annoncé que si elle se baignait dans le lac de Saint-Vincent, à l'instant elle serait guérie.

Et quand elle eût fait ce rêve, elle dit au roi son père qu'elle voulait aller prendre des bains dans ce lac.

Le roi ayant entendu son conseil, délibéra de lui donner permission, pour éviter qu'elle ne mourût de cette maladie, que les médecins disait être incurable.

Il délivra tous les chrétiens qui étaient captifs à Grenade, et il les envoya avec sa fille Casilda. Il en écrivit au roi don Fernand, et la princesse maure s'en vint en Castille avec ces chrétiens, que son père avait mis en liberté, et le roi don Fernand la reçut à merveille, lui rendant beaucoup d'honneurs.

De là, elle et ses compagnons s'en furent chercher le lac de Saint-Vincent.

Elle se baigna dans ce lac et fut à l'instant guérie.

Alors elle reçut le baptême et ne voulut plus retourner à Grenade.

Elle fit son habitation en un ermitage qu'elle fit construire auprès du lac, et là elle vécut chaste et sainte jusqu'à sa mort, et elle fut inscrite par l'Eglise au nombre des bienheureux.

Andrès, qui connaissait cette légende, se plaisait à se rappeler ces fabuleux détails en présence des eaux qui couraient à ses pieds, lorsque son attention fut distraite tout à coup par l'arrivée d'un homme qui se promenait comme lui dans cet endroit enchanteur.

Cet homme portait un costume de prêtre, et marchait les yeux baissés, fixés sur la terre, se dirigeant vers l'Alhambra, comme s'il eût aussi l'intention de pénétrer dans la royale demeure et comme si, obéissant au cours de ses pensées, il eût oublié les objets qui l'entouraient.

Andrès en l'apercevant fit un brusque mouvement, et s'avançant au-devant de ce taciturne promeneur :

« Vous ici ! mon père, s'écria-t-il.

— Andrès ! dit le vieillard.

— Quel heureux hasard vous amène ?

— Ce n'est pas le hasard, mon enfant, c'est la volonté de Dieu. — Que je suis heureux de vous revoir !

— Moi aussi. Avez-vous réussi dans vos recherches ?

— J'ai réussi à moitié, j'ai su qu'Inès vivait encore et et qu'elle était enfermée dans un couvent.

— C'est déjà quelque chose !

— Sans doute, mais c'est bien peu, si l'on songe au mal que je me suis donné, au rôle pénible que j'ai été contraint de jouer.

— Eh ! mon enfant, que diriez-vous donc si, comme moi, vous n'aviez rien trouvé !

— Je le sais, mon père.

— Comment cela ?

— J'ai vu hier don Fernando.

— Alors vous pouvez me dire où il est.

— Il est ici. — A Grenade ?

— Oui, mon père.

— Vous allez me conduire près de lui.

— Je le voudrais, mais il y a une petite difficulté.

— Laquelle ! Dites !

— C'est que je serais fort embarrassé de vous mener à lui. Sa présence ici a besoin du plus grand mystère, et je ne sais pas où il habite.

— Eh bien ! nous le chercherons ensemble.

— C'est inutile, je dois le voir ce soir.

— J'irai avec vous.

— Vous consentiriez à venir dans une fonda sale et enfumée, pour parler à don Fernando ?

— Oui, je prendrais d'autres vêtements.

— Ecoutez-moi, mon père, je veux vous éviter cette démarche désagréable.

Il y a un moyen bien facile d'arranger cette affaire.

Ce soir, je dois voir don Fernando, je lui annoncerai votre arrivée à Grenade, et demain il se rendra chez vous, où il vous indiquera un rendez-vous auquel il n'aura garde de manquer, je vous en réponds !

— Allons ! j'attendrai donc à demain ! Où demeurez-vous ?

— A la plaza Nueva, au parador des Trois-Rois.

— C'est bien, mon enfant, demain matin je serai chez vous.

— Pardon, mon père, mais j'ai une question à vous adresser, vous excuserez mon indiscrétion, mais je le fais plutôt pour mon ami Fernando que pour moi, car votre souvenir ne m'a pas quitté.

— Voyons votre question ?

— Voulez-vous me dire votre nom ?

— Très-volontiers, mon enfant, je croyais même que vous le connaissiez, et je suis un étourdi de ne pas vous l'avoir donné.

— Je vous répète mon père que mon cœur n'a pas besoin de le savoir.

— Vous direz donc à votre ami don Fernando que le révérend père Pascual ; chanoine du chapitre de Notre-Dame del Pilar à Saragosse, a de grands secrets à lui confier.

— Je n'y manquerai pas, mon père ; à demain ! »

Andrès continua à errer tout pensif dans la ville, jusqu'à ce qu'il arriva enfin à l'Alameda.

Le flot du peuple l'emporta aux courses de taureaux, et Andrès oublia dès lors toutes ses préoccupations pour assister en bon Espagnol au spectacle toujours nouveau que lui réservait la seconde journée des courses.

XXXIII

PLAN DE CAMPAGNE.

La seconde journée des courses de taureaux allait commencer : c'était la même animation, le même coup-d'œil pittoresque de la veille.

Nous n'avons pas la prétention de raconter au lecteur ce qui s'y passa, peut-être a-t-il déjà trouvé trop longs les détails que nous avons cru devoir donner ; nous éviterons donc ce nouvel écueil.

Nous retournerons à la fonda del Sol, où nous avons assisté au récit d'Andrès, et où nous devons retrouver les personnages principaux.

Les buveurs étaient attablés comme la veille, gravement drapés dans leurs oripeaux. Il y avait là des types comme le burin de Callot en a tant esquissés, de tout âge, de toutes nuances, de tout sexe.

Il y avait là aussi le même entourage mystérieux qui, la veille, avait protégé de son rempart vivant les confidences d'Andrès.

L'Encarnado entra, drapé dans un sombre manteau, suivi de Mochuelo et de Paquo, ses deux fidèles gardes du corps.

La jeune servante sourit en les reconnaissant, et s'approcha d'eux d'un air empressé. Elle leur servit le vin qu'ils avaient demandé et se retira lentement, comme si elle eût été désappointée de voir qu'on ne lui adressait pas la plus petite galanterie.

Quelques instants après, Andrès fit son entrée dans le ravissant costume qu'il avait acheté le matin même, et qui ressortait violemment parmi l'entourage au milieu duquel il se trouvait.

Au moment où il voulut se frayer un passage pour pénétrer auprès de l'Encarnado, les buveurs se resserrèrent si bien qu'il vit bientôt devant lui une barrière infranchissable ; mais en l'apercevant, Mochuelo se leva, et, sans se déranger de place, dit tout haut :

« Arrivez donc, charmant majo ! nous vous attendions. »

Aussitôt, le groupe formidable se fondit, livrant passage à Andrès, à qui ce manége n'avait pas échappé, car à peine était-il assis qu'il se prit à sourire.

« Peste ! nous sommes bien gardés ! dit-il.

— Il faut que cela soit ainsi, dit l'Encarnado, nous avons à causer de choses sérieuses.

— Oui, dit Andrès, j'ai encore du nouveau.

— Depuis hier ?

— Oui, et ce que je t'apprendrai te sera certainement agréable.

— Qu'est-ce donc ?

— Tu dois te rappeler que je t'ai parlé hier d'un prêtre qui m'avait sauvé la vie...

— Celui qui s'est mis à ma recherche ?

— Je l'ai vu ce matin à Grenade.

— Il faut que je lui parle.

— Je lui ai promis en ton nom un rendez-vous pour demain ; il doit venir chez moi pour prendre le lieu et l'heure que tu auras fixés.

— Dieu soit loué ! dit l'Encarnado, je vais apprendre peut-être de terribles événements !

— Ce qu'il y a de certain, c'est qu'il n'est pas moins pressé de se trouver en ta présence.

— A quelle heure doit-il être chez toi ?

— Dans la matinée.

— C'est bien, j'y serai !

— Je demeure...

— Plaza Nueva, aux Trois-Rois, je le sais.

— Bah ! fit Andrès étonné.

— Et pourtant je n'avais pas demandé à le savoir ; mais comme il n'arrive pas à Grenade un homme sans que je n'en sois instruit, tu as été confondu dans la foule, et lorsque depuis une demi-heure tu te livrais au sommeil, je connaissais déjà ta demeure. »

Andrès ne dit mot ; il admira silencieusement la merveilleuse organisation qui présidait à la Compagnie rouge.

« Tu étais aux courses, aujourd'hui, lui demanda l'Encarnado.

— Ne le sais-tu pas ?

— Je le sais, puisque c'est par mon ordre qu'on a enlevé, hué et sifflé l'aficionado avec lequel tu t'étais pris de querelle.

— Alors, pourquoi me demandes-tu si j'y étais ?

— Pour savoir si tu y a pris de l'intérêt.

— Beaucoup ! bien quelles n'aient pas été fort brillantes.

— Ah ! senor, interrompit Paquo, si vous aviez pu être là hier ! Quel superbe spectacle !

— Silence ! » dit l'Encarnado.

Paquo s'arrêta subitement au milieu du sourire qu'il avait commencé, et reprit auprès de Mochuelo la position passive à laquelle il avait momentanément renoncé pour faire l'éloge de son maître.

« As-tu réfléchi à nos projets, dit l'Encarnado.

— Oui, répondit Andrès.

— Alors, causons.

— Tu tiens au moins autant que moi à ne pas laisser plus longtemps Inès au pouvoir de don Horacio.

— Certes !

— Il l'a enfermée dans un couvent, et je n'ai pu savoir dans lequel.

— Ce prêtre pourrait peut-être nous aider.

— S'il le peut, il ne demandera pas mieux.

— Sais-tu son nom maintenant ?

— Je l'ai même écrit pour ne pas l'oublier, le voici : le révérend père Pascual, chanoine du chapitre de Notre-Dame del Pilar.

— A Saragosse ?

— Oui. Tu le connais donc ?

— Non, mais je crois savoir au sujet de qui il veut m'entretenir. Il nous aidera.

— Espérons que nous n'aurons pas besoin de lui, et que les ressources dont nous pouvons disposer nous dispenserons de recourir à son zèle.

— Développe ton plan, je crois d'avance qu'il est parfaitement d'accord avec le mien.

— Il est fort simple : nous ne voulons pas que don Horacio fasse impunément souffrir Inès, et nous avons sous la main un moyen bien simple de le contraindre.

— Je te comprends, achève.

— Dolorès est la fille de don Horacio. Carmen et Lola sont ses nièces, et qui plus est les seuls enfants du chef de la famille des Ramero.

— Nous les enlevons toutes les trois, et nous aurons

ainsi par devers nous de quoi contraindre don Horacio à nous révéler l'endroit où il a renfermé ma sœur. Est-ce bien cela? — Parfaitement.

— Tu vois donc bien que je t'avais compris.

— De point en point.

— Il ne s'agit pour cela que d'avoir sous la main des hommes dévoués ; or, j'ai sous mes ordres deux cent cinquante hommes qui ne demandent qu'à se faire tuer pour moi.

— Cette fois, dit Paquo, je puis parler à mon aise ; je ne dirai rien ni de Mochuelo, ni de moi, vous nous avez mis à l'épreuve ; mais qu'il me soit permis de vous dire que, non-seulement ces hommes vous sont dévoués, senor, mais que votre bonté et votre humeur égale, votre courage, dont hier encore vous avez si témérairement donné des preuves, les ont fanatisés à ce point que votre nom est devenu pour eux l'objet d'un culte. Vienne le régiment de don Horacio se camper en face de la Compagnie rouge ! La haine de ces vieux carlistes contre les christinos se réveillera encore pour augmenter, s'il se peut, la rage qu'ils mettront à vous défendre.

— Merci, mon ami, dit l'Encarnado ; je sais que tu as largement contribué, pour ta part, à cette popularité que je me suis acquise.

— Je ne parle pas de moi, dit Paquo ; car, lors même que je ne vous aimerais pas, mon devoir est de vous défendre ! Et si jamais Fabian Christoval doit attendre en vain le fils qu'il aime tant, le senor Fernando n'aura qu'à lui dire : « Paquo est mort pour me sauver ! » Pas une plainte, pas une larme ne trahiront devant lui la douleur du vieillard.

— Ce petit majo a parfois du bon ! grommelait dans son coin Mochuelo ému.

— Ecoutez-moi bien, dit Fernando que l'émotion avait légèrement atteint ; c'est demain le troisième et dernier jour des courses de taureaux, il faut que notre vengeance soit prête. Toi, Mochuelo, tu te rendras au cirque avec cent hommes déterminés. — Et armés, ajouta Mochuelo.

— Mais les armes seront rigoureusement cachées ; je désire même qu'on n'en fasse pas usage.

— Alors, il est inutile d'en prendre.

— La navaja doit vous suffire au besoin. Vous vous posterez à la sortie du cirque, et vous guetterez avec soin le passage de la famille Ramero. La moitié de tes hommes se précipitera bruyamment pour séparer les jeunes filles des hommes qui les accompagneront ; l'autre moitié les entraînera en chantant, de manière à étouffer leurs cris, jusqu'à une voiture dans laquelle je me trouverai. Quand la voiture aura disparu, vous vous disperserez habilement pour vous retrouver le soir même aux Tours-Vermeilles.

— Ce plan est admirable, dit Andrès.

— Il ne peut pas manquer à cause du moment que nous choisissons.

— Et moi, dit Andrès, qu'aurais-je à faire ?

— Rien, dit l'Encarnado ; si tu veux venir nous rejoindre demain soir, trouve-toi également à la sortie du cirque. Mochuelo te donnera le mot de passe et l'on t'attendra. D'ailleurs, je serai chez toi demain matin, il faut absolument que je voie le révérend père Pascual.

— C'est vrai, dit Andrès ; as-tu l'intention de lui faire part de tes projets ?

— Sous aucun prétexte, n'en parle toi-même à personne, fut-ce à ton père si tu le rencontrais.

— Sois tranquille, cher Fernando! Je désire trop que notre plan réussisse pour susciter le plus léger obstacle; chère Inès! enfin, vous allez être vengée!

— Eh bien! je te quitte, il faut que je donne à ma compagnie toutes les instructions nécessaires.

— Demain matin, donc, je t'attendrai!

Alors chacun se sépara pour songer plus à l'aise au grand événement qui se préparait.

Andrès regagna son gîte et se fit servir à souper.

. . . .

Au commencement de cette journée, le régiment commandé par don Horacio Ramero avait fait dans la ville une entrée triomphale.

Hâtons-nous de dire que les soldats de la reine paraissaient avoir beaucoup souffert dans la lutte qu'ils soutenaient contre les carlistes. Beaucoup d'entre eux avaient les habits en lambeaux; leurs traits fatigués annonçaient les privations de toutes sortes qu'ils avaient endurées, bien que don Carlos eût été forcé de renoncer à entrer dans Madrid.

En effet, Espartero était accouru en toute hâte, et don Carlos, craignant de se voir couper la retraite, jeta un dernier coup d'œil sur les clochers de la ville royale, et se remit en route le soir même de son arrivée.

Il remonta vers le nord pour opérer sa jonction avec la colonne de Zaratiégui, et, quand il l'eut atteinte, les deux colonnes réunies se hâtèrent de regagner leurs cantonnements des provinces Basques.

Il était probable dès lors que, pour don Carlos, il n'y

avait plus de succès possible, puisqu'il n'avait rencontré partout que la haine ou l'indifférence, quand il avait cru exciter l'enthousiasme.

L'Andalousie aurait donc dû se rassurer en présence de la fuite précipitée du prétendant, car l'arrivée de ce régiment délabré n'était pas faite pour calmer l'inquiétude des habitants, s'ils avaient dû en concevoir.

Cette entrée ne produisit donc pas une bien grande sensation dans Grenade, où l'on se demandait pourquoi don Horacio avait ramené avec lui cette troupe inutile.

La fête et l'animation qui régnaient dans la ville à l'occasion des courses, contribuèrent encore à entretenir l'indifférence générale.

L'hôte d'Andrès, en lui servant son souper, ne manqua pas de lui raconter tous les bruits qu'il avait recueillis, et rassura si bien son locataire à l'endroit des forces royales qui l'avaient épouvanté, qu'Andrès s'endormit d'un sommeil paisible, persuadé que l'on aurait facilement raison de ces soldats déguenillés.

Andrès se réveilla le lendemain avec les mêmes idées confiantes qui, la veille, avait fermé sa paupière. Il était en train de procéder à sa toilette avec le soin le plus minutieux, quand la porte de sa chambre s'ouvrit, et l'Encarnado entra.

« Eh bien ! demanda-il, le révérend père Pascual est-il déjà parti ?

— Non, il n'est pas encore venu, répondit Andrès.

— Il t'a bien promis qu'il serait ici ce matin ?

— Et je suis sûr qu'il n'y manquera pas.

— Du reste, qu'il vienne ou non, peu m'importe.

— Je croyais que tu tenais tant à le voir.

— Certes ! mais je sais où le trouver.

— Bah !

— Ne t'ai-je pas dit qu'il n'entrait pas à Grenade un personnage, sans que je sois instruit de ses moindres actions tant qu'il me plaît de les connaître ?

— J'en ai eu les preuves par moi-même.

— Alors, ne t'étonne donc plus que je sache où demeure le révérend père.

— Tu as raison, mais je n'y suis pas encore habitué ; je m'y ferai, sois tranquille !

— As-tu réfléchi de nouveau à notre plan de campagne ?

— Oui, mais je le trouve trop bien conçu pour vouloir y rien changer.

— Alors, je compte sur toi ce soir.

— Je n'y manquerai pas.

— En ce cas, il faut que je te donne le mot d'ordre, car tu trouveras en route plus de sentinelles que tu ne le voudras.

— Donne-le donc !

— Le mot de passe est : *Maria ;* la sentinelle doit te répondre : *Santa,* et tu passeras.

— C'est bien ! — Ne l'oublie pas, au moins !

— Oh ! ne crains rien ! »

On frappait doucement à la porte au moment où nos deux amis venaient d'échanger les paroles mystérieuses qui devaient faciliter ce soir-là l'accès difficile du campement de la Compagnie rouge.

Andrès courut ouvrir la porte, et le révérend père Pascual entra dans la chambre dans un costume qui était loin de faire supposer en lui un chanoine.

L'Encarnado parut étonné de se trouver en face de ce personnage ; il se rappelait avoir vu cet homme, et son extérieur étrange lui apparaissait confus au milieu de ses souvenirs.

« Entrez-donc, mon père, dit Andrès.

— Avez-vous vu don Fernando ?

— Le voici, dit Andrès en lui montrant l'Encarnado.

L'Encarnado s'était levé ; il s'inclina devant le révérend qui l'examinait curieusement de la tête aux pieds, et se reculait de quelques pas pour mieux contempler don Fernando.

« Voici longtemps que je vous cherche, mon fils, dit le père Pascual.

— Croyez que si je l'avais prévu, j'aurais fait tout au monde pour vous rejoindre.

— Sauriez-vous donc pourquoi je vous cherche avec tant d'acharnement ? — Je l'ignore.

— Je viens à vous de la part de la senora Negra

— De ma mère ?

— Oui, je lui ai solennellement promis de vous voir quelque temps avant sa mort.

— Auriez-vous donc assisté à ses derniers moments ?

— Non, mon enfant.

— J'espérais pourtant avoir quelque éclaircissement sur cette mort fatale.

— Je n'ai appris que par votre ami Andrès sa fin malheureuse.

— Quoi ! vous ne saviez pas qu'elle eût été assassinée par don Ramero.

— Je vous jure que je l'ignorais il y a un an : mais vous-même comment l'avez-vous appris ?

— C'est Dieu qui a voulu que le secret me fut révélé.

— De quelle manière ?

— Lorsque j'arrivai au village d'Adrian que ma mère habitait, éclairé par la lueur rougeâtre de l'incendie allumé par la main des christinos sous les ordres de don Ramero, je trouvai la rue principale jonchée de cadavres dont la pose témoignait d'une lutte sanglante. L'incendie n'avait pas encore dévoré le village. Je pénétrai en toute hâte, guidé par Andrès, dans la maison qu'habitait ma mère, et je la trouvai étendue à terre, près de son lit défait.

— Andrès ne m'avait pas donné tous ces détails !

— Oh ! ce n'est pas tout ! Je m'approchai d'elle pour la relever ; une mare de sang avait maculé le parquet, s'échappant à flots d'une blessure à la tête. Je voulus la ranimer, car elle n'était pas encore froide et j'espérais la sauver, mais je sentis sa main se roidir dans la mienne, et je compris que tout était fini !

— Pauvre enfant !

— Un désordre effrayant régnait dans cette chambre ; une petite table était renversée, et les papiers renfermés dans son tiroir gisaient pêle-mêle dans la pièce bouleversée. Je cherchai si parmi ces papiers je n'en trouverais aucun qui m'intéressât, et je découvris sur une feuille une écriture que je reconnus pour être celle de ma mère. Les quelques mots qu'elle avait tracés en gros caractères étaient mal écrits, on voyait que la main qui les avait dessinés était tremblante, et que la volonté seule avait agi en dépit des forces humaines qui s'y refusaient.

— Qu'y avait-il sur ce papier ? dit le révérend père avec angoisse.

— Elle avait pu écrire au moment de mourir, ces seuls mots significatifs : Je meurs assassinée par don Ramero !

— Horreur! dit le prêtre.

— Alors les forces l'avaient trahie, elle avait essayé de se cramponner à la table sur laquelle elle s'était appuyée pour lutter encore contre l'étreinte de la mort; mais elle avait succombé; la table n'était pas assez forte pour supporter cette dernière convulsion d'un mourant qui veut se rattacher à la vie, elle avait été entraînée par le poids du corps qui se cramponnait à elle, et la table était tombée, répandant à terre les papiers qu'elle renfermait, et au milieu desquels je retrouvai cette accusation suprême d'un mourant contre son meurtrier.

— Vous l'avez gardé ?

— C'est un de mes trésors de vengeance !

— Ecoutez-moi, mon ami, et ne parlez pas encore de vengeance.

— Mais mon père, vous ignorez donc quelle haine existe entre la famille des Ramero et la mienne?

— Je le sais mieux que vous, mon fils.

— Et vous ne voulez pas que je venge ma mère lâchement assassinée ! Lorsque j'eus découvert ce papier qui me révélait un crime, l'incendie avait gagné la demeure de la *senora Negra*, comme on appelait la sainte femme ! Je disputai son corps à l'incendie, je me dirigeai au fond du jardin, et je l'ensevelis pieusement, en faisant un serment auquel je ne puis pas manquer.

— Mon fils, Dieu peut anéantir par un de ses ministres un serment impie arraché à la colère.—C'est impossible !

— Il ne favorise pas la violence, c'est avant tout un Dieu de paix.

— Je le sais, mon révérend, mais il n'a donné à l'homme que ce qu'il faut de patience pour supporter sans se plaindre les douleurs qu'il lui envoie! Quand la mesure est pleine, lorsque le vase déborde, l'homme à son tour peut faire justice en son nom !

— Jamais, mon fils ! C'est notre orgueil qui s'est plu à croire qu'il pouvait impunément se mettre au niveau de Dieu pour châtier un coupable.

— L'orgueil n'est que l'exagération de sentiments nobles par eux-mêmes : courage, confiance et fierté !

— L'orgueil est un souffle du démon.

— Que ce soit Dieu ou le démon qui favorise ma vengeance, peu m'importe, pourvu qu'elle s'accomplisse ! .

— Vous blasphémez, mon enfant !

— J'ai tant souffert !

— Mais avez-vous beaucoup prié ? Avez-vous mis au pied de la croix tous ces malheurs qu'il vous envoie ? Vous êtes-vous humilié devant les décrets de Dieu ? Non, vous avez redressé la tête comme l'a fait jadis le génie du mal, et au lieu d'adoucir vos blessures dans les prières, vous les avez aigries dans le fiel.

— Pardon, mon père, dit l'Encarnado, est-ce là tout ce que vous aviez à me dire?

— Non, mon enfant, les confidences que j'ai à vous faire sont de la plus haute importance, et vous concernent particulièrement. J'avais promis à votre mère de ne vous les révéler jamais de son vivant ; mais je me fais un devoir, puisqu'elle me l'a demandé, de vous en entretenir après sa mort. — Et depuis si longtemps, vous me cherchez ? — Oui, car si j'avais voulu vous parler déjà, j'aurais pu le faire.

— Vous me connaissiez? alors.

— Non, mais j'avais appris par un de nos amis que vous étiez l'aide de camp du général Zumala-Carregui, il y a deux ans.

— C'est vrai. Mais qui vous l'avait appris?

— Fabian Christoval!

— Il est de vos amis?

— C'est presque mon frère! C'est avec lui que j'étais allé auprès du général, quand il fut blessé au siége de Bilbao.

— Vous étiez avec Fabian Christoval?

— Oui, mon enfant.

— Mais je ne vis avec lui, à cette époque, qu'une espèce de médecin étrange qu'on empêcha ensuite de pénétrer auprès du général.

— C'était moi!

— Ah! je vous reconnais maintenant. Que ne m'avez-vous parlé ce jour-là! nous l'aurions sauvé!

— Je n'ai pas même cherché à vous connaître, je savais par le vieux Fabian que vous deviez arriver, c'est moi qui l'ai annoncé à Zumala-Carregui!

— Mais il fallait vous nommer!

— Je ne le pouvais pas! Je suis médecin de l'âme avant d'être médecin du corps, et quand je me livre à cette dernière profession, je fais abnégation complète de la première.

— Et vous auriez sauvé le général?

— Très-facilement! Tout le monde aurait pu le faire, si l'on eût pas voulu sottement extraire de la blessure la balle qu'il avait reçue! Je l'ai dit, mais on s'est moqué de moi; les chirurgiens de don Carlos m'ont empêché de pénétrer auprès du général. Ils ont labouré ses chairs comme des bouchers maladroits.

— Ah! que ne vous ai-je connu plus tôt! Zumala-Carregui vivrait encore.

— Que voulez-vous? Ses jours étaient comptés sans doute, car il est mort d'une blessure insignifiante ; mais le doigt de Dieu était sur lui!

— Vous avez raison! Oublions toutes ces désolations qui sont le cortége obligé de toutes les guerres civiles, et parlons du présent, de vous, de moi, de notre malheur à tous, et principalement de l'objet qui vous a fait perdre à ma recherche un temps précieux.

— Je vous demande vingt-quatre heures encore avant de vous révéler ce que j'ai à vous dire.

— Pourquoi ce délai?

— Parce que j'en ai besoin. Je vous ai vu, je sais où vous trouver à l'avenir, je suis content !

— Mais, au moins, ne pouvez-vous rien me confier d'ici là qui me mette sur la voie? Je connais peut-être le secret que vous possédez.

— Je ne le crois pas !

— Alors, je me résigne à attendre ; mais j'ai peine à m'expliquer que vous hésitiez encore après les fatigues que vous avez endurées avant de vous trouver en ma présence.

— Ah! c'est que je veux tenter aujourd'hui même une démarche qui peut exercer une grande influence sur votre avenir. — Auprès de qui?

— Je ne veux pas vous le dire, car vous feriez tout au monde pour m'en empêcher, et je dois à ma conscience de risquer cette tentative suprême.

— Soit ! mon père, gardons chacun nos secrets, jusqu'à ce qu'il vous plaise que je vous ouvre mon cœur, comme vous m'aurez ouvert le vôtre.

— Très-bien, Fernando. Rappelez-vous bien ce que je vous disais tout à l'heure : le Dieu que je sers et celui que votre sainte mère vous a appris à bénir, est un Dieu de paix et de miséricorde !

— Non, se disait tout bas Fernando, mon Dieu, à moi, c'est la vengeance, la Compagnie rouge ! voilà son ministre !

Le révérend père Pascual se retira en annonçant qu'il viendrait le lendemain à la même heure instruire don Fernando et Andrès du résultat de la démarche qu'il allait tenter le jour même, et qui les concernait tous deux.

Don Fernando et Andrès restèrent seuls à réfléchir sur la bizarre intervention de ce prêtre médecin au milieu de leurs plus chères affections.

L'Encarnado s'éloigna en annonçant à Andrès que l'enlèvement de Dolorès et de ses cousines aurait lieu le soir même, et qu'il comptait sur sa présence aux Tours-Vermeilles.

Andrès le promit, et pour secouer les sombres pensées qu'avait fait naître en lui l'entretien auquel il venait d'assister, il alla attendre à l'Alameda l'heure de se rendre aux courses de taureaux, car c'était le troisième et dernier jour de ces fêtes aimées qui bouleversent l'Espagne entière.

XXXIV

DON HORACIO.

Nous pénétrerons avec le lecteur dans la maison qu'habitait à Grenade la famille des Ramero.

Dans le patio, que nous connaissons, un homme est assis, les deux coudes sur les genoux, grave et réfléchi.

D'amères pensées germent dans cette tête silencieuse ; les traits sont contractés, un sourire méchant et douloureux à la fois vient plisser la lèvre, le pied frappe impatiemment la terre.

Cet homme est seul, tandis que tous les siens se livrent à la joie et aux plaisirs ; il est triste au milieu de cette fête qui répand dans Grenade les grelots de la folie, et il songe !

Cet homme est don Horacio.

Parti de Madrid quelques jours avant, il est arrivé à Grenade à la tête du régiment dont il est colonel, au moment où les esprits sont le plus tranquilles.

Pourquoi ce déploiement de force inutile ? Quelque danger menace donc les paisibles habitants de l'antique cité ?

Aucun ! cet homme a un but, et il le poursuit !

. . . .

Eusebio José venait de pénétrer dans le patio et d'annoncer au colonel qu'un prêtre demandait à lui parler.

Don Horacio, étonné, donna ordre qu'on le fît entrer sur-le-champ.

La figure sérieuse et digne du révérend père Pascual apparut alors à l'entrée du patio.

Lorsqu'il se fut assis, don Horacio lui demanda :

« A qui ai-je l'honneur de parler ?

— Senor, je suis chanoine du chapitre de Notre-Dame del Pilar à Saragosse.

— Et vous vous nommez ?

— Le père Pascual.

— Ce nom m'est inconnu.

— Cela importe peu, senor. Je viens à vous parce que j'ai considéré qu'il était de mon devoir de faire cette démarche.

— Expliquez-vous, mon père.

— Je vous prierai d'abord de ne vous étonner de rien.

— Je prononcerai devant vous des paroles qui vous surprendront peut-être, je toucherai même à des secrets que vous croyez bien enfouis, enfin je vous en révélerai sans doute qui vous sont inconnus, bien qu'ils vous touchent de près.

— Ah ! ah ! fit don Horacio en fronçant le sourcil.

— Vous n'ignorez pas, senor, quelle est la haine qui existe entre la famille dont vous faites partie et celle des Urdova.

— Un instant, mon père ! fit don Horacio en se levant. Vous venez de prononcer là des paroles qui ne doivent point trouver d'écho, et je désire m'assurer par moi-même que nous sommes bien seuls.

Il appela José, lui donna l'ordre exprès de ne laisser entrer personne, et revint s'asseoir auprès du révérend père.

Afin d'être plus certain que l'ordre qu'il venait de recevoir serait ponctuellement exécuté, José, en fidèle domestique qu'il était, se croisa les bras et s'appuya contre la porte pour faire de son corps un rempart à la curiosité.

« Vous pouvez continuer maintenant, » dit don Horacio en s'asseyant.

Le révérend père s'inclina et reprit :

« Vous connaissez la cause de cette haine, puisque vous l'avez servie.

— Plaît-il ? dit avec hauteur don Horacio.

— Je vous ai supplié de ne vous étonner de rien, senor ; il faut bien que je commence par le commencement, je vous prie donc de m'excuser. Je continue.

L'amour insensé de votre frère pour dona Sabina, la femme de don Urdova, a donné naissance à cette haine ; cet amour a été repoussé comme il devait l'être : de là tous les malheurs qui ont affligé la famille des Urdova, et qui ont jusqu'ici respecté la vôtre.

Don Horacio ne bougea pas.

« Peut-être vous endormez-vous dans une sécurité trompeuse, et croyez-vous que tout est terminé par le déplorable mariage que vous avez contracté. Mais, outre que vous n'avez pas l'amour d'Inès, qui sait que son père et sa mère sont morts par vous et les vôtres, elle ne vous pardonnera jamais les moyens que vous avez employés pour faire commettre à son frère l'odieuse action qui l'a livrée à votre merci.

— Que prétendez-vous, enfin ? demanda froidement le colonel.

— Rien pour le moment. Je résume impartialement la situation, afin de faire ressortir à vos yeux ses avantages et ses dangers.

— Vous avez entrainé et perdu don Fernando, vous l'avez chassé de sa maison, chargé de la malédiction paternelle; témoin de son déshonneur que vous aviez préparé, vous avez menacé de divulguer la honte d'une famille honorable à tous égards; et vous avez cru, en achetant Inès au prix de votre silence, trouver à l'amour que vous ressentiez pour elle une compensation suffisante. Vous vous êtes trompé !

— Mais qui êtes-vous donc, vous qui venez me jeter ainsi mon passé à la face ?

— Je vous l'ai déjà dit, senor. Mais, croyez-moi, ne vous livrez pas ainsi à la colère, car je ne vous ai pas tout dit. J'ai énuméré devant vous les avantages que vous aviez retirés d'une conduite qu'il ne m'appartient pas de qualifier; je vais maintenant vous en montrer les dangers.

— Voyons ces dangers! dit don Horacio d'un air de superbe défi.

— Inès vous hait, et par elle déjà vous êtes puni de votre odieuse intervention ; ensuite don Urdova a laissé un fils, don Fernando....

— Oui, un bandit !

— Que dites-vous ?

— Je dis que don Fernando n'est autre que l'Encarnado, ce bandit qui désolait l'Andalousie il y a quelques mois.

— Qu'en savez-vous ?

— Je le sais par un espion, depuis le jour où il a eu avec Ignacio une querelle que vous ignorez sans doute. L'Encarnado porte habituellement un masque rouge, car un bandit n'ose pas montrer son visage découvert; mais ce soir là il l'avait ôté. Et comme il est très-connu dans l'armée carliste, puisqu'il a été aide de camp de ce damné Zumala-Carregui, l'espion l'a reconnu et m'en a averti. C'est bien simple.

— J'ignorais ce détail, dit le père Pascual un peu confus ; mais qu'importe ! Don Fernando a quitté la cause carliste, il a une troupe sous ses ordres, et vous devez savoir si elle est célèbre, car vous en avez entendu parler comme moi. Or, pourquoi supposez-vous qu'il ait rompu avec son parti pour venir occuper l'Andalousie ? Ne voyez-vous pas, aveugle que vous êtes, que sa présence près du berceau de votre famille est la plus grave menace qu'il vous puisse adresser.

— Bah ! quelques hommes de mon régiment auront facilement raison de ces bandits ! Je ne suis venu à Grenade que pour châtier l'Encarnado, s'il osait y reparaître ! Cela m'inquiète peu !

— Comme il vous plaira, senor. Mais je me verrai forcé alors d'entamer un chapitre qui vous sera plus désagréable encore que tout ce que je viens de vous énumérer.

— Encore quelque épouvantail d'enfant !

— Oh ! ne riez pas, senor, car ceci est grave, et vous allez en juger. Vous avez conservé sans doute quelque souvenir de l'expédition française en Espagne, en 1809 ; vous n'avez pas oublié les détails sanglants de cette lutte héroïque que soutint Saragosse contre ces vaillants soldats de France. Vous vous souvenez surtout qu'ils pénétrèrent dans la ville malgré le courage avec lequel elle était défendue.

— Je me rappelle tous ces tristes détails.

— Mais vous ignorez de quelle façon les Français sont entrés à Saragosse ?

— Oui, par surprise sans doute !

— Non, par trahison.

— Et vous connaissez le traître ?

— Je le connais depuis quinze ans.

— Et vous n'avez pas livré son nom à la haine et au mépris public ?

— Je ne l'ai pas fait !

— Mais alors je ne vous comprends pas ; le nom d'un criminel de cette sorte doit être mis au pilori de l'indignation.

— Oui, voilà bien ce qu'il mérite.

— Alors pourquoi cet étrange silence ?

— Parce que ce secret ne m'appartenait pas, et que, sans l'avoir précisément reçu sous le sceau de la confession, j'avais juré de le taire.

— Mais le devoir est avant tout de servir fidèlement sa patrie, et vous avez déloyalement manqué à ce dernier !

— Ainsi vous m'accusez, vous qui devriez me supplier de garder le même silence prudent que j'ai gardé jusqu'à ce jour.

— Que voulez-vous dire ?

— Ah ! vous m'écoutez maintenant. Je veux dire que, quand je prononcerai ce nom, vous comprendrez les motifs qui m'ont guidé.

— Mais parlez donc alors !

— Je veux dire que, si bas que je vous dise ce nom, vous trouverez que j'ai parlé trop haut, et que vous tremblerez qu'il n'ait été entendu.

— Mais ce nom quel est-il ?

— Vous voulez connaître le nom du traître ? Eh bien ! je vais vous le dire : cet infâme que vous voulez clouer au pilori de l'opinion publique, c'est don Ramero, votre frère.

— Vous mentez ! dit don Horacio exaspéré.

— Pourquoi mentirais-je ? pourquoi viendrais-je à vous sans armes, revêtu de ce seul habit qui devrait vous dire que le mensonge est loin de mes lèvres ?

— Je l'ignore ; mais ce que vous dites est impossible !

— Croyez-vous donc que j'avancerais une telle infamie si je ne savais pas que les preuves existent et où sont ces preuves.

— Vous allez me le dire !

— Et maintenant, supposez qu'elles tombent entre les mains de don Fernando, comme c'est probable, que direz-vous ? Crierez-vous encore à l'impuissance ? et ne verrez-vous pas se dresser devant vous le spectre hideux de la vengeance ?

— Parlez alors ; que voulez-vous, pourquoi êtes-vous venu ici ?

— Je suis venu pour vous apporter la paix et la réconciliation. Toutes ces infamies que je vous ai révélées, toutes ces menaces que je vous ai adressées, c'est votre dureté, c'est votre égoïsme, c'est votre scepticisme qui les ont provoquées. Or, il est un moyen d'anéantir à jamais toutes ces hontes : rendez à don Fernando sa sœur Inès qu'il réclame, et je me charge d'obtenir de lui de renoncer à sa vengeance.

— Jamais ! dit don Horacio ; jamais !

— Mais vous êtes donc aveugle et insensé ! Rendez

Inès à son frère au lieu de la briser comme vous le faites dans les rigueurs ascétiques d'un couvent, et, ces preuves dont je vous ai parlé, je vous les remettrai.

— Vraiment ! vous consentiriez...

— Oui, je me fais fort de les avoir ! La paix et la tranquillité pourront renaître alors au sein de votre cœur désolé ; Dieu vous donnera l'oubli de vos fautes passées, et vous aurez la douce consolation d'avoir rendu à sa famille une pauvre martyre, et d'avoir sauvé la vôtre du déshonneur et de la honte qui l'attendent ! »

Don Horacio était vivement combattu par le choc de ses passions diverses.

D'une part, l'amour qu'il ressentait pour Inès lui défendait de s'en séparer. Il espérait briser par la seule force de sa volonté cette nature frêle que son énergie seule avait défendue.

De l'autre part, sa fierté d'hidalgo se révoltait à l'idée de voir flétrir ce nom qui avait traversé tant de siècles, et que menaçait de son horrible vengeance le rejeton de la famille odieuse des Urdova.

Enfin, cette fierté de l'hidalgo l'emporta sur les amours humaines de don Horacio ; et s'adressant au révérend père Pascual, il lui dit :

« Soit ! je consens à tout ; je rendrai Inès.

— Bien, mon enfant, dit le prêtre. Jurez donc sur le Christ qui vous entend de ne jamais tourmenter en aucune façon ni Inès, ni Fernando ! Jurez de renoncer à cette haine farouche qui a corrodé votre cœur !

— Et vous me donnerez ces preuves fatales ?

— Je vous le jure !

— Alors... »

En ce moment José frappa violemment à la porte du patio, et l'ouvrit presque en même temps.

Un homme souillé de sueur et de poussière entra derrière lui, les jambes tremblantes, la respiration bruyante et entrecoupée.

« Qu'y a-t-il? » demanda don Horacio avec autorité.

XXXV

LA RUPTURE.

Le messager qui s'était bruyamment précipité dans le patio à la suite de José, posa la main sur sa poitrine, comme pour faciliter sa respiration arrêtée, se tint debout avec peine, faisant force contorsions pour arriver à parler, et regardant longtemps don Horacio sans pouvoir articuler un son.

Le révérend père Pascual interrogeait anxieusement la figure de ce nouveau venu, sans doute porteur d'une importante nouvelle, à en juger par l'état dans lequel il se trouvait ; on voyait en effet qu'il avait dû courir à toutes jambes bien, qu'il fût momentanément dans l'impossibilité de le dire.

« Qu'y a-t-il, répéta don Horacio impatienté.

— Senor, répondit le messager d'une voix entrecoupée, tout à l'heure, à la sortie des courses de taureaux, des hommes se sont précipités à grands cris sur votre fille et sur vos nièces. Ceux qui les accompagnaient ont été violemment repoussés malgré les efforts qu'ils ont faits pour résister, et lorsqu'enfin ils ont pu percer la foule bruyante qui les entourait, les senoras avaient disparu.

— Où ? de quel côté ?

— Quelques personnnes qui se trouvaient là ont prétendu les avoir vues monter dans une voiture.

— Alors elles vont venir ?

— Du tout, senor ! Votre voiture attendait à l'endroit habituel, et pourtant celle dans laquelle on croit les avoir vues monter portait votre livrée.

— A-t-on fait des recherches ?

— Le senor don Juan, votre neveu, s'est mis à la tête de quelques jeunes gens, et les a entraînés dans la direction prise par cette voiture mystérieuse ; mais on ne les a pas revus.

— C'est bien ; laissez-moi !

Don Horacio marchait à grands pas dans le patio ; la nuit commençait à tomber.

Tout à coup il s'arrêta et appela :

« José !

— Voilà, maître.

— Va prévenir à l'instant le commandant !

— Don Sévilla ?

— Oui.

— Que faudra-t-il lui dire ?

— Qu'il vienne me parler sur l'heure.

— C'est tout ?

— Oui. Je reste encore quelques instants ici et veille à ce qu'on n'entre pas dans le patio. »

José ne paraissait pas tout à fait disposé à quitter de suite la maison, car il sourit gracieusement sans faire la moindre observation, ferma la porte et reprit la même pose vigilante que nous lui avons vue.

Don Horacio se tourna alors vers le père Pascual, et

marchant à lui, les narines dilatées, l'œil ardent, les bra
croisés sur la poitrine :

« Vous avez entendu? dit-il les dents serrées, ma fill
et mes nièces sont enlevées !

— Hélas! je vous plains, senor! répondit le prêtre.

— C'est tout ce que vous trouvez à me dire?

— Ce sont de ces douleurs pour lesquelles il n'exist
pas de consolations suffisantes !

— Eh! vous faites semblant de ne pas me compren
dre !

— Moi! dit le prêtre indigné.

— Oui, vous! Avez-vous donc la prétention de m
faire croire que vous ignorez d'où vient le coup ?

— C'est trop fort !

— Vous m'avez cru assez sot pour ne pas voir en vou
le complice de cette infamie.

— Je ne vous comprends plus, don Horacio, votre têt
s'égare...

— Oui, vous avez bien joué votre rôle; mais vou
vous y êtes pris trop tard! Ce serment que vous me d
mandiez, j'allais vous le faire! Je m'étais laissé prendr
à vos singeries, à vos ridicules menaces! Allons, jete
votre masque !

— Ecoutez-moi, de grâce, don Horacio!

— Non, je n'écoute plus rien! Pourquoi feindre ave
moi? Ne savez-vous pas bien que c'est l'Encarnado q
me vaut cette douleur ?

— Don Fernando! dit le révérend père étonné.

— Vous l'avez nommé, enfin! Et vous voulez que j'ab
jure ma haine en présence d'un tel affront, vous venez m
proposer de renoncer à cette lutte qui divise nos deu

familles ! Mais c'est vous qui perdez la tête, c'est vous qui êtes fou, mon père ! »

En effet, le père Pascual était atterré.

Cependant il se remit peu à peu de cette brusque secousse, et s'adressant à son tour à don Horacio :

« En effet, je perdais la tête, vous l'avez dit !

Mais j'admets que vous ayez raison, que ce soit l'Encarnado qui ait enlevé votre fille et vos nièces !

Qu'est-ce que cela prouve ? J'ai assez d'influence pour vous les faire rendre, et je m'y engage.

Le voulez-vous ?

Il est temps encore ! Contre ce serment que je vous demandais tout à l'heure, je m'engage à vous remettre votre fille et vos nièces et les preuves terribles dont je vous parlais.

— Enfantillages que tout cela !

Vous ne m'effrayerez plus maintenant avec vos menaces vaines !

Et quant à l'homme dont vous vous êtes fait l'ambassadeur, qui mérite plus encore le mépris que la haine, je me charge de sa punition !

J'ai amené mon régiment avec moi à Grenade, et en sollicitant l'ordre du ministre de la guerre de venir au secours de cette province menacée, je n'avais pas d'autre but !

Qu'il tremble ! puisqu'il a pris soin d'attiser lui-même le feu presque éteint de ma colère contre lui !

C'est une lutte sérieuse cette fois !

C'est un combat qui ne doit finir que par la mort de Fernando !

Si je succombe, j'ai mes frères et mon neveu qui se

chargeront de me venger ! J'ai la justice de la reine, qui trouvera toujours un arbre sur la route pour y pendre le bandit !

— Soit ! répondit le père Pascual, vous fermez l'oreille à la voix de la raison qui vous parle par ma bouche, vous refusez d'écouter les conseils que Dieu lui-même vous envoie par l'organe de son ministre.

Il m'entend, il sait que je voulais en venant ici éviter tout scandale et tout effusion de sang !

Mais non !

Votre orgueil se réveille pour vous souffler avec votre haine les perfides suggestions de l'esprit malin !

A votre tour, tremblez, don Horacio !

La patience de Dieu a un terme, et sa justice a son cours bien au-dessus de la vôtre et de celle de votre reine !

Prenez garde que vous n'ayez enfin mis le comble à vos iniquités, et que son bras ne s'appesantisse sur votre orgueilleuse famille !

Car je vous le dis, moi !

Un mot peut vous faire rentrer dans la poussière dont vous êtes sorti, et vous précipiter dans un abîme au fond duquel vous trouverez plus que le néant, c'est-à-dire l'opprobre et l'exécration de votre race, le mépris universel de tout ce qui portera votre nom. Adieu, don Horacio ! Adieu !

— Sortez ! dit celui-ci hors de lui, et rendez grâce au caractère dont vous êtes revêtu, car c'est lui seul qui vous sauve la vie, à vous, qui avez été assez impudent pour menacer un Ramero !

— Adieu, cœur gonflé d'orgueil et de sotte vanité !

Songez que tout cela n'est que fumée, et qu'un souffle de la Providence peut le chasser devant lui comme fait l'aquilon de la plume arrachée au nid d'un vautour. »

Le révérend père Pascual était véritablement transfiguré, sa haute taille s'était redressée, ses gestes étaient grands et nobles, sa parole brève et menaçante ; il sortit calme et impassible, et, sur le seuil du patio, ses yeux lancèrent à don Horacio un dernier regard dont l'éclair pénétra jusqu'au fond de son cœur.

Celui-ci, violemment partagé d'abord entre l'amour qu'il ressentait, et la haine qu'il portait à don Fernando, s'était laissé aller à une telle colère que bientôt cette colère débordant de son cœur en paroles amères, il s'était laissé aller à prononcer contre le père Pascual les menaces impies qu'il avait fait entendre.

Mais quand le révérend se fut éloigné, lorsque don Horacio ne vit plus devant ses yeux celui qui avait involontairement soulevé la tempête dans laquelle s'étaient déchaînées les passions de l'hidalgo, le calme lui revint peu à peu, et avec le calme se dressèrent devant lui les châtiments terribles que le père Pascual avait énumérés tout à l'heure.

Mais il recouvra bientôt l'orgueil et l'entêtement de sa race ; il se dit que le mal n'était pas si grand qu'on avait bien voulut le lui dépeindre, et que lui, colonel d'un régiment de troupes royales, viendrait facilement à bout d'une poignée de bandits !

Alors quel triomphe pour lui !

Quelle joie pour la famille des Ramero lorsqu'elle tiendrait à sa merci ce don Fernando !

Comme elle l'humilierait et l'écraserait à son tour du

poids de cette terrible vengeance dont elle était menacée !

Il avait presque l'air souriant, lorsque le commandant, qu'il avait fait demander par José, se présenta pour prendre les ordres de son colonel.

« C'est vous, don Sévilla ? demanda Horacio arraché brutalement à ses préoccupations.

— Oui, colonel, vous m'avez fait demander ?

— Avez-vous entendu parler de ce qui s'est passé à la sortie des courses de taureaux ?

— Pas encore, colonel !

— Mais de quoi vous occupez-vous donc ? dit don Horacio furieux.

— Colonel, vous savez très-bien que je me suis occupé toute la journée de l'installation de nos troupes à Grenade, et que je n'ai pas pu sortir.

— C'est vrai, la douleur me rend injuste !

— Je n'ai pas dit cela, colonel !

— Sachez donc qu'en plein jour, au milieu de la ville en fête, il s'est trouvé un homme assez téméraire pour enlever à la fois Dolorès, ma fille, et mes deux nièces, Carmen et Lola.

— Que dites-vous ? s'écria don Sévilla indigné.

— Cela vous paraît absurde et invraisemblable, et pourtant cela est, reprit don Horacio, je viens de recevoir à l'instant cette nouvelle par un de mes domestiques qui a assisté à cet enlèvement.

— Il faut poursuivre et punir l'auteur de cet attentat.

— C'est pour cela que je vous ai fait demander.

— Vous pouvez compter sur mon dévouement, colonel !

— Je l'espère, commandant !

— Sait-on quel est le coupable ?

— On ne me l'a pas dit, mais je l'ai deviné.

— Quel est-il ?

— C'est l'Encarnado !

— L'Encarnado ! ce bandit dont on nous a conté les extravagantes prouesses !

— Celui-là même.

— Mais dans quel but aurait-il commis ce nouveau crime ?

— Je ne puis me l'expliquer... répondit don Horacio assez embarrassé. Probablement pour nous faire payer une forte rançon, s'empressa-t-il d'ajouter.

— On prétend cependant que cela n'est pas dans ses habitudes, et que jamais il n'a fait de tort à aucun habitant du pays où il se trouve.

— Oh ! les absurdités du peuple ! Vous écoutez cela, vous, don Sévilla ?

— Mais j'entendais parler aujourd'hui encore du zèle et du dévouement que lui et sa bande ont montré pour éteindre un incendie qui s'était déclaré dans un des villages voisins.

— Allez-vous défendre l'Encarnado ? dit sévèrement don Horacio au commandant.

— Dieu m'en garde, colonel ! mais ces bruits dont je me fais l'écho sont tellement avérés, que personne ne peut les contredire.

— Allons ! en voilà assez !

— J'espère vous prouver à force de zèle que, si je suis assez faible pour croire à ces vérités, je suis assez fort et assez dévoué pour venger l'injure faite à notre régiment dans la personne de son colonel.

— Je vous remercie, don Sévilla !

— Vous allez prendre les renseignements les plus exacts que vous pourrez trouver, vous réunirez cent hommes de nos troupes et vous vous mettrez sur-le-champ à la recherche de l'audacieux ravisseur.

— Très-bien, colonel !

— Parcourez tous les environs, retournez les pierres, fouillez les buissons ; mais ne revenez pas sans me dire où est l'aire de ce voleur de femmes ! De mon côté, j'attendrai l'arrivée de mon neveu don Juan Ramero, qui s'est élancé sur ses traces ! Je prendrai cent hommes avec moi, à qui vous allez donner l'ordre de se tenir prêts, et nous saurons certainement à nous deux à quel endroit se trouve l'Encarnado.

Don Sévilla salua et sortit; puis, grâce aux renseignements qu'il avait pris, il se dirigea avec les cent hommes qu'il commandait vers les hauteurs du Mulhacen, à la recherche de la *Compagnie rouge*.

Pendant ce temps, José sortit précipitamment de la maison de son maître en se frottant les mains.

Il avait entendu siffler dans la rue ce même air de fandango, qui lui avait valu une fois déjà la somme bien ronde de dix douros.

XXXVI

HUIT JOURS APRÈS.

Huit jours se sont écoulés depuis les scènes diverses auxquelles nous avons assisté, et nous retrouvons don Horacio couché sur un lit de souffrance.

Il a été dangereusement blessé par une chute dans un

précipice dans une de ses expéditions à la recherche de ses filles, de ses nièces et de l'Encarnado.

Le colonel don Ramero son frère, arrivé depuis trois jours à Grenade, est à ses côtés ; ils interrogent deux personnes que nous connaissons déjà : l'une est don Sévilla, le commandant ; l'autre est don Juan Ramero, leur propre neveu.

C'est à don Sévilla que s'adressait en ce moment les questions de don Ramero.

» Qu'avez-vous appris de nouveau, commandant?

— Rien encore, colonel, répondait Sévilla. Vous connaissez le résultat de la malheureuse expédition que j'ai faite sur les hauteurs du Mulhacen.

Lorsque je me dirigeai de ce côté, à la suite des renseignements que j'avais pris dans Grenade, je croyais y découvrir la trace de la Compagnie rouge, et par conséquent de l'Encarnado.

On m'avait dit qu'on n'avait plus entendu parler de lui depuis six semaines environ, mais qu'avant cette époque il campait sur les hauteurs.

Je me dirigeai en conséquence de ce côté ; la nuit commençait à tomber, je me mis à la tête des cent hommes dont j'avais pris le commandement, et je me hasardai à l'ascension périlleuse de la montagne.

— Oui, je connais le Mulhacen, les chemins y sont difficiles, et il faut bien les avoir parcourus pour s'y diriger sans danger.

— C'est vrai, colonel, car après quatre heures d'une marche difficile, lorsque je réunis mes hommes pour leur faire passer la nuit dans un endroit propice que nous avions découvert je me rendis compte des cris déchirants qui de temps à autre avaient assombri notre expédition nocturne. Il me manquait dix hommes qui avaient roulé au fond des précipices dont le Mulhacen est semé, et que la nuit les avait sans doute empêché de voir.

— Perdre ainsi dix hommes pour rien !

— Je renonçai dès lors à marcher de nuit dans les sentiers périlleux que nous avions parcourus ; mais dès que le jour fut venu, je recommençai mes recherches, et malgré mes recommandations, j'eus la douleur de constater que quatre hommes avaient encore été précipités dans les ravins. Mes investigations terminées, je revins alors à Grenade, ne rapportant de cette funeste expédition que la douloureuse certitude que l'Encarnado n'était plus sur les hauteurs du Mulhacen.

— C'est bien, commmandant, vous pouvez vous retirer, je vous transmettrai mes nouveaux ordres. »

Don Sévilla sortit en s'inclinant.

« Et vous, don Juan, mon neveu, avez-vous été enfin plus heureux ?

— Non, mon oncle. Lorsque je vis Dolorès et mes cousines violemment séparées de nous à la sortie des courses de taureaux, j'essayai de les rejoindre, mais le flot qui nous avait séparés allait en sens contraire de celui que je voulais suivre, je dus obéir à son impulsion, et lorsque je parvins à le traverser, la voiture qui les emportait disparaissait déjà dans la foule des curieux.

— Et cette voiture portait notre livrée ?

— Je l'ai parfaitement reconnue, puisque j'ai d'abord cru que c'était la vôtre.

— C'est bien ; continuez.

— Débarrassé enfin de cette cohue compacte qui m'avait enserré, probablement, à dessein, je m'élançai à la poursuite de la voiture que je voyais disparaître, lorsqu'un contre-temps nouveau vint s'opposer à mon projet. A l'entrée même de la rue par laquelle j'avais vu passer le carrosse qui emmenait mes cousines, une foule d'oisifs étaient là qui contemplaient tranquillement une querelle qui s'était élevée entre deux hommes du peuple; ils avaient tiré leur navaja, et tout le monde s'était arrêté pour regarder ce spectacle. Je voulus fendre la presse aidé des jeunes gens que j'avais rassemblés, mais je ne pus y parvenir. J'insistai même tellement que cette foule se jeta sur nous et nous repoussa au loin fort maltraités.

Il est probable que cela était prévu et rentrait dans le plan de l'Encarnado.

— Je l'ai appris depuis, mon oncle.

— Mais vous avez continué vos recherches ?

— Chaque jour j'ai essayé de rejoindre ce démon invisible qui se joue de nous ; j'ai fouillé Grenade de l'est à l'ouest, du sud au nord ; il n'y a pas un caveau de l'Alhambra, du Généraliffe ou des Tours Vermeilles que je n'aie scrupuleusement visité ; mais nulle part je n'ai rencontré de résistance, nulle part je n'ai rien trouvé.

— Du courage, don Juan, cherchez encore, cherchez toujours ; il y va de l'honneur de notre maison, et votre amour-propre lui-même est personnellement en jeu.

— Soyez tranquille, mon oncle, tout ce qu'il est donné aux force humaines d'accomplir, je le ferai, dussé-je pour cela remuer ciel et terre.

— Savez-vous que tout cela est étrange !

— Etrange, en effet !

— Don Horacio n'a pas été plus heureux que vous dans

ces expéditions, il a même eu plus de malheur, puisqu'il en a rapporté cette grave blessure qui met ses jours en danger. C'est que c'est une lutte sérieuse que celle que nous soutenons contre un mauvais génie insaisissable.

— C'est inexplicable !

— Lorsque don Horacio se mit à la poursuite de ce bandit vomi par l'enfer, il était bien armé ; les cent hommes qui l'escortaient l'étaient également, et voici déjà trente hommes tués en comptant ceux qu'a perdus don Sévilla, sans qu'il ait été tiré un coup de feu, sans que l'on ait aperçu le moindre visage ennemi.

— Comment vous expliquez-vous cela ?

— Eh ! mon cher don Juan, comment voulez-vous que je me l'explique ? Ce qu'il y a de certain, c'est qu'il serait plus sûr pour nous cent fois de rester à Grenade au milieu du plus violent tremblement de terre, que de nous en éloigner d'un pas en ce moment !

— Pourquoi cela ?

— Croyez-vous donc qu'il soit tout naturel que des pierres tombent du ciel sur la tête de nos pauvres soldats, que des quartiers de roc se détachent tout entiers pour écraser ces malheureux et pour entraver notre marche ?

— Cela peut arriver !

— Cela peut arriver une fois, je le veux bien ! mais non pas toutes les fois que nous sortons de Grenade. Or, il ne s'est pas passé un jour depuis que nous nous sommes mis en quête de la Compagnie rouge, sans que pareil accident ne se soit renouvelé.

— Alors, qu'est-ce que vous en concluez ?

— J'en conclus que je ne suis pas de l'avis des stupides Grenadins qui prétendent que votre fable de l'Encar nado est un mensonge, et que la mort de nos soldats est toute naturelle ! J'en conclus que nous avons affaire à un ennemi fort et adroit, et que derrière ces rochers qui pleuvent sur notre tête, il y a un bras qui les dirige, une main qui les pousse.

— Cependant, chaque fois que l'on a fouillé minutieusement les environs, on n'a jamais trouvé âme qui vive.

— Qu'est-ce que cela prouve ?

— Cela pourrait servir à prouver que c'est la fatalité qui nous poursuit, car enfin un homme ne s'évapore pas comme un nuage.

— Ah ! vous voilà bien comme les autres ! Cela prouve que nous avons affaire à un ennemi fort et adroit; nous avions cru sottement le prendre au trébuchet, comme un passereau, et c'est une guerre d'extermination que nous aurons à soutenir pour arriver à un résultat ! Pourtant il faut que nous y arrivions.

— Alors comment faire ?

— Laissez-moi seul avec don Horacio ; je vais réfléchir à toutes ces difficultés, et j'espère trouver un moyen de les résoudre. »

Don Juan se retira pensif.

Don Juan était convaincu que l'Encarnado, s'il existait sérieusement, devait se trouver aux environs des *Torres Bermejas;* mais il avait si scrupuleusement parcouru les environs et le monument lui-même, que son doute était près de s'évanouir, et qu'une terreur superstitieuse commençait, à son insu, à envahir son esprit.

Le peuple de Grenade, instruit par la rumeur publique de ces événements, partageait absolument les mêmes idées. Il croyait que l'Encarnado, dont on le menaçait comme d'un croquemitaine, avait quitté le pays depuis longtemps, et que la mort des soldats de don Horacio était la suite d'accidents tout naturels.

D'ailleurs, quand même serait vrai ce que disaient les Ramero, la défense de l'Encarnado était adroite et de bonne guerre, et jamais un bandit, parvenu à l'apogée de la célébrité qui resplendissait autour du chef de la Compagnie rouge, n'aurait eu tort dans l'esprit du peuple contre les gendarmes ou les troupes royales qui le poursuivaient.

Les Tours Vermeilles (*Torres Bermejas*), ainsi nommées à cause de la couleur de leurs murailles, sont d'origine extrêmement ancienne, dit-on.

La tradition les fait remonter bien haut, puisqu'elle leur attribue une origine romaine et même phénicienne.

Elles occupent la moins élevée des trois collines sur lesquelles est bâtie Grenade; l'Alhambra, qui est toute une ville, couvre la seconde et la plus haute de ces éminences; et l'Albaycin est situé sur le troisième monticule, séparé des autres par un ravin profond encombré de végétations, de cactus, de pistachiers, de lauriers-roses et de touffes de fleurs, au fond duquel le Darro roule ses eaux avec la rapidité d'un torrent alpestre.

Nous ne parlerons pas des splendeurs tant de fois décrites de l'Alhambra, ni des bizarreries de l'Albaycin, nous dirons quelques mots des Tours Vermeilles.

A quelque date que remontent ces constructions, elles n'en étonnent pas moins l'œil du touriste curieux, par la masse et la solidité de leurs épaisses murailles.

Que l'on se figure deux tours crénelées, massives, glacées d'orange et de rouge sur un fond du ciel cru, ayant derrière elles une luxuriante végétation, devant, la ville en précipice, et plus loin de longues bandes de montagnes veinées de mille nuances comme les porphyres africains.

Ces tours sont reliées entre elles par une muraille de même couleur ayant au moins un mètre d'épaisseur, qui a résisté, comme le reste de l'édifice, à l'action du temps.

Par un temps sombre, ce qui est rare à Grenade, où il fait toujours beau, cette masse granitique se détache sur l'horizon en un gigantesque et imposant profil ; mais, lorsque le soleil vient les caresser de ses chauds rayons, les tours de ces constructions se dorent et s'adoucissent comme pour sourire à l'apparition de l'astre bienfaisant, et l'on voit leur lumière bizarre rayonner brillante au-dessus de la cité.

Outre que l'aspect de ce monument antique a quelque chose de grand et d'imposant qui parle à vos souvenirs de la puissance romaine, ou de l'industrie phénicienne, la rumeur populaire, qui s'attache à tout ce qui est vieux, leur a donné un caractère bien fait pour piquer vivement la curiosité des amateurs.

On dit, en effet, que les âmes des Maures, ces anciens maîtres de Grenade, se réunissent aux Tours Vermeilles pour pleurer leur règne passé ; et que, comme fit Boabdil chassé de Grenade conquise, ils ressuscitent ce gémissement historique : suspiro del Moro, qui a baptisé un rocher de la Sierra d'Elvire.

S'il est mort à Grenade cinq cent mille Maures pendant l'espace où les Arabes ont été maîtres de cette ville, on comprendra le bruit que peuvent produire les soupirs poussés ensemble par ces cinq cent mille infidèles. On s'expliquera alors, par la même raison, l'espèce de terreur superstitieuse qui s'empare d'un Grenadin lorsqu'il entend parler des Tours Vermeilles.

Comme les expéditions tentées par les Ramero s'étaient le plus souvent dirigées de ce côté, comme c'était là surtout qu'étaient arrivés ces accidents chaque jour renouvelés qui occasionnèrent la mort des pauvres soldats de la reine, il en résulta naturellement que le peuple en conclut que ces accidents n'avaient pas d'autre origine que la haine bien connue des Maures pour les Espagnols.

Les cinq cent mille musulmans avaient à cœur de se venger ; ils s'en acquittaient le plus consciencieusement possible.

Quant à ce qu'il peut y avoir de vrai au fond de cette version populaire, le lecteur en fera justice.

Ce qu'il y a de certain, c'est que pas un Espagnol au courant de ces bruits ne se fût avisé de passer près des Tours Vermeilles, s'il y eût pu faire autrement ; et que, s'il y avait été contraint, il ne s'y fût résigné qu'en récitant autant de *Pater* et d'*Ave* qu'il eût pu le faire en les accompagnant, en manière d'exorcisme, du signe de croix traditionnel.

XXXVII

LES DEUX FRÈRES.

Lorsque don Sévilla d'abord, et don Juan ensuite se furent retirés après le compte-rendu de leurs tristes expéditions, don Ramero resta seul en présence de son frère blessé.

Il se pencha sur le lit de don Horacio pour juger des progrès de la maladie, et le signe qui lui échappa indiqua suffisamment que les symptômes qu'il avait aperçus n'étaient pas d'un bien heureux présage.

Les yeux du blessé, caves et entourés d'un cercle bleuâtre, la pommette des joues saillante, les traits tirés et fatigués par la souffrance, avaient déjà l'aspect de ceux du cadavre.

La chambre dans laquelle il était couché ajoutait encore à la tristesse empreinte sur cette figure pâle et ravagée.

Cette chambre était tendue de cuir de Cordoue vert, rehaussé de fleurs en relief avec quelques feuilles d'or çà et là. La bordure était entièrement faite de clous dorés, et la tenture des fenêtres, du lit et des portières était d'un vert sombre, dont les reflets sévères inspiraient involontairement une sorte de tristesse vague.

Don Horacio paraissait avoir les yeux fermés et reposer tranquillement ; pourtant, grâce à cette finesse des sens, à cette espèce de seconde vue dont les malades sont doués, et qui leur permet de percevoir les choses les plus insaisissables, il avait vu le signe échappé à son frère et il avait souri à son tour.

« Comment allez-vous, mon frère? demanda don Ramero.

— Pourquoi me faire cette question? répondit d'une voix faible don Horacio ; vous le savez bien !

— En aucune façon.

— Croyez-vous donc que je sois aveugle, et que je n'aie pas vu le geste que vous venez de faire?

— Vous vous trompez.

— Mais, encore une fois, pourquoi feindre avec moi?
— C'est une erreur.
— Ne suis-je pas un homme, et ne sais-je pas bien ce qu'il en est par ce que je souffre?
— Je ne dis pas cela.
— Alors pourquoi vouloir me cacher ma position? Je sens qu'elle est désespérée et que la mort est près de moi; ainsi.....
— Oh! vous n'en êtes pas là? — Mais je le sens bien, vous dis-je! Les forces m'abandonnent chaque jour de plus en plus; aujourd'hui je puis à peine parler et respirer. — Votre blessure vous fait beaucoup souffrir? — Horriblement! — Et pourtant vous souriez. — Je souris parce que je me sens fort, je souris parce que je vois que vous avez peur de me dire que je vais mourir et que je brave ce moment fatal! — Oui, vous êtes bien un Ramero, mon frère. — Je le sais! J'ai la tête presque fracassée! Cette pierre si habilement dirigée, lancée par une main invisible, m'a rudement atteint. Lorsque le coup m'a frappé, j'ai senti devant mes yeux s'étendre un voile de sang, je me suis cru perdu! Cependant je me suis relevé, étonné presque de cet effort; j'ai cru que tout était fini, mais le sang que je perdais m'a tellement affaibli, que je suis tombé sans connaissance entre les bras de don Sévilla qui s'était empressé d'accourir près de moi. — Ne vous fatiguez pas, mon frère, et ne perdez pas tout espoir, les blessures à la tête sont graves toujours, mais se guérissent souvent avec une extrême facilité. — Croyez-vous donc, si j'eusse dû mieux me porter, que depuis six jours le mieux ne se fût pas fait déjà sentir?
— Peut-être? — Tenez! je ne sais si vous avez la ferme

conviction de ce que vous me dites, ou si vous voulez me
cacher la vérité, mais je vais vous rassurer à cet égard.
— Qu'allez-vous faire ? — Vous allez le savoir. »

Don Horacio sonna. José se hâta d'accourir.

« Les médecins que j'ai fait demander sont-ils arrivés ?
demanda le malade en faisant un effort pour se soulever.
— Pas encore, senor ! — C'est bien, vous me préviendrez
dès qu'ils seront là. — Est-ce tout, senor ? — Oui, retirez-vous ! »

José s'inclina et disparut.

« Vous allez voir, reprit don Horacio, que je ne me
suis pas trompé sur l'issue de cette maudite blessure. —
Vous consulterez ces médecins. — Oui, ils sont trois,
c'est plus qu'il n'en faut, ajouta don Horacio, pour me
faire passer de vie à trépas. — Là-dessus, je ne vous
contredirai pas, Horacio. — Nous avons affaire à un ennemi fort et puissant, mon frère ! Il est animé d'une horrible vengeance, il a pour lui l'adresse, le courage et le
dévouement d'une troupe d'élite, je l'avais mal jugé ! je
lui rends justice. — Bah ! notre haine est plus forte encore que tout cela et nous en viendrons à bout. — Mais
s'il a ces preuves ? — S'il les a, il faut les lui arracher,
car c'est le déshonneur de notre famille. — Oui, j'aurais
dû consentir à ce que ce père Pascual m'avait demandé.
— Pourquoi cela ? — Nous eussions évité un éclat fâcheux et j'eusse bien trouvé le moyen de reprendre Inès.
— Et ils nous eussent repris Dolorès, Carmen et Lola !
Et cette fois nous n'eussions plus eu aucune chance de
les revoir jamais ! — Que voulez-vous ? je crois que ma
haine pour don Fernando est plus forte encore que mon
amour pour Inès, et que je n'aurais pu me résoudre à lui

laisser la satisfaction de la garder. — Ah ! vous avez raison ! Cet homme est à craindre ! Non pas par lui-même, mais par l'énergie que doit lui donner le mal que nous avons fait à sa famille et à lui-même. — Il nous fait une terrible guerre ! — Oui, nous avons encore perdu cinq hommes dans la sortie d'hier. — De quel côté ? — Toujours près des Tours Vermeilles. — Alors, c'est là qu'il doit se tenir. — Et cependant, don Juan Ramero a parcouru pierre par pierre, et n'a rien découvert, tous les sentiers de cette partie de la montagne. — Croyez-vous donc, mon frère, dit don Horacio, que l'Encarnado nous tiendra tête à ciel ouvert, face à face ? Non ! il nous décimera comme il l'a toujours fait à force d'invisibles escarmouches ! Jusqu'ici pas un coup de fusil n'a été tiré ! Mais si jamais nous en venons là, les balles qui frapperont nos soldats sortiront de tous les côtés à la fois ! des fenêtres, des arbres, des rochers, de partout ! — Vous avez raison ! — Don Fernando connaît à fond cette guerre d'escarmouche et d'extermination en même temps ! Il a servi deux ans sous les ordres de Zumala-Carregui, il jouissait auprès de lui d'une position de confiance. Il s'est instruit à bonne école, et nous en pâtissons ! — Et puis, dit don Ramero, nous ne devons pas nous cacher que ses guerilleros sont de meilleurs soldats que les nôtres ! — Mais nous avons des forces huit fois supérieures aux siennes ! — Mais ces bandits connaissent leurs carabines par cœur, et ne lâchent pas inutilement un coup de feu ! Il faut qu'il porte ! — Nous n'avons qu'un moyen d'en venir à bout. — Lequel ? — Je vous l'ai déjà dit ! — Connaître son secret ! mais comment ? — Voilà ce qu'il faut chercher ! — Et trouver ! — Il faut faire espionner les environs, il faut tâcher de mettre la main sur un aboutissant! — Oh! l'Encarnado est bien surveillé! mais il est insaisissable! — Pourtant là seulement est notre moyen de salut! — C'est vrai! — Vous voyez bien qu'il faut le trouver. — Je ferai tout mon possible. — Vous y êtes assez intéressé! — Vous n'avez pas besoin de me le rappeler! « Cette conversation avait épuisé les forces de don Horacio. Sa tête, qui s'était soulevée dans le feu des paroles qu'il avait prononcées, retomba lourdement sur l'oreiller, et il perdit connaissance. José frappa à la porte.

« Entrez! cria don Ramero. — Senor, dit José, ce sont les médecins que votre frère a fait demander. — Fais-les entrer! »

José disparut momentanément et revint dans la chambre, précédant gravement trois noirs personnages devant lesquels il s'inclina silencieusement quand ils eurent franchi le seuil de la porte qu'il leur avait ouverte. Nos trois graves personnages firent ensemble à don Ramero un salut aussi profond que celui que leur avait fait José. S'ils eussent eu la tête ornée d'une blanche perruque, et le corps enveloppé dans une robe noire, on eût pu croire à la représentation de quelque fine satire des comédies de Molière. Mais le moment était solennel; don Horacio était évanoui, et don Ramero, son frère, n'avait guère envie de plaisanter. Les sombres représentants de la corporation des médecins, la fine fleur des docteurs de Grenade, s'approchèrent en même temps du lit du patient. Le premier prit un bras, le second prit l'autre, le troisième regarda attentivement la figure fatiguée du blessé; puis tous trois ensemble se retirèrent dans un coin de la chambre pour se livrer à une dissertation scientifique sur l'état du malade. La dissertation fut courte, la pantomime à laquelle ils se livrèrent fut assez sobre, et l'on put facilement en conclure qu'ils étaient à peu près du même avis sur l'issue du cas qui se présentait. Mais si discrète qu'eût été cette confidence, si unanime que se fût montrée l'opinion, don Horacio revint à lui et aperçut le trio funèbre qui chuchotait. Lorsque les docteurs revinrent d'un même pas solennel s'installer auprès de son lit, don Horacio ne put s'empêcher de sourire en voyant leur triste physionomie.

« Je vous prie, messieurs, dit-il, de parler sans crainte. Voici mon frère don Ramero qui refuse de croire que je sois dans un état désespéré. Or, sachez bien que je ne me fais à cet égard aucune illusion, et que je veux moi-même avoir votre opinion, afin de faire, s'il en est encore temps, tous mes préparatifs de départ. — Soit ! » dit don Ramero en s'avançant.

Puis, s'adressant aux médecins, il ajouta :

« Messieurs, mon frère a suffisamment de courage pour ne pas redouter la mort, vous avez pu voir par vous-mêmes qu'il l'attend sans la craindre ; je me joins donc à lui pour vous prier de vouloir bien émettre sans délai votre avis. — Senor, dit le plus âgé des trois graves personnages, il sera fait suivant votre volonté. — Asseyez-vous, messieurs. — Notre avis, continua le doyen des Esculapes, notre avis est unanime. Les lésions intérieures apportées dans la région cérébrale par la blessure du patient sont d'une incontestable gravité. — Mais encore ? dit don Ramero.

— Tellement graves, senor, que le mal est incurable, et que l'art devient impuissant à combattre les progrès

de la blessure. — C'est votre dernier mot ! — Pas encore !
Si le senor Horacio consent à prendre la potion que nous
allons préparer, il peut vivre deux ou trois jours encore.
De cette façon, nous aurons obéi au vœu qu'il vient d'exprimer ; il pourra mettre ordre à ses affaires, et mourir en
paix avec le monde et avec Dieu. — Eh bien ! mon frère,
dit don Horacio, vous le voyez, tout espoir est superflu,
et je suis un homme mort ! — Je vous remercie, messieurs, de la franchise que vous venez de montrer, répondit don Ramero, et je vous prie de vouloir bien faire préparer sans retard la potion dont vous avez parlé. »

Les médecins se retirèrent pour se livrer à cette élaboration savante, et les deux frères se retrouvèrent seuls en
face l'un de l'autre.

« Eh bien ! don Ramero, c'est à vous que je laisserai le
soin de venger nos haines et l'honneur de notre famille,
que votre imprudence a mis en danger, dit Horacio. —
— Je vous promets de m'en acquitter consciencieusement, mon cher frère ! répondit le colonel. — Surtout
soyez pour l'Encarnado sans pitié ni merci ! — Je le hais
trop, rassurez-vous ! — Bien, mon frère ! je compte sur
votre parole et sur votre zèle ; et maintenant, veuillez me
laisser reposer quelques instants, car je me sens brisé ;
j'ai besoin de reprendre des forces. »

Don Ramero s'éloigna après avoir renouvelé à son frère
les plus solennelles protestations. Cette mort ne l'affligeait pas outre mesure : car don Horacio était instruit de
sa trahison, et, bien qu'il fût sûr de sa discrétion, c'était
toujours un témoin gênant qui disparaissait. S'il eût voulu
qu'il fût sauvé, c'eût été plutôt parce qu'il comprenait
qu'il avait un ennemi puissant à combattre, et que plus

on serait uni dans cette pensée, plus on aurait de forces et de chances pour atteindre ce but difficile. Au moment où il quittait la chambre de don Horacio, ballotté entre ces deux sentiments, José s'avança à sa rencontre.

« Que veux-tu ? fit don Ramero. — Senor, c'est un étranger qui veut vous parler. — Je n'y suis pas ; qu'on me laisse ! — Je le lui ai déjà dit, senor, mais il insiste vivement ; il dit qu'il a d'importantes communications à vous faire, et qu'il est certain que vous ne regretterez pas de lui avoir donné audience. — Quel est son nom ? — Il ne me l'a pas dit, mais il s'est présenté comme médecin. — Un médecin inconnu alors ? — Oui, senor. — Quel homme est-ce ? — Il a plutôt l'air d'un compagnard que de toute autre chose. — Voyons-le ! dit don Ramero. — Dois-je l'introduire ? — Oui. — Où cela, senor ? — Dans le patio.

José se retira, et don Ramero pénétra dans le patio, curieux et inquiet de connaître ce médecin mystérieux.

XXXVIII

SARAGOSSE.

Lorsque don Ramero s'avança dans le patio, l'étranger s'y trouvait déjà. Il put donc l'examiner à son aise. C'était un homme de haute taille, au teint basané ; de longs cheveux blancs encadraient sa figure ; il était difficile de deviner au juste l'âge qu'il pouvait avoir. Il n'avait pas plus cinquante que soixante-dix ans, car si son corps était encore ferme et droit, ses cheveux étaient tellement blancs qu'ils annonçaient une belle vieillesse. En outre, les rides disparaissaient presque sous le hâle qui couvrait son teint. C'était évidemment un de ces hommes robustes, habitués à vivre dans les montagnes, dans la neige, comme aux âpres rayons du soleil des plaines de l'Espagne. Il était vêtu d'un costume de drap gris, se composant d'une veste, d'un gilet et d'une culotte de même étoffe. Des guêtres, en cuir jaune et bouclées sur le côté, semblaient indiquer qu'il avait l'habitude de la marche à travers les broussailles, dont elles préservaient sa jambe nerveuse. Un large *sombrero*, qui lui tombait presque sur les yeux et assombrissait encore les traits de l'inconnu, complétait, avec le bâton de voyage qu'il tenait dans sa main droite, le costume de ce mystérieux visiteur. Il n'avait donc rien de l'extérieur d'un médecin.

« Que me voulez-vous ? dit don Ramero surpris. — Je vais vous le dire, senor ! répondit l'inconnu, et je vous prierai de m'écouter avec la plus grande patience, car je serai obligé de remonter un peu haut. — Parlez ! je verrai bien si cela m'intéresse. — Quant à cela, j'en réponds, senor !

Et il commença :

« Nous remonterons, s'il vous plaît, à une époque dont il doit vous souvenir et que peu d'Espagnols ont oubliée, au 16 février 1809, pendant le siége de Saragosse. »

Don Ramero releva vivement la tête.

« Je vous avais bien dit, senor, que cela vous intéresserait ! Il y avait dans ce temps-là à Saragosse deux jeunes gens d'excellentes familles et qui avaient entre eux des relations différentes en raison de leur position, mais amicales en raison de leur liaison intime. L'un était officier au régiment suisse d'Aragon et s'appelait don Ramero ; l'autre se destinait à l'état ecclésiastique et se nommait don Esteban. — Je me souviens, dit don Ramero : l'officier c'était moi ; quant à don Esteban, je l'ai vainement cherché, je n'ai pu le retrouver. — Vous apprendrez tout à l'heure ce qu'il est devenu, je vous le dirai. — Si nous commencions par là ! — Non ! je tiens à vous raconter cette histoire dans ses plus minutieux détails. — Mais... — Il faut que je procède ainsi que je le fais. — Pourquoi? — Vous le saurez ensuite. — Allez donc ! j'écoute ? dit don Ramero avec un sentiment d'indifférence affecté. — Ecoutez-moi donc, reprit l'interlocuteur de don Ramero, et laissez-moi vous rappeler les faits principaux de cette époque de notre histoire nationale, car ces faits se lient trop intimement à ce que j'ai à vous dire pour que je puisse ne pas les faire revivre ici.

Le 20 décembre 1808, les Français étaient arrivés en vue de Saragosse. Le 21, sur la rive droite, le maréchal Moncey avait attaqué le *Monte-Torrero*, et s'était emparé de cette position mollement défendue par Saint-March, à la tête de cinq mille hommes. Le même jour, sur la rive gauche, le général Gazan attaqua le faubourg. De ce côté, la défense était dirigée par Josef Manso. C'était la partie plus faible de la ville : on en avait confié la défense aux troupes qu'on regardait comme l'élite de la garnison, aux régiments des gardes espagnoles et des Suisses d'Aragon. En avant du faubourg se trouvait une habitation désignée sous le nom de *torre del Obispo*, tour de l'Evêque. Ce n'était pas une fortification, ainsi que le mot de *tour* pourrait le faire croire : on donne en Espagne, vous le savez, le nom de *torres* aux maisons de campagne, de même qu'auprès de Marseille on les apppelle des *bastides*. On y avait mis pour garnison cent hommes du régiment suisse d'Aragon. Une compagnie du même régiment occupait le couvent de San-Gregorio, qui formait l'extrémité du faubourg. Enfin, le reste des Suisses, commandés par leur colonel don Esteban Fleury, et les gardes espagnoles défendaient le passage du Gallego; les troupes qui occupaient ce poste combattirent avec la plus grande bravoure; mais enfin elles durent céder aux forces supérieures qui les attaquaient; elles furent contraintes de se replier sur la ville, dont la défense se trouva un instant compromise. L'officier qui commandait à la torre del Obispo perdit la tête, à ce qu'on a dit plus tard, et se rendit à la première sommation que les assaillants lui adressèrent; en sorte que les Français purent s'avancer l'arme au bras jusqu'auprès du faubourg, où les préparatifs de défense n'étaient pas achevés. On avait pensé que la torre del Obispo résisterait quelque temps. Tout cela est-il bien exact?

— Qu'importe! dit don Ramero avec un mouvement fébrile. — Il importe beaucoup. Dites! — C'est exact! je le reconnais. — Cet officier qui commandait à la torre del Obispo, c'était un officier au régiment suisse d'Aragon.

— Oui, dit Ramero. Je me souviens parfaitement. — Le faubourg était encombré par les équipages de plusieurs régiments qui n'étaient rentrés dans la ville que depuis peu d'instants.

Josef Manso fit diriger sur les assaillants un feu de mousqueterie très-vif. Pour arriver au faubourg, il fallait qu'ils franchissent un chemin creux; ils n'osèrent pas s'y engager; ils reculèrent. Mais le colonel Fleury m'a répété bien souvent que si en ce moment ils eussent mis dans leur attaque autant d'énergie et de vivacité qu'ils en avaient déployé sur les bords du Gallego, ils auraient probablement emporté le faubourg. Ils hésitèrent, et l'occasion ne se représenta plus. Les Français, n'espérant plus s'emparer de la ville par une attaque de vive force, ouvrirent la tranchée, et firent des approches comme s'ils eussent assiégé une place régulièrement fortifiée. Les Aragonais, de leur côté, prirent la résolution de ne pas se rendre. Dans un conseil de guerre présidé par Palofox, on agita la question de savoir jusqu'à quelle limite il faudrait pousser la résistance. On décida qu'il fallait défendre *hasta la ultima tapia* (jusqu'à la dernière cloison). *Y despues?* (Et après?) demanda un vieux militaire que plus d'expérience de la guerre rendait moins enthousiaste. *Despues veremos* (Après... nous verrons), s'écrièrent à la fois plusieurs officiers; et il fut résolu qu'on ne se rendrait pas. Les Français attaquèrent la ville de deux côtés. Une attaque fut dirigée contre la partie est le long de l'Ebre, l'autre contre le midi, en face de Santa-Engracia. Quand les assiégeants eurent ouvert une brèche dans l'enceinte de la place, quand ils eurent franchi la muraille, alors commença cette guerre *à cuchillo*, cette lutte acharnée de toutes les minutes, de tous les instants, qui a couvert d'une gloire éternelle les défenseurs de cette ville. En ce moment, et lorsque les Français étaient déjà maîtres du couvent de Santa-Engracia, on confia la défense de cette partie de la ville à don Esteban Fleury. Il fallut alors faire le siége de chaque maison, et chacun de ces siéges pourrait fournir la matière d'un long volume. Le premier soin du colonel Fleury, en prenant le commandement de cette partie de la défense, fut d'organiser une compagnie de maçons et de charpentiers qui avaient continuellement des briques et du mortier préparé pour murer les communications, ou pour bâtir des réduits. Les assiégeants perdaient beaucoup de monde lorsqu'ils voulaient emporter une maison de vive force : aussi avaient-ils pris le parti de miner successivement chacun des édifices où les assiégés se défendaient.

— Après ? dit Ramero en voyant que son interlocuteur s'arrêtait. — Ah ! ah ! cela vous intéresse ! je poursuis :

Saragosse, bien qu'elle soit située entre deux rivières, l'Ebre et la Huerba, est cependant privée d'eau limpide. En tout temps l'Ebre charrie du limon qui rend son onde excessivement trouble ; et la Huerba n'est guère alimentée que par l'eau qui s'écoule des champs après avoir servi à l'arrosage. Les habitants de Saragosse manquent donc d'eau limpide ; et comme l'invention, assez nouvelle, des fontaines à filtrer n'était pas encore parvenue chez eux, ils clarifiaient l'eau de l'Ebre en la laissant reposer. A cet effet, on la mettait dans de grandes jarres placées dans un caveau pratiqué au-dessous du premier étage de caves. On attendait que là elle se fût purifiée. C'était un luxe de pouvoir offrir de l'eau très-ancienne ; et il n'était pas rare qu'on en présentât qui comptait plus de dix ans de caveau. Lorsque les assiégeants employèrent la mine pour détruire les maisons dont l'attaque à ciel découvert leur paraissait devoir coûter trop de sang, les Espagnols n'avaient que peu de mineurs à leur opposer ; encore les hommes qu'ils auraient pu employer à cette guerre souterraine étaient-ils bien inexpérimentés ; mais on profita avec adresse de l'existence de ces caveaux, creusés dans le tuf à une assez grande profondeur, et que généralement ne revêt aucune maçonnerie. On y plaça des sentinelles chargées d'écouter les progrès du mineur français. Indépendamment de leurs armes, on donnait à ces soldats deux grosses pierres, qu'ils frappaient l'une contre l'autre. Cette ruse a presque constamment réussi. Les assiégeants, trompés par le bruit, crurent que l'on contre-minait, et craignant que leur travaux ne fussent éventés, ils chargèrent souvent leurs fourneaux avant d'être arrivés sous l'endroit qu'ils voulaient faire sauter; ainsi ils n'obtinrent pas le résultat qu'ils s'étaient proposés. Lorsque les Français étaient parvenus à faire sauter une maison, on leur en disputait encore les décombres. Le premier février, à l'attaque du centre, il y eut une affaire extrêmement vive. Deux mines avaient été construites à droite et à gauche du couvent de Sainte-Engrâce, et après qu'elles eurent sauté, deux colonnes de Polonais, guidés par le général du génie Lacoste, s'élancèrent sur sur les brèches. Le colonel Fleury et quelques Suisses d'Aragon qui occupaient les maisons voisines, firent un feu si vif, qu'il fallut toute la valeur des troupes polonaises, sous les yeux d'un des plus braves généraux de l'armée française, pour occuper les ruines de deux misérables maisons. Cette faible conquête coûta cher aux assiégeants, non pas tant par la perte de plusieurs de ces vaillants Sarmates, qui pouvaient être facilement remplacés dans un corps nombreux où le courage était la qualité de tous, que par celle du général Lacoste. Dans les premiers jours, quand une maison s'écroulait par l'effet de la mine, si le fourneau avait été peu chargé, il restait presque toujours quelques planchers suspendus à la muraille mitoyenne. Les assiégeants s'y logeaient, et ils attaquaient avec plus de facilité la maison voisine. Si, au contraire, la mine contenait une grande quantité de poudre, les planchers, en s'arrachant de l'endroit où ils étaient attachés, entraînaient une partie de la muraille, y faisaient de larges ouvertures, et la maison voisine, ainsi mise à jour, devenait fort difficile à défendre. Pour obvier à cet inconvénient, aussitôt que les Français commençaient le siége d'une maison, le colonel Fleury en faisait enlever le carrelage ; il faisait mettre à jour le plancher tout le long de la maison voisine, et faisait scier les poutres et les solives qui s'y rattachaient : il ne leur laissait' que quelques lignes de bois ; en sorte que lorsqu'une maison sautait par l'effet de la mine, tous les planchers s'écroulaient, et derrière les ruines se trouvait un mur à pic et intact que les maçons crénelaient en un instant, et d'où le feu recommençait avant que les assaillants se fussent établis sur les débris de l'édifice qu'ils venaient d'abattre. S'il restait quelques pans de bois qui gênassent la défense, aussitôt les Espagnols l'incendiaient. Un jour, pour détruire une baraque située près du couvent de San-Francisco, le colonel Fleury fit sortir dans la rue des hommes qui portaient un chaudron rempli de résine fondue. A l'aide de balais et de tampons d'étoupe, ils se mirent à enduire la muraille de résine. Le premier Français qui les aperçut se mit à rire de cette opération, dont il ne comprenait pas le but.

« Tiens, dit-il, voilà des imbéciles qui s'amusent à peindre leur maison. »

Les Espagnols continuèrent gravement leur tâche, pendant que les Français riaient à gorge déployée. Quand les Espagnols eurent fini, ils jetèrent une botte de paille pied du mur, ils y mirent le feu, et l'incendie se propagea en quelques secondes. Les assiégeants, cependant, ne se bornèrent pas à la guerre souterraine ; ils bombardèrent la ville. Les assiégés, pour être prévenus quand on allumerait un mortier, avaient mis des sentinelles au sommet de la tour Neuve. Pendant le premier siége, la cloche tintait à chaque bombe ou à chaque obus qu'on voyait lancer ; pendant le second siége, le nombre de ces projectiles était si considérable, qu'on ne sonna plus que pour les bombes. En quarante-deux jours que dura le second bombardement, il tomba sur la ville seize mille bombes. Eh bien ! malgré cet épouvantable feu, malgré une horrible épidémie qui vint décimer les défenseurs, ils ne perdirent ni le courage ni la gaieté. Les femmes elle-mêmes étaient accoutumées au danger, et, pendant les jours les plus brûlants du siége, il y eut des réunions, des *tertulias*. Seulement, lorsqu'on entendait la cloche de la tour Neuve, on posait ses cartes sur la table, on faisait le signe de la croix, on recommandait son âme à Dieu ; puis on relevait ses cartes et l'on se remettait à jouer. Le théâtre de Saragosse formait l'angle d'une des rues qui aboutissent sur le Coso. Les Suisses y avait trouvé des mannequins et des têtes de cartons ; ils s'amusaient à placer une de ces têtes à l'extrémité d'une perche, et ils l'approchaient de l'une des meurtrières : aussitôt que les assiégeants apercevaient cette figure, ils faisaient pleuvoir sur elle une grêle de balles. Alors les soldats allongeaient par la fenêtre la tête et le bâton qui la portait, et ils adressaient aux assiégeants des quolibets et des railleries. On se battait à tous les instants sans relâche, et l'on n'abandonnait un pied de terrain aux assiégeants que lorsqu'il était entièrement rasé. Ils s'avancèrent ainsi jusqu'à la rue du Coso, et toute la partie de la ville qui existait autrefois entre cette rue et Santa-Engracia, fut abattue par le canon et par la mine ; il resta peu de chose à faire pour la niveler, et depuis on en a fait une promenade publique. »

Le narrateur s'arrêta. Don Ramero ne bougea pas. Il paraissait absorbé par le récit qu'il écoutait, et les veines de son front, gonflées outre mesure, décelaient l'abondance du sang qui se portait au cerveau.

L'autre reprit :

« Le couvent de San-Francisco fut notamment le théâtre d'une défense acharnée ; il fut plusieurs fois enlevé et repris.

L'ennemi s'empara des immenses souterrains de l'hôpital, et de là dirigea trois galeries des mines sur Saint-François, à travers la rue Santa-Engracia. Des paysans et des Suisses, commandés par le brave colonel Fleury, parvinrent à les déloger des caves et à leur faire abandonner leurs cheminements souterrains. Cependant les mineurs ennemis étaient parvenus à conduire une galerie de l'hôpital à San-Francisco, avec plus de succès que la première fois. Les Espagnols contre-minèrent, ce qui obligea les premiers à faire sauter leur fourneau avant d'être arrivés sous les murs du couvent ; mais, comme ils le surchargèrent jusqu'à y mettre trois milliers de poudre, l'effet fut aussi considérable que s'il avait était placé plus avant. Le couvent fut enlevé ; les Français s'y établirent ; mais le soir même le colonel Fleury, après une journée tout entière de combats et de fatigues, se délassait dans une de ces tertulias, où l'on oubliait par moments les dangers et les horreurs du siège, lorsqu'un des paysans catalans, qui depuis la révolte de Tortose s'étaient attachés à sa personne, vint lui dire que des terrasses des maisons voisines, il était possible de gagner les toits du couvent de San-Francisco. Aussitôt le colonel des Suisses esseya ce trajet difficile. Suivi de quelques hommes seulement, il parvint par les toits du couvent dans les tribunes et sur la corniche du dôme. Les assiégeants étaient occupés à faire un retranchement derrière les portes, lorsque les Espagnols firent pleuvoir sur eux une grêle de grenades. Ne sachant pas d'où leur venait cette attaque imprévue, ils abandonnèrent promptement le poste, qui fut occupé par les Suisses d'Aragon. Le couvent fut attaqué de nouveau le lendemain. On se disputa avec acharnement les ruines de ce couvent incendié dans le premier siége, et détruit par la mine dans le second. L'église du couvent était séparée en deux parties : une partie basse et un chœur plus élevé. Après avoir éprouvé une vive résistance, les assiégeants s'emparèrent de la partie basse ; mais les Espagnols se maintinrent longtemps dans la partie haute. Ce ne fut qu'après un combat à la baïonnette excessivement sanglant qu'on put les en chasser.

Ils avaient pratiqué une communication entre cette partie haute et les maisons voisines.

En se retirant, ils bouchèrent ce passage par un simple mur de briques posées à plat.

Les Français, ne pensant pas qu'il pût n'y avoir entre eux et les assiégés qu'une cloison de quelques doigts d'épaisseur, n'eurent pas la précaution de se fortifier de ce côté. Cependant toutes les nuits les Espagnols donnaient quelques coups de pioche dans cette fragile séparation. Ils se précipitaient dans le chœur d'en haut, sans qu'on sût comment ils y étaient parvenus ; ils attaquaient les Français endormis, les chassaient de cette partie de l'église, et ne se retiraient qu'au jour, après avoir de nouveau muré leur entrée.

Cela dura ainsi pendant plusieurs nuits, et les assiégeants ne restèrent définitivement maîtres des ruines de San-Francisco que lorsqu'ils eurent fait sauter toutes les maisons voisines.

Les communications avec le dehors étaient de la plus grande difficulté.

Les hommes du pays les plus lestes et les plus habitués aux sentiers détournés avaient la plus grande peine à éviter les postes français : il n'y avait plus de légumes ; une poule se vendait cinq piastres ; la viande de boucherie manquait totalement.

Le bombardement durait depuis six semaines ; les ravages de l'épidémie augmentaient avec rapidité.

Les anciens hôpitaux, et plusieurs maisons que l'on avait destinées à cet usage, étaient pleins de fiévreux ; on ne pouvait leur donner que de l'eau de riz.

Faute de matelas, les moribonds expiraient sur la paille.

Le mauvais air et le défaut de médicaments produisaient la gangrène au bout de peu de jours, en sorte que la plus légère blessure entraînait une mort sûre et horrible.

La terre manquait pour ensevelir les morts ; on faisait de grandes fosses dans les rues, dans les cours, et il y avait devant toutes les églises des monceaux de cadavres couverts de draps, et qui, souvent déchirés, dispersés par les bombes, offraient le plus horrible spectacle.

Toutes les rues étaient barrées de traverses et de fossés, et embarrassées par des ruines.

Les façades des maisons étaient lézardées ou entr'ouvertes ; beaucoup de toits et de planchers démolis par les bombes restaient en l'air faiblement suspendus, et menaçaient d'écraser les passants.

Les portes et les fenêtres, dans les quartiers qui avoisinaient le Coso, étaient murées ou barricadées avec des meubles, des ballots de laine ou des sacs à terre.

Tous les murs étaient percés par des boulets et troués par des créneaux ; l'intérieur des maisons était encore plus dévasté par les communications pratiquées dans la longueur de chaque îlot ; et le quart de la ville à peu près, c'est-à-dire la portion conquise, était détruit comme si des siècles ou des tremblements de terre eussent réduit les édifices en poussière.

Le sol de cette partie de la ville était bouleversé par des mines, dont on retrouvait à chaque pas les vastes excavations arrondies en entonnoirs ; partout sur ce théâtre de désolation, les cendres fumantes et les décombres étaient mêlés aux débris humains à moitié brûlés ou desséchés.

Et cependant, ainsi que je vous le disais, le courage des combattants était toujours le même ; et le soir, après la bataille, les *tertulias* avaient lieu. »

Don Ramero avait écouté sans mot dire.

Peut-être ne voulait-il pas donner occasion à son interlocuteur de continuer l'entretien en y répondant.

Peut-être était-il tellement absorbé par ses pensées, qu'il ne songeait pas à parler. Toujours est-il qu'il se renfermait dans un mutisme obstiné.

« Maintenant, reprit le singulier personnage, que je vous ai rappelé suffisamment l'époque à laquelle il faut que vous fassiez remonter vos souvenirs, je vais continuer mon récit. Il faut que je revienne encore sur mes pas, cependant, et que je reprenne les choses quelques jours avant l'assaut du couvent de San-Francisco. Je vous parlais de don Esteban...

— Don Esteban, répéta Ramero ; qu'est devenu cet homme ? Je l'ai cherché en vain, je vous le répète, sans pouvoir le trouver.

— Cela n'a rien d'étonnant, car don Esteban a quitté son nom en renonçant au monde, il en a pris un autre plus modeste.

— Le connaissez-vous donc?

— Sans doute.

— Dites-moi où il est ?

— Peut-être le ferai-je, mais écoutez-moi d'abord :

L'officier au régiment suisse d'Aragon, dont nous parlions tout à l'heure, commandait à cette époque un poste avancé composé de cent hommes, à cet endroit appelé *torre del Obispo* (tour de l'Evêque), qu'il devait laisser prendre plus tard.

Don Estaban venait parfois l'y visiter, et comme il avait remarqué que l'officier était souvent absent, il observa et s'aperçut que don Ramero entretenait avec les Français des relations secrètes.

Il fit part à son ami des craintes douloureuses qu'il ressentait à cet égard, mais don Esteban était jeune, confiant, l'officier lui persuada sans peine que la trahison n'était qu'apparente, et qu'elle cachait au contraire un dessein favorable aux défenseurs de Saragosse.

Don Esteban le crut.

— Où voulez-vous en venir? fit don Ramero qui s'a
gitait inquiètement.

— Don Esteban, continua l'inconnu sans répondre
avait un grand amour de l'étude, de la botaniqu
surtout.

Quoique jeune, il avait découvert en analysant certaine
plantes, des propriétés jusqu'alors inconnues, et qu'i
n'avait jamais utilisées. Le jeune officier le savait.

Près de la *torre del Obispo* se trouvait un régiment d
gardes espagnoles commandé par un colonel d'un courag
et d'une énergie bien connus : il se nommait Zumala
Carregui, et devait soutenir la défense dans le cas o
l'avant-poste commandé par l'officier serait attaqué e
forcé de replier sur lui.

Le jeune officier fut si charmant, si pathétique, si élo
quent avec don Esteban, qu'il obtint de lui un breuvag
narcotique destiné à l'usage suivant :

Cet homme, ainsi que je vous l'ai dit, avait entam
avec les Français des négociations dont il déguisa l
portée à son ami.

Le breuvage qu'il demandait était par lui destiné
être versé dans un dîner au général commandant l'armé
française, ainsi qu'à son état-major.

Par ce moyen, les assiégés feraient une sortie furieuse
et auraient facilement raison d'une armée privée de ses
chefs, elle serait mise en déroute, anéantie, et Saragosse
serait délivrée.

— Tel était bien son plan, dit don Ramero.

— Du moins est-ce ainsi qu'il l'avait expliqué à don
Esteban.

Celui-ci était jeune et confiant, je vous l'ai dit, il le crut, le favorisa, et donna le narcotique qu'on lui avait demandé.

Pourtant, chose étrange! les Français attaquèrent la *torre del Obispo* le lendemain même, l'officier qui commandait ce poste perdit la tête et se rendit à la première sommation, en sorte que l'ennemi pût s'avancer, l'arme au bras, jusqu'à l'entrée du faubourg où les préparatifs de défense n'étaient pas achevés. »

Don Ramero pâlissait visiblement.

« Par une coïncidence plus bizarre encore, le breuvage qu'avait donné don Esteban fut versé à celui-là même qui devait soutenir l'attaque de ce côté, à Zumala-Carregui. Comment le jeune savant put-il s'assurer de ce fait? Il est probable que des doutes lui vinrent à l'esprit quand il vit cette brusque attaque au moment même où elle devait ne pas avoir lieu, et que des investigations précises purent le convaincre de ce double crime qu'il m'a raconté, et dont il m'a montré les preuves.

— C'est impossible! dit Ramero en souriant, c'est trop absurde!

— Seulement, continua l'inconnu sans prendre garde aux interruptions de son interlocuteur, seulement, le jeune officier combina mal son plan de trahison.

La dose de narcotique versée au colonel Zumala-Carregui était trop forte.

Elle n'agit pas comme elle aurait dû le faire, et au lieu du sommeil profond qu'il aurait dû donner, ce fut un accès de folie furieuse qu'il occasionna.

Don Esteban s'attacha alors aux pas de la victime involontaire que sa trop grande confiance avait faite.

Pendant douze heures, l'accès de folie du colonel Zumala-Carregui dura sans trêve ni repos.

Je vous apprendrai tout à l'heure les suites terribles qu'a eues ce moment funeste auquel il s'abandonna sans le savoir.

— Que m'importe! Ai-je à connaître les excès d'autrui, et d'ailleurs, ne sont-ce pas autant de mensonges que vous me racontez-là?

— Vous jugerez vous-même de l'intérêt que peut avoir pour vous cette confidence que vous semblez mépriser.

Vous n'ignorez aucun des détails de ce terrible siége de Sarragosse, soutenu par une ville affamée, décimée par la maladie, mais décidée à se défendre jusqu'à la mort, et jusqu'à *la ultima tapia* (la dernière cloison.)

— Qui ne connaît tous les détails que vous me donnez?

— J'avais besoin de vous les rappeler, afin de vous prouver que je suis au courant de tout ce qui vous regarde, et afin de vous montrer ce qui est résulté de votre trahison envers Zumala-Carregui, car cet officier qui commandait à la *torre del Obispo*, c'était vous. »

Don Ramero ne sourcilla pas : il ne protesta pas, il demeura impassible.

« Ensuite? dit-il simplement. — Ensuite, je vous expliquerai les motifs de ma visite. — Si nous commencions par là? — Non, s'il vous plaît; je tiens à vous raconter cette histoire avant d'en venir là. — Allez donc, dit don Ramero d'un air plus qu'indifférent. — Tant que dura le siége de Saragosse, les bombes ne cessèrent de pleuvoir sur la ville, au point qu'il en tomba plus de seize mille, vous ne l'ignorez pas.

Malgré cet épouvantable feu, malgré l'horrible épidémie qui vint décimer les défenseurs, ils ne perdaient ni le courage, ni la gaieté. Les femmes, ainsi que je disais, et vous le savez, étaient accoutumées au danger, et pendant les jours les plus brûlants de ce siége, elles chantaient et elles dansaient le soir.

— Qu'est-ce que me font tous ces détails ? — Patience ! nous arriverons au point principal, je veux parler de l'attaque du couvent de San-Francisco et de la défense acharnée dont il fut le théâtre, puisqu'il fut plusieurs fois enlevé et repris.

Conduits par vous, car vous aviez trahi, don Ramero... Oh ! ne cherchez pas à nier ! J'ai les preuves, et ces preuves sont terribles, indiscutables ! C'est la lettre échangée entre vous et l'officier français. Cette lettre porte toutes les conditions de votre infamie ! Donc, conduits par vous, les ennemis s'emparèrent des immenses souterrains de l'hôpital et de là dirigèrent trois galeries de mines sur San-Francisco, à travers la rue Santa-Engracia ; ils furent délogés de leur cheminement souterrains par des paysans et des Suisses, commandés par le général Fleury. Cependant les Français, ainsi que je vous l'ai dit tout à l'heure, étaient parvenus à construire une galerie de l'hôpital à San-Francisco avec plus de succès que la première fois. Comme les Espagnols, dirigés par Zumala-Carregui, contre-minèrent, cela obligea les ennemis à faire sauter leur fourneau avant d'avoir atteint les murs du couvent.

— Mais encore une fois, que m'importe ! dit don Ramero, je vous répète que cela ne m'intéresse pas. — Vous allez trouver quelques personnages de votre connaissance; je vous supplie seulement de ne plus interrompre mon récit, qu'il vous intéresse ou non.

Dans le couvent de San Francisco se trouvait un homme que vous connaissez fort bien, je veux parler de don Urdova. Don Urdova, que vous regardiez comme votre ennemi, parce qu'il avait épousé la femme que vous aimiez, avait près de lui cette femme que vous connaissez mieux encore, car vous l'avez fait souffrir et l'avez tuée : c'était dona Sabina. Zumala-Carregui, dans le paroxysme de la rage folle que lui avait causée le narcotique préparé par don Esteban et versé par vous, avait combattu comme un lion depuis cinq heures. Il était couvert de sang, ivre de carnage, de fureur, il faisait peur à voir ; chacun mettait cet état effrayant sur le compte de la surexcitation que produisait sur son courage la vue des Français triomphants. Auprès de don Urdova se tenait un de ses fidèles serviteurs, Fabian Christoval, et cet ami dont vous aviez trahi la confiance et qui s'était attaché aux pas de Zumala-Carregui. Celui-ci, prévoyant que la mine préparée par les Français allait éclater, arriva bruyamment dans la pièce où se tenaient ces différentes personnes et leur dit :

« Fuyez sans perdre une minute, il y va de votre vie!
— Qu'y a-t-il? dit don Urdova qui se reposait et qui sauta sur son épée. — Fuyez ! fuyez vite ! — Pourquoi?
— Le couvent va sauter, les Français l'ont miné !

Et Zumala-Carregui les entraîna moitié par force, moitié consentants ; il n'avait jamais vu dona Sabina, mais dans l'état où il se trouvait, sa vue produisit en lui un trouble inexplicable, auquel il échappa cependant. A peine quittaient-ils le seuil de l'édifice que l'explosion eut lieu ; elle fut horrible. Les Français, je vous l'ai dit encore, avaient surchargé la mine jusqu'à y introduire trois milliers de poudre, aussi l'effet produit fut le même que si la galerie eût été poussée plus avant. Le couvent fut enlevé et les Français s'y établirent.

Il est inutile de vous dire quels remercîments furent prodigués à Zumala-Carregui par ceux qu'il venait d'arracher à une mort certaine ; il s'y déroba généreusement pour courir où l'appelait son devoir, à la tête de ses gardes espagnoles et à la défense de Saragosse. Mais une grande partie du couvent était encore restée debout dans l'aile où étaient tout à l'heure don Urdova, sa femme, et leur fidèle serviteur Fabian. Don Urdova courut sur les traces de Zumala-Carregui pour combattre avec tous les habitants valides les progrès de l'armée française, et dona Sabina resta seule en proie aux plus cruelles inquiétudes sur le sort de son mari. Celui-ci, emporté par son courage, s'était élancé sur l'ennemi avec une telle témérité qu'en un instant il fut enveloppé ainsi que Fabian Christoval. Ils allaient être faits prisonniers, lorsqu'un homme s'élança couvert de sang et de poudre, la tête nue, les cheveux au vent, c'était Zumala-Carregui ! La surexcitation à laquelle il était en proie avait donné à ses nerfs une tension et une force telles, qu'il repoussa violemment et fit rouler à terre les trois ou quatre ennemis qui se présentèrent ; puis il saisit ses pistolets, en tua deux autres, et s'armant de son sabre dont la dragonne était passée autour de son poignet, il se précipita avec une telle frénésie sur les assaillants qu'il les stupéfia par son audace. Si court qu'eût duré ce moment de répit accordé aux prisonniers, il avait été suffisant pour les dégager ; et lorsque les Français revenus de leur premier mouvement d'hésitation voulurent reprendre leurs prisonniers, ils les retrouvèrent debout et l'œil menaçant, tandis que le sabre de Zumala-Carregui exécutait un moulinet rapide et faisait le vide autour de lui. Les gardes espagnoles arrivèrent au secours de leur colonel et reprirent l'offensive. Don Urdova et Fabian, une seconde fois sauvés par le même homme à une heure d'intervalle, se précipitèrent vers lui. Zumala-Carregui était blessé, légèrement il est vrai, mais le sang coulait sur sa poitrine. Urdova et Fabian, les mains empreintes de ce sang généreusement versé pour eux, pour les arracher à une mort certaine, jurèrent sur le champ de bataille une reconnaissance éternelle et un dévouement sans bornes à leur sauveur. Puis, le combat continuant, ils furent tous séparés violemment. Zumala-Carregui, tourmenté par une soif ardente, quitta un moment le lieu où s'accomplissait cette boucherie furieuse. A peine avait-il fait quelques pas hors de cette scène sanglante, qu'il aperçut une femme éplorée errant dans la rue à travers le feu de la mousqueterie française, cette femme était dona Sabina. Maintenant, qui avait conduit cette femme au-devant de Zumala-Carregui, rendu à demi-fou par le breuvage empoisonné qu'il avait pris? Qui avait entraîné cette malheureuse dans la voie fatale qui devait la perdre? Voilà ce que Zumala-Carregui a toujours ignoré durant sa vie et est mort en ignorant encore. Voilà ce que je sais, moi qui vous parle! Cette main criminelle, qui se faisait l'esclave du plan le plus odieux, c'était la vôtre, don Ramero!

— Moi! s'écria le colonel. — Oui! votre main avait

guidé dona Urdova, qui avait cru obéir à une pression amie! votre esprit avait enfanté le plus infernal des projets.

En apercevant le colonel, vous comprîtes que votre tâche était accomplie, car vous devinâtes à l'éclat effrayant de sa physionomie ce qui allait se passer. Dona Urdova reconnaissant son sauveur du couvent, courut à lui, implorant sa protection, et le voyant blessé voulut le secourir. Dire ce qui se passa alors dans l'esprit de Zumala-Carregui sous l'impression du breuvage que vous lui aviez fait prendre, est inexplicable! Il avait perdu la raison. Il ne vit qu'une chose, c'est que dona Sabina était femme, était belle; il l'entraîna fiévreusement hors de toute atteinte meurtrière, la rassura sur la vie de don Urdova qu'il venait de sauver sans le connaître, et quand il se trouva seul avec cette femme, un flot de sang lui monta au cerveau; les mêmes idées qui l'avaient assailli quelques instants avant le reprirent, le vertige s'empara de lui.

. . . .

Puis, toujours en proie au même délire, croyant la ville perdue sans ressources, il courut rejoindre son régiment, combattit pendant six heures encore avec un acharnement et une énergie bien au-dessus des forces de l'homme. Enfin, il succomba tout à coup aux fatigues inouïes que son tempérament avait endurées douze heures durant. Ses soldats accoururent pour le relever, croyant qu'une balle ennemie venait de tuer cet héroïque défenseur de Saragosse; mais la mort l'avait épargné, il n'avait pas une égratignure, quoique son corps eût en apparence la roideur et l'inertie du cadavre. On l'emporta, on le confia dans une maison aux soins d'une famille que l'aspect de ce cadavre respirant encore effraya. Derrière lui entra don Esteban qui ne l'avait pas perdu de vue et qui voulait le sauver. Don Esteban savait tout ce qui venait de se passer.

XXXIX

DON URDOVA.

Don Urdova combattit encore héroïquement à l'endroit où l'avait laissé Zumala-Carregui, jusqu'à ce qu'enfin, mourant de faim et brisé de fatigue, il se décida à aller retrouver sa femme, accompagnée de son fidèle Fabian Christoval. La ville était dans un état déplorable. C'est à travers ce spectacle navrant, et rempli des tristes pensées qu'il pouvait inspirer, que don Urdova reprit la route du du logis où il avait laissé dona Sabina, tremblant à chaque pas de découvrir une ruine là où il avait laissé une maison encore debout. Enfin il aperçut de loin le réduit dans lequel il pensait retrouver la femme aimée : il hâta le pas pour la rassurer, et pénétra dans la pièce où se trouvait dona Sabina. Un terrible spectacle s'offrit à sa vue. Les meubles gisaient renversés çà et là, témoignant d'une lutte acharnée ; au milieu de ces débris, une femme était étendue sans mouvement dans un désordre effrayant, épouvantable, et qui ne laissait aucun doute sur l'horrible crime dont elle avait été victime. La colère étouffa d'abord les larmes de don Urdova ; l'idée lui vint qu'un semblable forfait ne pouvait avoir été accompli que par les ennemis. Mais il réfléchit que les Français n'avaient pas encore pénétré dans cette partie de la ville, et il se demanda, avec un mouvement de douloureux saisissement, quel était le misérable dont il devait prendre la vie en échange d'une si cruelle angoisse. Dona Sabina revint à elle, jeta sur les objets qui l'environnaient un regard incertain ; puis la mémoire lui revint, des pleurs nerveuses s'échappèrent de ses belles paupières, tandis qu'un spasme convulsif soulevait sa poitrine, et elle retomba sur le parquet, se roulant en d'atroces convulsions, frappant de sa tête échevelée le carreau de la chambre, tandis que Fabian Christoval lui prodiguait ses soins. Quand à don Urdova, il restait debout, immobile, l'œil sec, en proie à une douleur facile à comprendre, dans un état de prostration voisin de l'idiotisme. Il revint à lui par degrés. Il comprit qu'il n'avait qu'un moyen de connaître le coupable qui venait de lui voler son honneur, et alors il s'approcha de dona Sabina. Il lui prodigua les soins les plus empressés, la couvrit de caresses paternelles, et parvint à force d'attentions à rappeler à elle-même cette âme qui menaçait de briser son enveloppe. Il se dit que sa femme ne pouvait pas être coupable à ses yeux d'un acte de brutalité dont elle était la première victime, mais il se promit d'obtenir le nom du misérable, et de le punir cruellement. Dona Sabina se calma peu à peu, les sanglots qui l'oppressaient se ralentirent, la respiration reprit son état normal, et des larmes amères sillonnèrent ses joues. Don Urdova était près d'elle, contraignant sa lèvre à sourire quand son cœur se brisait.

« Qu'avez-vous, ma chère ? » disait-il.

Et dona Sabina pleurait.

« Quelqu'un vous aurait-il fait injure ? »

Et dona Sabina pleurait encore !

« Répondez-moi, chère âme, c'est mon amour qui vous en conjure ! »

Dona Sabina pleurait toujours !

Don Urdova perdit alors le sang-froid qui l'avait soutenu jusqu'alors.

« Le nom de cet homme ? » s'écria-t-il.

Pas de réponse !

« Le nom de cet homme ? il me le faut ! — Ne voyez-vous pas que vous la tuez ! senor, dit Fabian Christoval qui avait deviné le drame terrible qui s'était accompli. — Tu as raison, mais que faire ? — Attendre ! — Soit, attendons ! et pourtant... — Je vous comprends, senor. Il vous faut du courage et de la patience. »

Dire la nuit terrible que passa don Urdova épiant chaque parole que la fièvre arrachait aux lèvres de sa femme, est chose impossible ! Son cœur était torturé d'un supplice inconnu aux raffinements cruels des beaux jours de l'Inquisition. Enfin le jour parut, et le calme revint dans son âme brisée, en même temps qu'un sommeil profond s'emparait de dona Sabina. Quelques heures se passèrent encore ainsi. Don Urdova et Fabian étaient toujours là sans échanger une parole, car il est des douleurs qui ne se traduisent pas ! Enfin dona Sabina ouvrit les yeux ; elle aperçut ces deux figures sérieuses et tristes auprès de son lit, fatiguées doublement par un combat acharné et par une nuit sans sommeil, et toujours les pleurs revinrent mouiller sa paupière.

« Me pardonnerez-vous jamais, mon Dieu ? s'écria-t-elle. — Si je vous pardonne, hélas ! mais ne sais-je pas combien votre âme est pure et votre cœur aimant ! Oui, je vous pardonne et je vous plains, mais pour que mon pardon soit complet, il faut que ma vengeance soit terrible. Ainsi vous ne pouvez pas me refuser le nom de l'homme qui a osé... — Je ne le connais pas. — Vous ignorez son nom ? — Je vous le jure ! — Mais quel est-il extérieurement ? — Oh ! j'en ai gardé le souvenir ! Hélas ! pourquoi faut-il que la malédiction que je lui donne survive à la reconnaissance que nous lui devons? — De la reconnaissance, à ce misérable ? — Oui, don Urdova. — Alors quel est cet homme ? — C'est celui qui nous a sauvés en nous faisant quitter le couvent au moment où il allait sauter. — Zumala-Carregui ! » dit don Urdova en se levant précipitamment.

Tout à coup il retomba sans forces !

« Zumala-Carregui ! s'écria-t-il amèrement, celui qui nous a deux fois sauvé la vie hier ! Ah ! mon pauvre Fabian ! continua-t-il, je suis donc maudit !... N'importe ! il faut que je le voie, qu'il me dégage des serments d'amitié que je lui ai faits, et dont sa lâcheté a si étrangement abusé. Suis-moi, Fabian ! » Et don Urdova sortit bouleversé. Il marcha d'un pas fiévreux à travers la ville, insensible aux dangers qui le menaçaient de toutes parts, aux bombes qui éclataient autour de lui, aux maisons qui s'écroulaient menaçant de l'engloutir ; il n'avait qu'une idée, qu'un but : retrouver Zumala-Carregui. A force de questions et de recherches, il le trouva. Zumala-Carregui ne s'était pas réveillé depuis le moment où son régiment l'avait vu tomber. Auprès de son chevet se tenait un jeune homme austère, préparant lui-même une potion pour le malade. Don Urdova se rappela avoir vu ce jeune homme au couvent ; il était avec eux quand Zumala-Carregui était venu les prévenir du danger ; sans doute la reconnaissance l'enchaînait aussi là ! Don Urdova s'approcha de lui.

« Zumala-Carregui est-il malade ? demanda-il. Non, répondit don Esteban ; il dort depuis quatorze heures, voilà tout. — C'est étrange ! — Non, cela n'a rien d'étonnant ! J'ai appris qu'on avait fait boire hier à Zumala-Carregui un narcotique puissant. Mais la main qui l'a versé était maladroite et inhabile ; ce n'est pas le sommeil qu'elle a fait venir, c'est du feu qu'elle a coulé dans les veines de cet homme, c'est un délire étrange, au bout duquel était la mort, si je n'eusse pas été près de lui. — Et combien de temps encore doit durer cette léthargie ? demanda don Urdova. — Trois ou quatre heures encore. Après quoi il ne lui restera peut-être pas le souvenir de ce qu'il a fait durant son accès de folie ! — Fatalité ! s'écria don Urdova épouvanté. Il m'est interdit même de tuer cet homme ! »

Il s'éloigna lentement et à regret, puis, poussant un profond soupir, il s'élança brusquement, tandis que don Esteban s'approchait de Fabian et lui disait :

« Je sais tout ! Surveillez-le, et comptez sur ma discrétion absolue. — Il faut que je vous revoie, dit Fabian. — Revenez ici dans cinq heures, dit don Esteban, je vous confierai tout ! »

Fabian Christoval s'élança sur les traces de don Urdova et le rejoignit rapidement.

« Vous savez, senor don Ramero, continua le médecin inconnu, comment se termina le siége de Saragosse ?

La garnison sortit avec les honneurs de la guerre : elle n'était plus composée que de treize mille hommes, presque tous malades, qui déposèrent les armes à deux cents pas de la porte *del Portillo.* Il avait péri dans la ville, pendant le siége, cinquante-quatre mille personnes, dont un quart de militaires, la plus grande partie avait succombé à la contagion. Le feu de l'ennemi n'avait pas enlevé six mille hommes. Don Urdova quitta cette ville maudite, où son déshonneur s'était accompli fatalement. Il ne put reprocher à dona Sabina un crime dont elle n'était pas complice ; il lui pardonna généreusement. Mais ce crime devait avoir des suites, et à peine était-il remis de cette terrible secousse que dona Sabina s'aperçut avec effroi qu'elle était mère! Don Urdova, fidèle à la conduite qu'il s'était tracée, souffrit en silence, et son héroïsme fut grand ; il dévora sa honte et sa douleur, et témoigna toujours à sa femme la même estime qu'il avait eue jusque-là pour elle. Un fils naquit, augmentant et renouvelant par sa présence la douleur d'une paternité qu'il fallait subir.

— Ce fils, qu'est-il devenu? demanda avidement don Ramero. — Je vais vous l'apprendre.

Ce fils, élevé au sein de sa famille dans une ignorance complète de ce qui s'était passé, grandit sans trouver dans le cœur de son père les trésors de bienveillance et de tendresse qu'il s'attendait à y rencontrer. La froideur de don Urdova à son égard, lorsqu'il eut atteint l'âge de puberté, le précipita dans un torrent de plaisirs faux, dans lesquels des amis perfides se plurent à l'entraîner... Vous savez le reste, don Ramero!

— Quoi? ce fils, c'est Fernando! — Vous voyez bien que vous l'avez nommé! — Et comment avez vous appris tous ces détails? — Qu'il vous suffise de savoir que je ne les ai pas surpris, et que je les connais de telle façon que personne ne puisse en douter.

De tout ce que je viens de vous dire, je sais que les preuves existent, et je sais où les trouver.

— De tout? avez-vous dit. — Oui, de tout ce que j'ai dit, il y a des preuves. — Même de cette prétendue trahison du jeune officier du régiment suisse d'Aragon? — Surtout de cela! — Alors je vous connais ; c'est vous qui êtes venu trouver mon frère don Horacio il y a huit jours. — Vous croyez? — C'est vous qui lui avez offert de lui donner ces preuves en échange de la liberté d'Inès. — Alors mettez-moi donc en présence de don Horacio, nous verrons s'il me reconnaîtra. — Si ce n'est pas vous qui êtes venu, que me voulez-vous? Pourquoi m'avoir raconté tout au long cette histoire dramatique de Saragosse? — Qui je suis? Vous n'avez pas besoin de le savoir.

Ce que je veux? Je vais vous le dire, car je ne suis venu ici que pour cela. Pourquoi je vous ai raconté cette histoire de Saragosse? C'est afin de vous montrer que je suis au courant de toute votre vie, depuis l'origine de votre amour pour dona Sabina jusqu'à ce jour.

— Assez! Vous voulez de l'argent! Combien? — Il n'est pas question de cela! Je vais vous étonner bien plus encore, je vais vous demander la même chose que le personnage dont vous parliez tout à l'heure ; mais je poserai mes conditions. »

XL

LE MÉDECIN.

Don Ramero, en dépit des bravades qu'il venait de faire, était loin d'être rassuré ; son regard se baissait devant celui de l'inconnu, qui s'était animé pendant le récit qu'il venait de faire, et qui dardait sur son interlocuteur le feu de ses ardentes prunelles chaque fois qu'il s'agissait de celui qui l'écoutait. Don Ramero chercha à se remettre et dit à l'inconnu :

« Voyons vos conditions ! — Vous avez un frère ? dit l'inconnu. — J'en ai plusieurs. — Je veux parler de don Horacio. — Alors expliquez-vous ! — Comment va-t-il ? — Mal ! — Il n'a qu'une blessure à la tête ? — Oui, mais elle est grave. — De sorte que vous désespérez de le sauver ? — Les médecins l'ont condamné. — Depuis quand ? — Il a deux heures à peine. — Que lui ont-ils ordonné ? — Une potion qu'il doit prendre, et qui doit le faire vivre deux ou trois jours encore. — L'a-t-il déjà bue ? — Je ne le crois pas, il repose. — Tant mieux ! — Pourquoi ? — Parce qu'il ne faut pas qu'il la boive ! — Comment ? — Cette potion le tuerait sûrement. — Pourtant les médecins l'ont ordonnée. — Les médecins ! les médecins ! dit l'inconnu en haussant les épaules. Tenez-vous à ce que votre frère revienne à la vie ? — Certainement ! — Vous en êtes bien sûr ? — Comment ne le serais-je pas ? — De sorte que s'il se présentait quelqu'un qui vous offrit à lui rendre la santé, vous accepteriez ? — Avec empressement. — Eh bien, je réponds de lui, si vous voulez me laisser faire. — Vous ! un inconnu ! — C'est possible ! Mais qu'est-ce que cela peut vous faire ? Votre frère est condamné à mourir. Pourquoi ne me le livreriez-vous pas quand je vous offre une chance de salut ? — C'est vrai, mais dans quel but tenteriez-vous d'accomplir ce miracle ? — Je ne tente pas, je réponds de sa vie. — Mais jusqu'ici vous n'avez posé aucune de vos conditions, je vous écoute. — Les voici : Je m'engage à rendre la santé à don Horacio, à vous remettre ou à vous faire remettre les preuves de votre trahison du 16 février 1809, à vous faire rendre les senoritas Dolorès, Carmen et Lola, si vous consentez à me remettre Inès, ou seulement me donner un ordre, signé de don Horacio, de la retirer du couvent dans lequel il l'a fait enfermer. J'ai lieu de supposer que ce couvent est près de Grenade. — Et ne demandez-vous que cela? — Absolument. — Et pas d'argent? — Rien. — Alors qui êtes-vous? — Je vous l'ai dit, je suis un pauvre médecin de campagne qui cherche à faire le bien. Le hasard m'a rendu maître de bien des secrets, je cherche à les exploiter pour le bonheur et la tranquillité de tous. — Mais vous êtes le complice de l'Encarnado! — Je ne suis le complice de personne. Mon œuvre est à moi et n'émane que de moi. C'est une mission de paix que je me suis imposée et que je cherche à remplir de toutes mes forces. — Et vous dites que vous n'êtes pas le même homme qui est venu faire à don Horacio les mêmes propositions que vous m'adressez? — Mettez-moi en sa présence, il se chargera de vous répondre. — C'est bien, mais il est singulier que votre but soit le même. — Je vous offre de plus que lui la vie de votre frère. — Je le sais. Mais me direz-vous ce qu'est devenu don Esteban? — Je vous le dirai. — Alors je consens à tout. — Obtenez de votre frère l'ordre que je vous ai demandé et j'exécuterai mes promesses. — Je m'en charge; mais don Esteban. — Désirez-vous savoir vraiment ce qu'il est devenu? — Je le désire ardemment. — Dans quel but?

— A cause de l'amitié que j'ai gardée pour lui. »

L'inconnu sourit d'un air incrédule et reprit :

« Je veux bien vous l'apprendre, parce que don Esteban n'est plus de ce monde, et que les choses de la terre ne le touchent plus. — Serait-il mort ? dit don Ramero d'un air visiblement soulagé. — Rassurez-vous, senor, votre amitié pour lui vous égare, don Esteban vit. — Alors, que voulez-vous dire? — Il s'est fait prêtre. — A quel endroit? — Il est chanoine du chapitre de Notre-Dame del Pilar, à Saragosse. — Le P. Pascual ! — Comment savez-vous son nom ? — Mais, dit Ramero confus, c'est mon frère qui m'a parlé de la visite qu'il a reçue de lui il y a quelques jours. — Et comment avez-vous supposé que c'était celui-là même qui était don Esteban? — Parce que vous venez de me dire vous-même qu'il connaissait tous mes secrets. Est-ce donc lui qui vous les a révélés ? — Que vous importe ! — Soit ! Vous me répondez de la vie de mon frère, dites-vous ? — Oui — Quand commencerez-vous à le soigner ? — Dès qu'il aura signé l'ordre que je vous ai demandé. — Vous n'y songez pas, il est très faible en ce moment c'est impossible. — Je ne puis faire autrement. — Mais, puisque je prends l'engagement formel de vous faire rendre Inès. — Qui me le garantit ? — Ma parole de gentilhomme. — Croyez-vous que je doive m'y fier beaucoup, dit l'inconnu en souriant. — Alors, mon intérêt, si vous le préférez. — Vous avez raison! Aujourd'hui même je vais commencer ma cure. — Vous ne lui parlerez de rien? — Je ne dirai pas un mot. — Dès qu'il sera rétabli, je vous promets de me rappeler l'engagement que je prends. — Où est don Horacio ? — Ici près, dans sa chambre. — Conduisez-moi vers lui. — Mais il dort peut-être. — Cela ne fait rien ; conduisez-moi, vous dis-je. »

Don Ramero se leva et marcha devant l'inconnu, obéissant malgré lui à l'espèce de domination qu'il subissait. Ils arrivèrent dans la chambre du malade ; don Horacio ne dormait pas. Au bruit qu'ils firent en entrant, il ouvrit faiblement les yeux, et parut surpris de voir son frère en compagnie de l'étrange personnage qui se présentait.

« Que voulez-vous, mon frère ? dit don Horacio. — Je vous amène un médecin. — Encore ! Croyez-vous que je n'en aie pas assez de trois. — Ceux-là vous ont condamné ! dit l'inconnu. — Eh bien ! et vous ? — Moi, je viens vous sauver ! »

Don Horacio eut un mouvement de pitié et le crut fou.

« Voulez-vous me permettre d'examiner votre plaie ? — Je le veux bien, mais ne me faites pas souffrir davantage, je n'ai que trop souffert déjà. — Rassurez-vous, » dit le médecin en s'approchant du lit du blessé.

Alors il se pencha sur lui, enleva l'appareil qui recouvrait la plaie, l'examina avec la plus grande attention et se mit à sourire.

« Je ne m'étonne plus que vous soyez si mal ! Au lieu d'adoucir le mal ils l'ont envenimé ! Ce remède est trop violent, ajouta-t-il en jetant l'appareil ; faites-moi donner des bandes. »

Don Ramero sonna ; José parut et apporta ce qu'on lui avait demandé. Le médecin tira alors de sa poche une bouteille de verre blanc dans laquelle se trouvait un liquide verdâtre, épais et aromatisé. Il était évidemment fait de plantes hachées et macérées dans une substance quelconque, dont l'odeur avait quelque analogie avec celle de la térébenthine. Il en imprégna la charpie qu'on venait de lui apporter, la posa d'une main ferme et expérimentée sur la plaie, assujettit les bandes de toile autour de la tête, de manière à ce qu'elles ne pussent être dérangées par aucun mouvement ; puis il remit dans sa poche la bouteille qu'il en avait tirée, et se disposa à prendre congé.

« Ecoutez, lui dit don Horacio, croyez-vous réellement me sauver ? — Dans huit ou dix jours au plus votre blessure sera fermée entièrement, et la fièvre disparaîtra progressivement jour par jour. — Si vous faites cela, dit don Horacio qui se rattachait à la vie, ma reconnaissance sera éternelle. — Je le ferai, si vous ne prenez pas d'autre médecin que moi. — Votre nom, je vous prie ? — Je vous le dirai quand vous serez guéri. — Vous reviendrez ? — Tous les jours à la même heure. — Eh bien, ajouta don Horacio, si vous me rendez la vie, demandez-moi ce que vous voudrez, fût-ce une chose impossible, vous l'aurez. »

Le médecin sourit et s'éloigna. Don Ramero le reconduisit jusqu'à la porte de la maison.

« Vous voyez, dit l'inconnu à don Ramero, que si je réussis, nous obtiendrons ce que nous désirons. — Quant à cela, je m'en charge. — Je le veux bien. — Si dans un cas extrême vous étiez forcé de lui rappeler sa promesse, faites-le ; il en sera toujours temps, si j'ai échoué : sinon, réservez cette promesse dans son accomplissement pour un autre moment où elle pourra être utile à vos propres intérêts. »

Le médecin inconnu se retira et laissa don Ramero livré à ses pensées. Lorsque celui-ci se trouva seul, lorsque se fut dissipée l'influence magnétique sous laquelle l'avait tenu le mystérieux personnage qui venait de s'éloigner, il se prit à songer à ce passé, dont le panorama venait de se dérouler devant lui dans les paroles magiques de l'inconnu. Il comprit de quelle importance était pour lui les preuves d'une trahison qu'il croyait ignorée de tous, et se décida à obtenir de don Horacio la liberté d'Inès. Ensuite ses pensées se reportèrent sur don Esteban, sur cet ami d'enfance dont il avait trahi l'amitié, sur ce témoin vivant du crime qu'il avait commis à Saragosse, et un sourire cruel vint errer sur sa lèvre contractée. Il se rappela que don Esteban, devenu le P. Pascual, était le confesseur de la senora Negra. C'est lui dont il avait trouvé l'adresse dans les papiers de la malheureuse femme que ses passions avaient tuée et dont il n'avait pas même respecté l'agonie. Le P. Pascual était en effet l'homme qui chaque mois venait rendre visite à la senora Negra au village d'Adrian. Il n'était donc pas étonnant qu'il fût au courant de tous ces secrets. Mais don Ramero voulait être seul à les connaître, et il se promit après la guérison de son frère de faire disparaître toute trace compromettante d'un passé trop dangereux. Dût-il pour cela anéantir avec ses secrets le témoin qui les possédait tous, il ne reculerait devant rien ! Quant à l'inconnu qui s'était présenté ce jour-là devant lui, les paroles qu'il avait prononcées étaient tellement pacifiques qu'il s'en inquiétait peu. L'avenir se révélait donc à don Ramero sous les couleurs les plus brillantes. Il était colonel depuis six ans déjà ; son zèle et son dévouement à la reine allaient être récompensés, car les succès des carlistes diminuaient visiblement. Le grade de général lui avait été promis ; l'avenir était beau ! Il ne pouvait pas renoncer à tant de gloire et de sécurité ; il fallait à tout prix que don Horacio se décidât à rendre Inès.

XLI

SOUS LES TOURS VERMEILLES.

Laissons en paix maintenant don Ramero, livré à ses pensées de gloire et de brillant avenir. L'insensé ! Il rêve à l'avenir après le triste passé que l'on connaît. L'ambitieux ! Il songe aux honneurs lorsqu'il est à deux doigts de sa perte ! quand il dépend tellement de la volonté de son frère, que s'il plaît à celui-ci de refuser cette Inès qu'il a promis de livrer cependant, tout cet échafaudage va s'écrouler comme un château de cartes élevé par la main d'un enfant ! Laissons don Horacio livré à son espoir nouveau ! il se raccroche à la vie maintenant avec l'énergie du condamné à mort qui entrevoit le moyen d'obtenir son pourvoi en grâce. Encore si c'était pour réparer le mal qu'il a causé ! Si son cœur de père tressaillait devant les craintes que devait lui inspirer le sort de Dolorès ! S'il songeait au désespoir de son frère que la disparition de Carmen et de Lola a brisé ! Mais non ! En revenant à la vie, il caresse ses idées de vengeance, il pense à Inès, cette frêle créature qu'il étreint dans ses serres d'oiseau de proie et qu'il a enfermée dans un couvent pour triompher de son énergique dédain ! Il songe à Fernando, cet ennemi acharné qui a commencé contre lui cette terrible campagne dont le plan a mûri dans son cerveau, combiné savamment sous l'inspiration de la douleur et de la haine; et il sourit ! Quittons cet intérieur désolé, livré au désespoir et aux sombres pensées, pour revenir à Dolorès et à ses cousines que l'Encarnado tient enfermées, se faisant l'exécuteur volontaire de ces paroles de l'Evangiles : « Celui qui a tiré l'épée, périra par l'épée ! » Dans un vaste souterrain, sombre et profond, une troupe nombreuse est réunie, se livrant silencieusement aux distractions si chères à l'Espagnol, du *farniente* et du *papelito*. Quelques groupes causeurs sont semés çà et là, au milieu desquels Paquo répand les perles de son intarissable gaieté. Mochuelo est appuyé nonchalamment contre les parois d'un rocher dans les flancs duquel est taillé ce vaste souterrain. Huit jours encore se sont écoulés. Par les ordres de Ramero, quelques espions ont été envoyés rôder dans les environs des Tours Vermeilles : ceux qui s'en sont approchés de trop près n'en sont pas revenus, ceux qui en sont revenus n'ont rien vus et ne savent rien. D'énormes quartiers de gibier, des carrés de venaisons appendaient aux parois du souterrain. Le souterrain, séjour ordinaire de la Compagnie rouge, car le lecteur a compris qu'il s'agissait d'elle, est taillé dans le centre de la colline sur laquelle sont construites les Tours Vermeilles. Par où y pénètre-t-on ? Nous ne le savons pas encore ; mais l'abord n'en est pas peu facile, puisqu'il a échappé aux investigations minutieuses de don Juan, au point de le faire douter de la présence en ces lieux de l'Encarnado. Ce souterrain est éclairé par plusieurs fissures qui existent entre les rochers, à la suite de quelque convulsion de la nature, et habilement cachées par une végétation rabougrie mais tenace, qui s'est cramponnée aux parois partout où l'a permis la légère couche de terre répandue çà et là. C'est encore la nature qui s'est chargée de dissimuler ses fissures. Du reste, de ce côté, le réduit de la Compagnie rouge est inaccessible. Nous avons dit, que les Tours Vermeilles étaient construites sur une des trois collines qui dominent Grenade. Au pied de cette colline s'étend la ville avec ses maisons à terrasse, sa profusion de lauriers et de grenadiers en fleurs ; mais, derrière, cette colline n'a plus de pente ; elle surplombe l'abîme de végétation qui la relie à celle sur laquelle se dresse l'Albaycin : aucun chemin n'y est tracé, et les oiseaux seuls ont le privilége d'aborder de ce côté l'entrée du souterrain. Aussi cette entrée ne peut-elle être non-seulement connue, mais seulement soupçonnée, que par ceux-là mêmes qui se trouvent renfermés dans le souterrain. Dans un recoin produit par la vaste excavation que nous venons de décrire se tiennent trois jeunes filles, muettes, dans les attitudes diverses que leur donnent leurs caractères différents, ce sont Dolorès, Carmen et Lola.

À l'entrée de ce recoin, une sentinelle se promène gravement, ou s'appuie sur sa carabine avec cette nonchalance vigilante des Espagnols, qui, lorsqu'ils sont de sang-froid, ont l'air le plus indifférent du monde pour ce qui les occupe le plus. Un peu plus loin, un homme est assis ou plutôt couché sur un sombre manteau ; ses yeux sont fixés constamment sur le réduit dans lequel les trois jeunes filles sont enfermées ; on dirait qu'il surveille lui-même la sentinelle chargée de les garder. Cet homme est Andrès, le *novio* de la pauvre Inès. Dolorès est assise à l'écart, tout auprès de la fenêtre coupée par la nature dans le flanc de la colline, et par où elle aperçoit, à travers les plantes qui l'obstruent, quelques coins du beau ciel toujours bleu de l'Andalousie. Le front de Dolorès n'est point contracté par le chagrin ; sa physionomie est impassible ; on la croirait encore au milieu de son patio à

19.

Grenade, si, de temps à autre, le bruit produit par les pas de la sentinelle ne venait la tirer de sa rêverie et lui arracher les signes évidents de la colère, du dédain et d'une résolution énergique. Le sang corse qu'elle a hérité de sa mère semble s'être réveillé pour défier ceux qui la retiennent prisonnière en dépit de toutes les lois, de l'honneur, de la délicatesse et de la galanterie. *Démonio* ! la Compagnie rouge a bien autre chose à faire qu'à s'occuper de ces nuances-là ! Carmen va d'un endroit à un autre : tantôt auprès de Dolorès qui la rassure et l'embrasse, tantôt auprès de Lola qui la console et qui pleure avec elle. Elle a peur, la pauvre enfant, elle tremble au moindre bruit, et se pelotonne craintive, comme la tourterelle effarée qui sent planer au-dessus d'elle le vol circulaire du vautour. Lola a conservé quelque chose de sa gaieté, mais elle ne l'a plus que par accès comme un malade a la fièvre ; au plus fort des larmes de Carmen sa blonde sœur, sa gaieté se trahit, mais s'épuise, jusqu'à ce qu'enfin leurs larmes se confondent ensemble en un seul ruisseau limpide, dont les gouttes diamantées tremblotent sur leurs blanches mains. C'est alors que Dolorès se lève lentement de la place qu'elle a choisie, pour s'approcher de ce couple désolé dont elle a pitié.

« Courage ! leur dit-elle, mais pauvres sœurs, le moment approche où nous allons être vengées ! — Par qui ? demande Carmen. — Par les nôtres ! par mon père que la douleur de m'avoir perdue doit briser, par don Ramero notre oncle, qui doit être à Grenade maintenant et dont le bras et l'épée sont solides et bien trempés, par don Juan enfin, dont le cœur est jeune, et qui, je crois, aime trop Carmen pour l'abandonner ainsi ! — Tu crois ? dit Carmen en souriant à travers ses larmes. — Demande à Lola, si elle ne s'en est pas aperçue comme moi! — Est-ce bien vrai? dit Carmen à Lola. — Oui, répond celle-ci, et nous verrons quelque jour se célébrer à Grenade l'hymen de ma chère Carmen avec notre aimé cousin. — Oh! merci, mes sœurs, dit Carmen, vous me rendez la vie que je sens s'échapper. — Oui, ma bonne Carmen, répond Dolorès, reprends confiance! Nous ne pouvons rester longtemps au pouvoir des bandits qui nous gardent prisonnières. — Ah! s'écria Lola, que n'est-il encore venu ce jour où nous verrons la lumière, la grande voûte de notre beau ciel bleu, les fleurs rouges de nos grenadiers, notre chambre coquette, où les objets de notre affection regrettent notre cruelle absence! — Patience! vous dis-je, continua Dolorès; je sens que le moment est proche de notre délivrance et de la punition que Dieu infligera aux coupables! »

C'est ainsi qu'au milieu de la douleur de ses cousines, Dolorès, toujours fière, toujours forte, appelait sans cesse à leurs secours les trésors de son énergie et de sa parole consolante. En ce moment, un homme parut et dit à la sentinelle quelques mots, à la suite desquels elle se retira discrètement. Seul, l'œil perçant d'Andrès s'alluma dans l'ombre. Trop loin pour entendre ce qui allait être dit, il observa attentivement pour voir au moins ce qui allait se passer. Cet homme était l'Encarnado. Il portait ce jour-là le même costume que nous lui avons vu le jour où il descendit dans l'arène pour combattre et tuer le taureau furieux; il avait la même élégance, la même allure, et surtout le même respect profond pour les jeunes filles. Il avait un masque sur la figure, selon son habitude, et il s'approcha d'elle avec tous les signes de la plus grande courtoisie. Lorsque Dolorès l'aperçut, elle s'avança à sa rencontre.

« Enfin, senor, lui dit-elle, je puis vous voir et protester hautement contre la violence dont nous sommes victimes ! — Croyez que je regrette cette violence, répondit l'Encarnado, mais j'ai agi malgré moi. — Malgré vous, dites-vous ; mais qu'est-ce qui vous forçait à agir ainsi ? — Je ne puis vous le dire, senora, ce secret n'est pas à moi seul. — Donnez à d'autres, senor, ces explications qui n'en sont pas. Si je suis votre prisonnière, j'ai du moins le droit de savoir pour quel motif, et c'est ce que j'exige. »

L'Encarnado regarda froidement et longuement Dolorès.

« L'Encarnado, dit-il, fait des prisonniers du droit qu'il lui convient de prendre, et personne n'a rien à exiger de lui : c'est lui qui exige ! — Paroles vides que tout cela ! — Mais vraies, répondit l'Encarnado. — Je ne puis vous croire ! Vous êtes le seul maitre ici, je le sais ; vous n'obéissez ni ne dépendez de personne ! je le sais, mais pourquoi me parler d'un secret? pourquoi donc vouloir me persuader que vous subissez une domination quelconque, qui vous ferme la bouche ? — Je ne subis aucune domination ; mais senora, il est d'autres motifs qui peuvent m'empêcher de parler ! — Vous et lesquels? — Un serment, par exemple ! — Et que peut avoir de sacré le serment d'un bandit ! »

L'Encarnado haussa le épaules.

« Pourquoi m'insulter? dit-il. D'ailleurs, suis-je un bandit ? — Que seriez-vous, alors ? — Senora ! — Oh! je vous brave. Je sais en quelles mains je suis ! menacezmoi ! Ajoutez encore une lâcheté à celle que vous avez commise en arrachant violemment à leur famille trois innocentes jeunes filles ! »

L'Encarnado secouait la tête sans mot dire. Dolorès s'en aperçut et continua :

« Avez-vous donc espéré que ce masque m'empêcherait de vous reconnaître, senor don Juan ? »

L'Encarnado demeura impassible, comme s'il n'avait pas entendu, ou n'avait pas voulu entendre.

« Oh ! Je vois clair dans votre pensée, je vous ai deviné et je vous brave ! continua la jeune fille. Vous n'avez pas craint de venir sous un faux nom dans une famille honnête et tranquille ; vous avez volé l'amitié qui était due à un autre, et peut-être aviez-vous espéré mieux ! »

L'Encarnado regarda encore Dolorès sans répondre.

« Et comme vous n'avez pas réussi dans votre plan de campagne, continua encore Dolorès, comme celui dont vous aviez usurpé le nom est arrivé, vous n'avez plus osé vous représenter au milieu de ceux que vous aviez trompés. Ah ! vous avez été sage et prudent ! Car la punition ne se fût pas fait attendre. Vous êtes retourné à vos bandits et vos anciennes habitudes, rongeant en silence votre cruel désappointement. Vous êtes redevenu ce que vous étiez auparavant, l'Encarnado ; l'homme souillé de crimes et de sang ! Le voleur de grands chemins qui fait de la délicatesse et de la gentilhommerie ! Mais qui donc avez-vous espéré prendre à ce jeu ? Personne ! Le peuple seulement vous a fait, dans son enthousiasme, une réputation qui s'est étendue dans toute l'Espagne. Et vous en êtes fier ! Mais ne voyez-vous pas que cette renommée, consacrée par une foule aveugle, est le pilori auquel vous vous êtes attaché vous-même pour y être honni et conspué par tout ce qui est bon, loyal et honnête ? »

L'Encarnado gardait toujours le même silence et la même pose indifférente. Le regard acéré de Dolorès se heurtait contre le masque de velours rouge. Il laissait parler la jeune fille et il paraissait l'écouter même avec ce calme irritant qui décèle la conscience d'une supériorité que rien ne peut offenser. Et cependant cet homme, en apparence de fer et de glace, sentait un feu terrible le dévorer, et son apparence impassible cachait la lave qui bouillonnait comme le volcan mal éteint, qui ne paraît jamais plus calme qu'au moment où l'irruption va avoir lieu. Pourquoi frissonnait-il intérieurement en écoutant Dolorès? C'est que, malgré lui, il s'apercevait alors seulement qu'il était trop tard, que cet amour qu'il avait tenté d'inspirer à Dolorès, c'était lui qui en avait reçu les atteintes ; c'est que l'énergie et la supériorité de la jeune fille dominaient la force et jusqu'à la soif de vengeance de l'homme qui se tenait humblement devant elle ! Et il frémissait en découvrant pour la première fois au fond de son cœur le flot tulmultueux qui s'en échappait après y avoir sommeillé si longtemps. C'était comme un orage terrible qui éclaterait au milieu du calme d'un temps lourd et couvert. Le vent impétueux avait balayé les nuages et le ciel se montrait à découvert en dépit de la tempête qui venait de sévir. Les paroles de Dolorès produisirent sur son cœur les mêmes effets: elles déchirèrent le voile dont il était enveloppé, en firent jaillir impétueusement l'amour qui y avait couvé lentement sous les cendres, et dont les flammes menaçantes l'embrasaient ! Cet amour inattendu qui se révélait à lui, il se trouvait sans forces pour le combattre, il le subissait fatalement !

C'était la punition que Dieu lui envoyait des tortures qu'il avait voulu infliger à d'autres. Tandis que celle dont il avait pensé faire sa victime se tenait devant lui menaçante, l'écrasant de son mépris et de l'orgueil de sa race !

« Vous ne répondez pas, continua Dolorès, vous sentez combien vous avez été coupable, et votre instinct criminel tremble et frémit devant l'innocence qui vous brave et qui vous accable. »

L'Encarnado releva la tête.

« Vous vous méprenez, dit-il. Je ne réponds pas, non parce que je n'ai rien à répondre, mais parce qu'il me plaît de garder le silence. Accusez l'Encarnado, Dolorès, accusez-le de tous les crimes que vous voudrez entasser sur sa tête ! Que lui importe ! sa conscience est pour lui ! Il ne se défendra pas !

Sa parole, de brève et hautaine qu'elle était ordinairement, était devenue douce et mélancolique.

« Vous avez raison, dit Dolorès, mieux vaut encore la franchise que l'hypocrisie dans le crime. — Vous ne m'avez pas compris, senora. J'ai dit qu'il était inutile que je me défendisse, parce que je ne voulais pas le faire de manière à me justifier à vos yeux ; parce que mon secret est à moi et que ce secret de ma conduite ne relève que de moi.

Sachez seulement que j'ai fait un serment sur ma mère morte !... Et sachez encore, quoi que vous en vouliez penser, que l'Encarnado n'a qu'une parole, que l'Encarnado ne craint rien ! Libre à vous de l'envelopper dans votre dédaigneux mépris ! Libre à vous de lui prodiguer l'humiliation et la honte, quand il ne daigne pas se défendre ! C'est un grand courage, en effet, que vous montrez-là, Dolorès ! Vous me reprochez ma lâcheté, à moi qui n'ai jamais reculé devant un danger ! Allons donc ! comment voulez-vous qu'un tel reproche me touche ! Mais vous savez bien que j'ai du courage et que ma main ne sait pas trembler !

— Vous avez le courage de votre état ! dit Dolorès en haussant les épaules. — Soit ! Mais que diriez-vous donc, si au lieu d'être pour vous un geôlier soumis et respectueux, je venais à vous imposer brutalement ma volonté ? Que diriez-vous donc si je poussais à sa dernière limite le cynisme du vice, ainsi que vous me le reprochez ? »

Dolorès comprit qu'elle était allée trop loin ; elle se vit sous la dépendance de l'Encarnado, et elle frémit. Mais c'était plus encore pour Carmen et Lola qu'elle faisait ployer l'orgueil de son caractère, que pour obéir à ses propres craintes. Toutefois, elle ne put renoncer à témoigner à cet homme le mépris qu'elle avait au cœur.

« Pourquoi ces menaces vaines ? reprit-elle. Je vous ai deviné, vous dis-je ! Vous êtes venu sous le nom de don Juan vous installer chez les Ramero, j'ignore dans quel but, mais je le suppose. Vous vous êtes dit : « Voici une famille riche et puissante ; c'est la première, non-seulement de Grenade, mais de l'Andalousie toute entière, il faut que je l'exploite habilement. »

Et vous avez procédé par détours, vous avez eu recours aux sentiers tortueux ! Vous avez espéré peut-être spéculer sur le déshonneur, et votre finesse et votre ruse ont été en défaut.

— Le but dans lequel je me suis introduit chez don Luis, vous le connaîtrez peut-être un jour, et vous verrez alors combien sont étrangement folles les suppositions que vous faites, et dont il vous plaît de m'attribuer la pensée. — Non, je ne me trompe pas, continua Dolorès ; car lorsque vous avez vu que toutes vos tentatives étaient inutiles, et que vous ne réussissiez à rien ; lorsque vous avez dû recourir à ce titre menteur dont vous aviez l'audace de vous parer, vous avez persévéré dans vos desseins ; mais vous avez choisi pour les exécuter un moyen qui rentre plus dans vos habitudes : vous avez eu recours à la violence !

Vous vous êtes dit qu'une famille comme celle des Ramero payerait cher le bonheur de revoir et d'embrasser ses filles, et vous avez voulu escompter cet orgueil et cette tendresse pour vous en créer une infâme ressource !

— Si j'avais les intentions que vous me donnez, ne serait-ce pas fait déjà, et n'aurais-je pas demandé à Ramero le prix qu'il m'aurait plu de faire ? — Oh ! non, vous êtes plus adroit que cela ! Vous spéculez habilement et vous avez compris que plus il s'écoulerait de temps entre le jour de notre enlèvement et celui où vous feriez votre demande, plus vous pourriez exploiter l'amour et la tendresse de la famille. Or, je vous autorise à demander la somme qu'il vous plaira de fixer, je vous autorise à dire que je vous l'ai accordée cette somme, et si ma parole ne suffit pas à votre esprit défiant, nous voici prêtes, Carmen, Lola et moi, à vous signer le cartel d'échange de ce que vous aurez exigé, — Ce que vous me proposez là est inutile, je ne veux pas spéculer sur vous, répondit froidement l'Encarnado et en comprimant les battements douloureux de son cœur, j'ai une mission à remplir ici-bas que je ne puis vous confier, je la remplis! Si je vous ai arrachées à la tendresse des vôtres, c'est que cela est devenu nécessaire à mes projets, et ces projets seront accomplis dans toute leur étendue! Donc n'insistez pas! courbez la tête et résignez-vous! »

L'Encarnado salua et disparut. Dolorès resta seule avec ses cousines, subissant à son tour l'influence étrange de cet homme. Elle ne songeait plus aux reproches amers qu'elle venait de lui adresser. Il était évident, en effet, que ce n'était pas pour les vendre que l'Encarnado les avait enlevées, puisqu'il venait de refuser à l'instant les signatures qu'elle lui avait librement offertes.

XLII

DON HORACIO.

Revenons maintenant à don Horacio, que nous avons laissé caressant les chimères qui le berçaient, sous l'empire de l'aveugle confiance que lui a inspirée le médecin bizarre qui a entrepris de le guérir. Chaque jour l'inconnu est revenu; il a renouvelé scrupuleusement l'appareil de la blessure, prenant soin lui-même d'étendre sur la charpie l'eau bienfaisante. Il a donné au blessé une potion qu'il a préparée lui-même avec des plantes apportées par lui. Don Horacio est presque rétabli. Ses douleurs se sont calmées comme par enchantement, la fièvre a diminué, la respiration a repris son cours normal, l'œil s'est animé par degrés, déjà le malade se lève, et sans la faiblesse qu'il éprouve, il serait parti déjà à la recherche de l'Encarnado et de sa fille.

« Eh bien ! lui dit le médecin en souriant, je vous l'avais bien affirmé ! — Oui, vous êtes mon sauveur ! répondit Horacio. — Dès aujourd'hui je vais vous donner un médicament qui vous rendra vos forces comme par miracle : c'est un cordial que j'ai composé moi-même. — Donnez vite ! — Le voici ! Surtout ayez soin de n'en prendre que ce que je vous aurai dit. — Soyez tranquille ! — Toutes les trois heures, vous verserez, dans un demi-verre d'eau, une cuiller à café au plus du liquide enfermé dans ce flacon, et dans huit autres jours, vous serez fort et bien portant. — Que je vous remercie ! — Surtout n'en prenez pas davantage ! — Je vous le promets. — Tous les malades disent la même chose, mais ils n'en font rien ! Ils s'imaginent qu'ils guériront plus vite s'ils prennent le remède en plus grande quantité : mais prenez garde ! si vous en abusiez, vous vous tueriez vous-même. — Je n'en ai pas envie, je vous le jure ! — Alors je reviendrai dans trois jours. — Vous vous y engagez ? — D'autant plus que je mettrai peut-être à l'épreuve la bonne volonté et la reconnaissance que vous m'avez témoignée. — Sous ce rapport-là, ne craignez pas d'user, abusez ! — Je compte sur votre promesse. — Au revoir, et encore merci, mon sauveur. »

Don Horacio s'approcha de la fenêtre unique qui éclairait sa chambre et contempla d'un air joyeux le cordial que venait de lui remettre l'inconnu. Le liquide, presque incolore, sembla lui sourire à travers le cristal dans lequel il était enfermé ; un joyeux rayon de soleil vint le dorer d'une couleur jaunâtre, et don Horacio s'empressa de faire à l'instant l'essai de ce merveilleux breuvage. Il suivit exactement les prescriptions de celui qui l'avait arraché à une mort certaine, il avait confiance, puisqu'il voyait par lui-même les résultats qu'il avait obtenus. L'effet se fit rapidement sentir. Au bout de quelques heures il sentit affluer plus chaud à ses extrémités le sang qui circulait paresseusement jusqu'alors, et, transporté d'une joie folle, il serra précieusement dans un coffret d'ébène le baume divin qui lui assurait la vengeance ! On frappa à la porte de sa chambre, et don Ramero y entra gravement. Il referma la porte avec attention, jeta dans la pièce un coup d'œil investigateur, puis, bien convaincu qu'il était seul avec son frère, il vint s'asseoir près de lui et l'examina sans mot dire.

« Bah ! murmura-t-il au bout de quelques instants, il vaut mieux qu'il en soit ainsi ; ce n'est pas lui qui me trahira ! »

On voyait, en effet, la vie renaître comme par enchantement dans ce corps jadis presque inanimé ; les joues s'étaient empourprées, l'œil, auparavant terne et vitreux, avait déjà repris son éclat, don Ramero se prépara à parler.

« Comment êtes-vous, mon frère ? demanda-t-il à don Horacio. — Merveilleusement, répondit celui-ci. — Savez-vous que ce médecin de campagne est tout bonnement un grand homme ! — Certes ; mais c'est un cœur et un esprit étroit ; il a des secrets et il ne les révélera à personne. Il guérit, mais lui mort, l'humanité ne profitera pas de ses découvertes. — Oh ! ils sont tous comme cela ! — Donc, j'ai raison ! — Eh ! qui vous dit le contraire ? il n'en est pas moins vrai que nous devons à cet homme une reconnaissance sans bornes. — Nous trouverons bien le moyen de nous acquitter envers lui. — Vous aurait-il parlé de quelque chose ? — Non, répondit don Horacio. — Ainsi il ne vous a pas dit le prix qu'il mettait à ses bienfaits ? — Il ne m'en a pas ouvert la bouche. — Il a tenu parole, se dit tout bas Ramero ; à mon tour de tenir la mienne ! — Avons-nous quelque bonne nouvelle, mon frère ? demanda don Horacio. — Aucune, vous le savez ; nous avons eu encore sept hommes tués ces jours derniers. — De quelle façon ? — Toujours de la même manière. — Oui, des pierres énormes qui les ont écrasés. — A quel endroit ? Jusque sous les Tours Vermeilles. — Evidemment, c'est dans les environs que se tient la bande de l'Encarnado. — Je n'en doute pas, dit don Ramero. — Pourtant, cela ne peut pas durer plus longtemps ; essayons d'un autre moyen. — Lequel ? — Il faut feindre de se relâcher de notre surveillance habituelle, inspirer aux bandits plus de confiance, et les forcer à se livrer eux-mêmes. — Comment y arriver ? — Nous établirons des espions dans les environs des Tours Vermeilles, en leur recommandant de ne pas approcher. — Cela ne nous avancera à rien. — Peut-être, on peut toujours l'essayer. — C'est un sot métier que nous faisons là, mon frère ! — Y songez-vous ? — Et nous ferions mieux d'y renoncer. — Vous êtes fou ! répondit don Horacio étonné. — Du tout ! nous avons un moyen bien simple d'en finir avec l'Encarnado et avec ses accidents qui épuisent nos forces. — Alors employons-le. — Je ne demande pas mieux. — Dame ! cela dépend de vous. —

S'il dépend de moi de l'employer, c'est fait. — Oh! pas encore! — Je ne vous comprends plus. — Ce moyen dont je parle vous a été proposé par le P. Pascual il y a quinze jours. — Rendre Inès? — Oui, puisque don Fernando se contente de cela. — C'est impossible! — Vous voyez bien qu'on ne peut pas l'employer, mon moyen, et cependant cela dépend de vous! — Pas du tout. — Ne vous ai-je pas entendu exprimer dernièrement le regret de n'avoir pas accédé aux désirs du révérend P. Pascual? — Eh! que venez-vous me rappeler là! J'étais à deux doigts de la mort! Tandis qu'aujourd'hui je sens la force et la vie circuler en moi, la vengeance me brûle et me dévore! — Mais si nous succombons dans ce combat que nous livrons à des rochers? — Dieu ne le permettra pas! — Dieu a permis bien d'autres choses! répliqua don Ramero en hochant la tête. — Vraiment, mon frère je ne vous reconnais plus! Vous, autrefois si courageux! Vous, qui haïssiez tant don Fernando, vous me conseillez maintenant de traiter avec lui! — C'est que j'entrevois d'insurmontables dangers! — Mais qui a pu vous donner de semblables idées? — Les réflexions que j'ai faites sur la visite dont vous m'avez parlé. — Non, ce n'est pas cela, vous vous êtes indigné vous-même, quand il a été question de cela. — Oui, mais j'ai réfléchi depuis. — Je ne vous en félicite pas. — Vous avez tort, dit don Ramero. — D'ailleurs, répondit don Horacio, le P. Pascual a disparu, où le retrouver maintenant? — Je le sais. — Vous savez où il est? — Non, mais je connais le moyen de le découvrir. — Qui vous l'indiquera? — Ce médecin inconnu. — C'est donc un de ses amis? — Oui, le P. Pascual l'a probablement envoyé vers nous dans le même but: — Que voulez-vous dire ? — Tenez, mon cher don Horacio, je n'ai pas besoin de jouer au plus fin avec vous, voici ce qui s'est passé :

Ce médecin s'est présenté ici, vous le savez, le jour même où vous aviez été condamné par ses ineptes confrères ; mais avant de consentir à vous traiter, il m'a fait promettre que j'obtiendrais de vous la liberté d'Inès.

— C'est impossible ! vous dis-je. — Soit ! mais laissez-moi vous raconter ce qui a eu lieu. Cet homme, instruit sans doute par le P. Pascual, connaît aussi bien que ce dernier tous les secrets de notre famille. Il m'en a révélé même sur la famille des Urdova, qui m'étaient inconnus. — Sur la famille des Urdova ! des secrets ! — Je vous l'affirme. — Lesquels ? — Que don Fernando n'est pas le fils de don Urdova, mais de feu Zumala-Carregui. Il serait trop long de vous raconter maintenant cette histoire, mais cela est. — Alors, Inès n'est pas sa sœur ! — Si, puisque dona Sabina est la mère de Fernando. — Elle a donc trahi son mari ?

Ramero ne répondit pas. Il se rappelait bien, le misérable, les détails de la scène infâme qu'il avait jouée, mais il ne voulait pas que personne au monde, même son frère pût supposer son crime. Il cherchait à sonder Horacio sans cependant s'ouvrir à lui. Aussi, après un silence :

« Non, dit-il avec un mouvement de fureur au souvenir évoqué, je vous ai dit que je vous expliquerais cela. — Soit, revenons à notre homme. — Je vous disais donc que cet inconnu, stylé sans doute par le révérend, m'a fait promettre de rendre Inès, ce à quoi je me suis engagé. — Et que vous donne-t-il en échange ? — La vie d'abord, qu'il vous a rendue, Dolorès, Carmen et Lola, qui restent prisonnières par votre entêtement, et les preuves que vous savez. — Je comprends que vous vous intéressiez à la réussite de ce projet !

Don Ramero devint livide.

« Enfin ! répondit-il, que décidez-vous ? Si vous refusez ce que je vous demande, cet homme va venir vous réclamer la promesse que vous lui avez faite, et vous serez forcé de la tenir. — Qu'il vienne ! — Mais comment ferez-vous ? — Je n'aurai qu'une chose à lui répondre : Inès est morte. — Il ne vous croira pas. — Je lui en fournirai les preuves. — C'est donc vrai ! — Vous pouvez vous en convaincre, mon frère, dit don Horacio, voici tous les papiers qui constatent son décès. »

A ces mots, il se leva, ouvrit le coffret d'ébène qui se trouvait sur une table, au moyen d'une petite clef pendue à son cou, et montra à don Ramero les papiers dont il lui parlait. Celui-ci les parcourut rapidement, et, quand il eut fini, il reporta alternativement ses regards des papiers à la figure de don Horacio, comme s'il eût conservé quelque doute ; puis, convaincu par l'évidence des preuves et par le calme de son frère, il les lui rendit en s'écriant :

« Allons ! maintenant il s'agit pour nous de combattre et de vaincre ! »

XLIII

RODOLFO.

Quand don Ramero se fut retiré en proie à un découragement profond, son frère se leva, alla resserrer dans le précieux coffret les papiers qu'il venait de montrer, et tandis que sa main tournait la clef dans la serrure pour la refermer, un sourire faux se dessina sur ses lèvres et il murmura :

« Cette fois ils ne me la demanderont plus ! »

On gratta doucement à la porte de la chambre.

« Ah ! dit don Horacio, cela doit être Rodolfo, entre ! »

Le personnage silencieux, que nous connaissons, se glissa alors dans la chambre plutôt qu'il n'y entra. On aurait cru voir une ombre gigantesque s'agiter dans la nuit de cette grande pièce tendue de vert. Le lecteur se rappelle sans doute que Rodolfo était le confident le plus intime de don Horacio. C'est lui qui accompagnait le colonel et sa femme lorsque la diligence dans laquelle il se trouvait fut assaillie par la bande de Cuevillas. Après le drame émouvant qui s'était accompli sur le plateau, après la chute périlleuse que don Horacio et sa femme avaient exécutée, Rodolfo, criblé de balles, était resté étendu sans vie à côté des cadavres inanimés des guerilleros, que par dévouement à son maître il venait de tuer. Les vautours décrivirent au-dessus du plateau leurs cercles de plus en plus restreints, jusqu'à ce qu'enfin ils s'abattirent sur les cadavres après le départ de la guerilla de Cuevillas. On se souvient certainement que Rodolfo n'était pas mort, lorsque les vautours s'acharnèrent après lui ; mais, épuisé par l'effort qu'il avait fait pour les écarter, il retomba sans forces, et l'air fut déchiré par un cri suprême, après quoi tout rentra dans le plus profond silence. Ce cri avait été poussé par Rodolfo, au moment où le vautour le plus acharné sur son corps lui avait crevé et arraché cet œil, dont il était privé depuis. La douleur qu'il avait ressentie avait communiqué à son corps un mouvement galvanique, qui lui avait permis de se retourner.

C'est ainsi qu'il échappa à la mort cruelle qui l'attendait ; c'est à cette horrible douleur, on se le rappelle, qu'il dut de ne pas être dévoré vivant sur le plateau sur lequel il était étendu. Lorsqu'il revint à lui, rappelé à la vie par la fraîcheur de la nuit, il était épuisé par la perte de son sang, il était dévoré d'une fièvre ardente, il mourait de faim ; mais quand parut le jour, il se ranima, descendit, à force de patience, de la hauteur sur laquelle il se trouvait ; et arrivé sur la route, les forces l'abandonnèrent de nouveau, il tomba. Cette fois il était perdu sans ressources ! Par bonheur, la Providence avait daigné jeter sur son passage un paysan conduisant un de ces chariots à roues pleines, traîné lentement par deux bœufs. Le paysan allait passer sans s'étonner de trouver un cadavre sur son chemin, lorsqu'il lui sembla que ce cadavre faisait un mouvement : il s'approcha, s'agenouilla, posa sa figure cuivrée au-dessus de la bouche de Rodolfo ; puis, convaincu que cet homme respirait encore, il prit le corps, l'enleva dans ses bras puissants et le déposa dans son chariot. Heureusement pour Rodolfo, quelques bottes de paille étaient éparpillées au fond de la voiture. Sans cela, il eût rendu l'âme vingt fois dans les chocs violents qui faisaient soubresauter son corps, comme celui d'un poisson qu'on dépose sur la paille. Le paysan était bon royaliste, sa femme consentit à recevoir le blessé ; elle l'étendit mollement dans un grenier, car sa chambre était occupée depuis la veille par un autre blessé ; et Rodolfo revint à lui, tout étonné de ne plus voir planer au-dessus de sa tête les vautours qui l'avaient si fort maltraité. La maison dans laquelle avait été recueilli Rodolfo n'était pas précisément un palais : les ais des portes en étaient mal joints, les planchers étaient légers, le bruit des voix pouvait s'entendre d'une pièce à l'autre, surtout au milieu du silence qui régnait dans cette maison. Tout à coup Rodolfo tressaillit ; il releva vivement la tête, il venait de reconnaître le son bien distinct d'une voix amie. Lorsque la femme qui le soignait arriva, Rodolfo, qui pouvait à peine parler, lui dit :

« Là ! »

Et il désignait la chambre située au-dessous de son modeste grenier. La femme protesta de toutes ses forces, jura que son mari et elle étaient seuls dans la maison. Rodolfo ne l'entendit pas.

« Ici ! » dit-il encore.

Et il retomba sur la paille qui lui servait de lit. La femme du paysan s'éloigna ; elle se rendit directement à la chambre dans laquelle était assis un homme à côté d'une femme couchée, et lui dit :

« Senor, connaissez-vous Rodolfo ? — Oui, répondit don Horacio, car c'était lui ; où est-il ? — Là-haut. — Conduisez-moi près de lui ! »

Don Horacio essaya en vain de rappeler Rodolfo à la vie, celui-ci ne bougeait plus. Il s'éloigna et dit à la femme :

« Cet homme qui est là est mon plus fidèle serviteur, il a été blessé en me défendant, vous le soignerez comme s'il était moi-même : voici de l'or. — Soyez sans crainte, senor ! — S'il en réchappe, vous lui direz d'aller m'attendre à Madrid dès qu'il le pourra. — Je n'y manquerai pas, senor ! — Vous brûlerez ses habits, vous en mettrez d'autres à la place des siens, et vous direz que c'est votre garçon de ferme. — Mais je n'en ai pas. — Cela ne fait rien. — Il va peut-être reprendre connaissance. — Peut-être, mais je n'ai que trop attendu, je partirai ce soir, dès que sera venue la voiture que j'ai fait demander ce matin. — Que ferai-je de la jeune senora? — Je l'emmène. — Dans l'état où elle est? — Qu'importe! il faut absolument. — Vous en êtes le maître, senor. — Ainsi, je puis compter sur vos soins pour l'homme que vous avez recueilli? — Nous lui donnerons notre propre lit, dès que vous aurez quitté la maison. »

Don Horacio partit le soir même avec Inès, laissant Rodolfo aux soins du paysan. Rodolfo, installé convenablement aussitôt après le départ de son maître, montra, à dater de ce jour, qu'il tenait plus à la vie que la vie ne tenait à lui, il ressuscita, c'est le mot. Un mois après il regagnait Madrid, où son maître le rejoignit au bout de quelques jours. Parfois Rodolfo montait à cheval hors de Madrid et restait absent trois jours, puis il reprenait auprès de son maître son train de vie habituel, ou bien il escortait don Horacio dans les excursions que celui-ci était obligé de faire pour porter aux généraux christinos les ordres verbaux que la reine leur faisait transmettre. C'est dans une de ces circonstances que don Horacio fut fait prisonnier par les carlistes, et qu'Andrès intervint fort à point pour aider à le sauver. Depuis, Rodolfo n'avait pas quitté son maître. Il était venu avec lui à Grenade, avait pris part à toutes les expéditions commencées par don Horacio, mais forcé de le quitter pour s'acquitter d'une mission qui lui avait été confiée, il était parti quand son maître avait été si malheureusement blessé, et n'avait pu franchir le seuil de sa chambre depuis son retour avant qu'il n'y eût été autorisé. Alors, pour utiliser son temps, il s'était mis en campagne à la recherche de la Compagnie rouge, mais il n'avait pas été plus heureux qu'aucun de ceux qui l'avaient devancé, et n'avait que miraculeusement échappé à la chute d'un rocher qu'un arbre avait providentiellement arrêté. Il pénétra donc discrètement dans la chambre de don Horacio et se tint debout silencieusement, tordant son épaisse moustache grise et attendant qu'on l'interrogeât.

« Eh bien? demanda don Horacio. — Rien ! répondit Rodolfo. — Et la mission dont je t'avais chargé ? — Faite. — Depuis combien de jours? — Quatre. — Pourquoi n'es-tu pas venu m'en instruire. — Défendu. — Et qui donc a osé t'empêcher de pénétrer jusqu'à moi ? — Votre frère, dit Rodolfo en s'inclinant avec respect. — C'est vrai, le médecin m'avait défendu de parler. Qu'as-tu fait? — Tout ! — Tu es allé là-bas? — Oui. — Tu l'as vue? — Oui. — Comment t'a-t-elle reçu? — Mal. — Tu lui as remis ma lettre, à elle-même? — Oui. — Qu'a-t-elle dit? — Déchirée. — Mais pendant qu'elle la lisait, tu l'as observée, quelle était l'expression de ses traits? — Pas lue. — Elle a déchiré ma lettre sans la lire? »

Rodolfo fit signe que oui.

« Je ne pourrai donc jamais fléchir l'orgueil de cette femme ! « s'écria don Horacio.

Rodolfo regarda attentivement autour de lui.

« Tu as raison, dit Horacio plus calme, on pourrait nous entendre. Paraît-elle avoir souffert? — Beaucoup ! — Ainsi elle est encore changée, elle est pâle, triste, fatiguée? — Mourir! — Tu crois donc qu'elle en mourra? demanda vivement don Horacio. — Oui ! »

Don Horacio baissa tristement la tête.

« Oh! s'écria-t-il, nos amours sont-elles donc maudites? Mon frère a souffert par sa mère; je suis torturé par elle, je n'ai pas pu l'attendrir, et je ne puis pas la briser! Quel orgueil! ou plutôt quelle haine! Eh bien! qu'elle meure! Je serai sans pitié pour elle, comme elle a été sans pitié moi! Je ne puis pas être aimé d'elle, je serai son bourreau! Quelle faveur m'a-t-elle jamais accordée en échange de l'amour que je lui ai voué? Ai-je seulement jamais baisé sa main? Non ; chaque fois que j'ai tenu cette main dans la mienne, je l'ai serrée à la faire crier, ma rage avait besoin de s'exhaler, je voulais la voir souffrir au moins, et jamais elle n'a pâli quand je torturais ses doigts dans une étreinte frénétique! Qu'elle meure, et je n'aurai pas menti! Qu'elle meure! Mais jamais je ne la rendrai à l'amitié de Fernando, ni surtout à l'amour d'Andrès! Qu'elle meure! »

L'œil de Rodolfo était triste en contemplant son maître, il y avait comme un reproche dans le regard qu'il lui adressait; pourtant, pas un mot ne sortit de sa bouche, et sur le signe que lui fit don Horacio, Rodolfo disparut laissant son maître en proie aux émotions de la conversation monosyllabique qu'il venait d'avoir avec lui.

Don Horacio releva la tête d'un air de défi, il courut à sa cassette d'ébène, en retira avec les plus grandes précautions le cordial que lui avait donné le médecin, en reprit une dose égale à celle qu'il avait prise trois heures avant, et quand il sentit agir en lui l'influence de la merveilleuse liqueur, il se leva, croisa fièrement ses bras sur sa poitrine et s'écria :

« Oh ! mon amour, ma haine, ma vengeance ! je vous tiens, cette fois ! »

XLIV

AMOUR ET VENGEANCE.

Pendant que don Horacio, revenu à la vie, menaçait Inès de son amour et Fernando de sa vengeance, les jeunes filles, toujours enfermées dans les Tours Vermeilles, supportaient en silence les privations auxquelles elles étaient exposées, en dépit des attentions dont les comblait l'Encarnado. Celui-ci, partagé entre l'amour qu'il ressentait pour Dolorès et la haine qu'il avait vouée à la famille des Ramero, se résignait difficilement au rôle pénible qui lui était imposé par la nécessité et par le devoir. Andrès, qui le surveillait, s'aperçu du changement qui s'était opéré dans les manières de don Fernando ; il avait vu s'amollir ce cœur qui ne devait battre que pour punir les Ramero, et qui se révoltait en vain contre l'amour qu'il éprouvait. Mais Andrès n'entendait pas qu'il en fût ainsi. Il avait le premier poussé Fernando à enlever Dolorès pour venger Inès, et maintenant que Dolorès était en son pouvoir, il n'aurait jamais consenti à s'en séparer, fût-ce en dépit de la volonté de son ami ! De là, en effet, dépendait le salut d'Inès, et si Dolorès et ses cousines eussent été rendues à leur famille, quelle ressource fût-il resté pour défendre et protéger celle que don Horacio faisait si cruellement souffrir ? Au moment où Andrès et l'Encarnado se croisèrent, le premier s'aperçut de l'air sombre et soucieux de son ami et l'arrêta.

« Qu'as-tu, Fernando ? demanda-t-il. — Rien, répondit

l'Encarnado. — Je te vois depuis quelque temps sombre et préoccupé. — Comme toujours. — Oh! non, et puisque tu ne veux pas être franc avec moi, je le serai, moi, avec toi! — Mes lèvres ont horreur du mensonge. — Alors pourquoi me cacher ce qui se passe au fond de ton cœur? — Je ne cherche pas à le cacher. — Et tu as raison, car tu sais mal dissimuler, et je me suis aperçu malgré toi. — Te dois-je compte de mes plus secrètes pensées? — Oui, si elles ont trait au but pour lequel nous nous sommes unis. — Je prétends rester maître de mes secrets. — Je t'ai bien confié tous les miens. — Tu me les as confiés parce que je devais les servir. — Oui ; mais tu m'as juré que nous nous associerions pour venger Inès ; nous avons fait serment de la délivrer, ce serment, nous devons le tenir. — Et moi, j'entends faire ce que bon me semble, et n'être contrôlé par personne! — Et moi, je veux avoir avec toi une explication définitive. — Parle alors ; que veux-tu? — Je ne veux rien, Fernando, ne te laisse pas ainsi aigrir par la douleur, songe que c'est ton ami qui te supplie de lui répondre. C'est à ton cœur qu'il s'adresse, à tes bons sentiments, à notre vieille amitié ; ne crois pas que je veuille t'imposer mes volontés ni contrôler ta conduite, et surtout songe à Inès. »

L'Encarnado ému s'approcha vivement d'Andrès et lui saisit la main.

« C'est avec mon cœur que je vais te répondre, mon cher Andrès, et tu y liras à livre ouvert, dit-il. Lorsque je me suis introduit chez don Ramero sous le nom de don Juan pour préparer ma vengeance, en attendant ton retour, j'avais résolu d'imposer à Dolorès un amour avec lequel je comptais lui faire souffrir à mon tour tout ce que

son père a fait endurer à ma sœur. — Je sais tout cela !
— Mais ce que tu ne sais pas, puisque je l'ignorais moi-même il y a quelques jours, c'est que j'ai joué avec le feu ; c'est que j'ai subi moi-même cet amour que je voulais lui imposer, et qu'au lieu des tortures que je voulais lui faire endurer, c'est moi dont le cœur saigne et se révolte à l'idée d'être son geôlier. — Et pourtant, mon cher Fernando, que veux-tu faire ? Tu n'as pas songé à rendre la liberté à ces femmes. — Si, j'ai songé sérieusement à tout braver plutôt que le mépris dont elle m'accable ! — C'est impossible ! jamais semblable idée n'a pu germer dans le cerveau du frère d'Inès, du fils de don Urdova et de dona Sabina. — Tu as raison, et je suis étonné moi-même d'avoir cédé à cette pensée coupable ; mais l'homme est le jouet de ses passions, tu le sais ; il est pétri de passions souvent mauvaises, rarement bonnes, C'est cette domination fatale que je subis en ce moment !
— Mais tu ne peux pas y obéir ! Avant de céder à ta passion, tu dois écouter la voix de la raison. Or, il n'est pas admissible que tu veuilles renoncer à ta vengeance quand nous la tenons entre nos mains ; lorsque nous sommes à même de dicter à nos ennemis les conditions qu'il nous plaira ! — Oui, je sais que je devrais torturer ces femmes, s'écria Fernando avec emportement, je sais ce qu'a souffert Inès, je sais quel serment j'ai fait sur la tombe de ma mère, mais je ne puis t'expliquer ce qui se passe en moi ! Je veux ma vengeance, et cette vengeance j'ai peur de l'accomplir ! Je veux être le lion qui punit, et par moment, si j'écoutais une voix intérieure, je rendrais la liberté aux trois prisonniers.

— Non, tu ne feras pas cela, Fernando ! tu écouteras la

voix suppliante de l'amitié qui s'interpose entre ton amour et ta vengeance. Crois-tu donc que je ne connaisse pas toutes les angoisses que l'amour peut faire endurer ? Lorsque j'ai dû renoncer à ta sœur pour la livrer à son bourreau, ne me suis-je pas résigné, malgré les cris déchirants que j'entendais au fond de mon cœur? Pour qui ai-je été forcé de boire ce calice d'amertume? N'est-ce pas pour toi? Je ne te le reproche pas, Fernando, jamais un mot de reproche ne sortira de ma bouche pour te blâmer ; je connais trop toute la série de tes infortunes pour en parler sans t'absoudre.

Mais si j'étais égoïste, comme tu l'es en ce moment, si je n'avais pas su dévorer mes larmes, si j'avais succombé comme toi à un moment de faiblesse, qu'en serait-il advenu? J'aurais tué Inès pour ne pas la voir aux bras d'un autre, et je me serais tué après ! Et aujourd'hui je ne viendrais pas te dire : « Frère, sois fort comme je l'ai été ! » Comprime les douloureux battements de son cœur ! Songe qu'au dessus des souffrances terrestres tu as une mission sainte à remplir, un serment solennel à accomplir. Souffre, pauvre âme, le martyre purifie et élève à Dieu ! La récompense est toute prête, et ta conscience plaidera pour toi.

« Oh ! s'écria Fernando, depuis huit jours que je lutte, te dirais-je ce que j'ai enduré de souffrances, supporté de tortures? Il y a des moments, vois-tu, où je me sens brisé ! Je ne puis plus résister aux tourments que j'endure, je suis à bout de forces, je renonce à tout, à ma vengeance, à ma haine, mais non pas à mon amour. »

Paquo s'avança en ce moment près de l'Encarnado et lui dit quelques mots à l'oreille.

« Attends, dit l'Encarnado à Andrès, peut-être le P. Pascual qui arrive va-t-il nous apprendre quelque chose ! »

En effet, le P. Pascual, conduit par Paquo, faisait son entrée dans la partie du souterrain où se trouvaient Andrès et l'Encarnado.

« Eh bien ! mon père, demanda l'Encarnado, quelles nouvelles ? — Hélas ! répondit le révérend, je ne suis pas heureux dans les démarches que je tente pour arriver à trancher pacifiquement le nœud gordien qui nous enserre ! — Ainsi, vous n'avez pas réussi à fléchir l'orgueil et l'entêtement des Ramero ? — Non-seulement je n'ai pas réussi, mais je viens vous annoncer une triste nouvelle. — Encore ? — Oui, je suis un messager de malheur ! — Qu'est-ce donc ? — Il faut vous préparer à une grande douleur, mes enfants ! Dieu nous envoie de rudes épreuves ici-bas ! — Parlez, mon père ! ne craignez rien ! ne nous laissez pas plus longtemps dans l'incertitude horrible que votre présence nous fait pressentir. — Je vous en supplie, parlez ! dit Andrès. — Je suis allé chez don Horacio. Il a recouvré la santé, les forces, et avec elles l'orgueil de sa race et la haine de sa famille ; lorsque j'ai exigé de lui de satisfaire à la promesse qu'il m'avait faite, car c'est moi qui l'ai sauvé, et sa reconnaissance devait être sans bornes, je lui ai demandé de rendre Inès. Don Ramero, son frère, m'avait averti que cette démarche serait inutile, sans vouloir me dire pourquoi ; je voulus cependant la tenter. Don Horacio me reçut froidement, et lorsqu'il vit que je le pressais au point qu'il n'avait plus qu'à choisir entre un refus brutal ou l'ordre que j'avais sollicité de lui, il se leva, alla ouvrir une cassette d'ébène placée sur la table et en tira sans autre réponse, des papiers qu'il me remit entre les mains.

— Quels étaient ces papiers? — Hélas! mes chers amis, c'est ici qu'il faut faire appel à votre courage, car je vais vous porter un coup terrible! Ces papiers étaient les actes constatant la mort de sa malheureuse victime! — Inès est morte! s'écria Andrès dont un sanglot vint étouffer la voix. — Ma pauvre sœur! dit l'Encarnado en laissant tomber sa tête entre ses mains. — Etes-vous bien sûr que ces actes soient sérieux? dit Andrès subitement. — Je les ai examinés avec le plus grand soin; ils sont datés de Jaën et portent le cachet de l'autorité de cette ville. — Il n'y a plus à douter dit l'Encarnado. — C'est mon avis, dit le P. Pascual. Si j'avais pu conserver quelques doutes, je ne serais pas inutilement venu vous apporter cette triste nouvelle. — Le malheur me poursuivra jusque dans la tombe! s'écria don Fernando.

La malédiction de don Urdova s'appesantit partout sur moi! Rien de ce que je tente ne me réussit! J'ai causé le le malheur de ma sœur! J'ai fait à ma mère une vieillesse de larmes et d'angoisses! Je suis puni!...

— La miséricorde de Dieu est grande, mon fils, dit le P. Pascual, et vous vous découragez facilement! Vous n'appelez pas à votre aide la prière, cet intermédiaire divin qui élève jusqu'à Dieu! Il ne m'appartient pas de vous donner de conseils. Je vais fais encore une dernière démarche auprès de don Horacio. Ces preuves fatales qui témoignent hautement de la culpabilité de son frère pourront nous servir. Je vais en prendre la copie, et je les remettrai entre vos mains, car elles vous appartiennent. C'est l'héritage que votre mère vous a légué, et que je suis chargé de vous transmettre. Vous en ferez l'usage qu'il vous plaira; mais, croyez-moi, inclinez-vous devant la volonté qui vous frappe, respectez les décrets de la Providence qui n'a pas voulu que votre vengeance s'accomplit! Ah! je plains réellement la famille des Ramero. Il est impossible que son bras ne s'appesantisse pas sur elle! elle ne peut pas permettre que leurs crimes demeurent impunis! Laissez-lui donc le soin de la vengeance qui lui appartient bien plus qu'à vous! Conservez ces preuves que je m'engage à vous donner, mais ne vous en servez que pour votre défense! — Ainsi, s'écria Andrès, nous aurons souffert depuis six ans un enfer de tortures et de douleurs! Nous aurons consumé nos forces pour arriver à notre but, et toutes ces souffrances, tous ces efforts seront perdus! J'aurai sauvé la vie à don Horacio qui l'ignore; vous, mon père, vous l'aurez arraché à une mort certaine, et tout cela pour le voir passer devant nous arrogant, fier et triomphant! Oh! non, cela ne sera pas, mon père, le sang demande du sang, et il y aura du sang, je vous en donne ma parole! — Je vous pardonne, Andrès, parce que la douleur vous aveugle, et que votre cœur vous égare; mais j'espère, quand vous aurez réfléchi mûrement aux paroles que je viens de vous adresser, que cette tempête s'apaisera et que les lumières du Très-Haut auront éclairé votre esprit. — Je ne le crois pas, mon père! — Je vous demande encore deux jours, mes amis! Alors je vous apporterai les preuves fatales. Dieu me pardonnera, je l'espère, car il sait que je ne puis pas les garder, et que j'aurai fait tout ce qu'il est en mon pouvoir pour prévenir les effets d'une juste colère. »

L'Encarnado demeurait insensible, il n'avait rien entendu de la fin de cette conversation ; son cœur était brisé, et deux larmes furtives perlaient à sa paupière.

XLV

LA QUERELLE.

Le P. Pascual regardait tristement les deux jeunes gens à qui il venait d'annoncer le nouveau malheur qui venait de les frapper. Autant l'Encarnado se montrait abattu, autant les sentiments d'Andrès étaient surexcités. Il s'approcha de son ami, absorbé dans les plus tristes réflexions, et lui dit :

« Notre conduite est toute tracée maintenant. — Oui, répondit l'Encarnado, nous allons rendre la liberté aux femmes et combattre les hommes. — Encore cette pensée absurde ! s'écria Andrès. — Mais quel motif avons-nous de les garder maintenant ? Aucun. — Aussi mon avis n'est-il pas de les garder. — Alors, que veux-tu en faire ? — Tu m'as toi-même dicté ma conduite dans la conversation que nous avons eue ensemble à la *fonda del Sol* ; tu m'as dit : « Ma vengeance sera terrible, œil pour œil, dent pour dent ! » — Oui, je me rappelle, j'ai dit cela ! Ces paroles sont les miennes. — Songerais-tu donc à les rétracter aujourd'hui ? — Je ne veux pas les rétracter, mais je ne veux pas non plus ternir mes mains d'un sang innocent. Tant qu'Inès vivait, la liberté de Dolorès et de ses cousines me répondait de la liberté de ma sœur. Aujourd'hui Inès est morte ! Tuerai-je froidement ces trois femmes ? Non ! C'est aux hommes que s'adressera ma vengeance, et cette vengeance sera terrible. — De sorte que tu ne comptes pas rester fidèle au serment que tu as prononcé ? — J'ai fait serment de vengeance, et je me vengerai... mais sur des hommes ! — Mais je ne te comprends plus, en vérité ! Quel effet l'amour a-t-il donc produit en toi ? Au lieu d'élever ton cœur et tes idées, les a-t-il donc avilis à ce point que tu oublies tout un passé de deuil, et que tu veuilles caresser la main qui a fait de toi un mauvais fils et un proscrit ? — L'amour n'est pour rien dans ma détermination. Jamais Dolorès ne pourra être à moi, mais jamais je ne ferai couler son sang. D'ailleurs, que nous importe aujourd'hui la captivité de ces femmes, maintenant que nous n'avons plus rien à exiger en échange de leur liberté ? — Que nous importe ? s'écria Andrès avec explosion. Mais n'est-ce pas cette captivité qui doit être un moyen par nous employé pour arriver plus sûrement à châtier les vrais coupables ? Vrai Dieu ! c'est une belle vengeance que celle-là ! Torturer un homme dans ses affections, dans ses enfants ! Je l'ai éprouvée, moi, cette souffrance ! J'ai vu Inès souffrir, et j'étais impuissant à la soulager ! et maintenant qu'elle est morte victime de l'odieuse barbarie des Ramero, je ne vis plus que pour la venger ! — La douleur t'égare, répondit l'Encarnado ; je poursuivrai mon œuvre parce que je l'ai juré sur le cadavre encore chaud de ma pauvre mère, parce que depuis cinq ans je ne vis que dans cette pensée ; mais de là à étendre mes persécutions sur des femmes qui ne sont pas complices des forfaits qu'elles ne soupçonnent même pas, il y a un abîme, et je ne le franchirai pas ! — Oui ! dit Andrès avec une ironie amère, oublie donc alors tout ce que les Ramero t'ont fait souffrir ; oublie que ton père a été tué par eux, que ta mère a été assassinée par eux, que ta sœur est morte par don Horacio, que leur haine s'attache encore à toi qui es le dernier rejeton d'une famille qu'ils ont juré d'anéantir ; va présenter ta poitrine à leurs coups, et songe comme les anciens gladiateurs, à mourir avec grâce devant Dolorès qui te lancera un dernier regard de mépris. — Eh ! que m'importe la mort ! Crois-tu donc que je tienne à la vie en présence des tortures qui m'y attendent encore ? répondit l'Encarnado avec un triste sourire. Quelle vie ai-je menée jusqu'ici ? Chez qui ai-je trouvé l'amour ou l'amitié dont l'homme a toujours soif ? Don Urdova m'a toujours traité comme un étranger. Seules ma mère et ma sœur m'ont témoigné quelque affection, et je me suis privé de cette affection par un crime ! J'ai dû fuir ce bonheur qui m'attendait dans le foyer de la famille. J'ai erré comme un proscrit, j'ai brisé mon corps dans les fatigues de toute nature, et voilà où j'en suis réduit aujourd'hui ! — Je ne te parle pas de ton passé, car si je voulais te le rappeler, ça ne serait que pour te faire comprendre à quelle hauteur il doit se dresser pour soutenir ton énergie, pour fortifier ton caractère qui faiblit ! — Va ! je n'ai pas besoin d'être excité à la vengeance, mon cœur en a trop soif pour que j'oublie jamais qu'elle est nécessaire ! — Alors satisfais-la donc comme tu le dois ! Inès est morte par don Horacio, que sa fille et ses nièces meurent par nous. — Jamais je ne me souillerai d'un crime semblable, jamais je ne tremperai mes mains dans un sang aussi pur, j'aurais peur de voir couler ce sang la nuit dans mes rêves, le jour dans mes pensées. — Et pourtant, voilà seulement comment nous pouvons rendre aux Ramero les tortures qu'ils nous ont fait endurer. Il faut que ces femmes meurent! — Jamais, te dis-je! je renoncerais à ma haine, à mon serment, à tout, plutôt que de consentir à une semblable infamie. D'ailleurs qui voudrait se charger d'une exécution de ce genre? Il n'est pas dans ma Compagnie rouge un homme dont la main ne tremblerait au dernier moment, fût-il le plus féroce de tous! — Si personne ne s'en charge, si ta Compagnie rouge n'est qu'un ramassis de trembleurs que les larmes d'une femme effrayent, je me chargerai d'accomplir ces fonctions; et je le ferai avec joie, car la mort d'Inès sera devant mes yeux, et me donnera le courage de lui offrir ce sanglant holocauste! — Il est inutile de songer plus longtemps à ces meurtres; je ne les favoriserai à aucun prix, et je m'oppose de toutes mes forces à leur accomplissement. — Alors, c'est notre amitié que tu brises, c'est ton passé que tu renies, c'est la déloyauté que tu sers pour un amour infâme, et qui n'a pu entrer dans ton cœur que comme une monstrueuse impossibilité! — De quelque façon que j'aime, je veux être respecté; et je ne permettrai pas plus longtemps, même à ton amitié, de m'adresser de semblables reproches! C'est, pardieu! abuser par trop de ma complaisante indulgence; c'est vouloir provoquer la colère que je laisse sommeiller, pour me pousser à une éxtrémité que je ne saurais prévoir. — Fais donc ainsi qu'il te plaira; car tu es le maître, en effet, ici! Mais, dès aujourd'hui, je te quitte; je renonce à cette fraternité qui nous avait unis dans notre commun malheur. Tu brises violemment le lien qui nous unissait! Peu m'importe! je me réfugierai ailleurs pour accomplir mon œuvre; j'ai la guerilla d'Ignacio qui revient et qui m'attend, et avec elle au moins je pourrai lutter. J'emprunterai à un étranger, qui me le prêtera, l'appui que don Fernando m'aura refusé ! Rends la liberté à ces jeunes filles, je te le permets; mais, écoute-moi bien : le jour où elles auront franchi le seuil de ton repaire pour rentrer au sein de leur famille, sera le dernier qui luira pour elles, et je te montrerai qu'Andrès a le souvenir de ce qu'il a juré !

— Va donc, abandonne-moi au milieu du danger, et lance contre moi les imprécations qui soulagent ta colère ! mais, encore une fois, brisons là ! J'entends que pas un cheveu ne soit touché de la tête de Dolorès ou de ses cousines ; je veux qu'elles soient respectées comme si elles étaient mes sœurs. Que ton amitié pour moi s'efface devant ta fureur, je ne le comprends pas, mais je l'excuse. Va reporter sur un plus digne l'affection que tu m'avais vouée, et puisses-tu n'éprouver jamais le regret du moment dont tu me fais subir la plus pénible épreuve. Adieu, Andrès ! »

Andrès, arrivé au paroxysme de la colère en présence du calme de don Fernando, dont la volonté venait de se manifester inébranlable, se laissa entraîner aux plus violentes menaces.

« Adieu donc ! dit-il à l'Encarnado ; et, puisqu'il faut que nous soyons maintenant d'irréconciliables ennemis, je te ferai une guerre acharnée, je te le jure. Crois-moi, garde soigneusement tes belles captives ; le jour où tu auras cessé de les avoir en ta puissance sera le dernier de leur vie ! Et ne suppose pas que je me cacherai pour agir ! Non, mon but ne serait pas rempli ! Je veux que don Horacio sache bien quelle est la main qui le punit ; je veux qu'il apprenne que c'est en échange de celle d'Inès que j'ai pris la vie de sa fille ; et qu'enfin c'est pour punir tout entière la famille orgueilleuse et criminelle des Ramero, que j'aurai tué ses deux nièces. Maintenant je t'ai dit mon dernier mot ; tu sais, don Fernando, quel est l'avenir que je réserve à ton amour. Je te sauverai en dépit de toi-même, quand je devrais être ta victime ! — Eh bien ! soit ; mais si tu entres dans la guerilla d'Ignacio pour avoir plus facilement les moyens d'exécuter le forfait dont tu me menaces, je sais ce qui me reste à faire. Ai-je une opinion politique, moi ? Non ; j'ai embrassé le parti carliste, c'est vrai, mais c'est le destin qui m'y a poussé ! J'étais un étudiant insoucieux, quand on vint m'apprendre la mort de don Urdova. J'ignorais alors bien des événements qui me sont connus aujourd'hui, et je n'ai écouté que la voix qui m'a crié : « Il faut venger ton père ! » Je lui ai obéi ; je me suis jeté dans le parti de don Carlos, comme un noyé s'accroche à une branche sans regarder s'il y a des épines. Que me fait don Carlos ? que me fait sa politique déjà chancelante ? Je n'ai qu'à me plaindre de lui et d'Ignacio ! Lorsque je leur ai demandé la vie d'un homme, après leur avoir consacré la mienne, ils me l'ont refusée ; leur ai-je donc des obligations ? Non ; je me suis fait carliste pour servir ma haine, je me ferai christino pour sauver mon amour !

— Ah ! s'écria Andrès, il ne te manquait plus que cette dernière lâcheté !

Comment ! un renégat sera mis à l'index de la chrétienté entière, et de ceux même dont il a embrassé la religion, et tu jouirais en paix, toi, du fruit de ta trahison ? Ne le crois pas ; tant que mon corps aura assez de force pour se tenir debout, tant que mon bras pourra servir ma colère, tu me trouveras entre Dolorès et toi ; et quand elle ne sera plus, rappelle-toi qu'Andrès a juré sa mort et ne la reproche qu'à lui, car il ne céderait à personne le droit de faire justice. »

Le P. Pascual avait écouté douloureusement la scène pénible qui venait d'avoir lieu entre les deux amis ; il n'avait rien dit, qu'il eût approuvé ou non les paroles échangées de part et d'autre ; mais lorsqu'il entendit l'Encarnado parler de se faire christino, il se leva vivement, laissa Andrès répondre à don Fernando pour lui envoyer une dernière menace, et fixa sur celui-ci un regard sévère.

« Ne me brave pas plus longtemps, dit l'Encarnado à Andrès, j'ai assez supporté déjà, et prends garde qu'à mon tour la colère ne me gagne. — Que ferais-tu donc? dit Andrès qui souriait les dents serrées ; tu me tuerais peut-être ? Eh bien ! je ne te refuse pas cette infamie nouvelle ! Tiens, voici ma navaja, plonge-la donc tout entière dans ce cœur qui craint de te haïr après t'avoir tant aimé ! Ainsi mes menaces seront vaines ! Lorsque j'irai dans un monde meilleur rejoindre ceux que nous avons perdus, je dirai à Inès : « J'ai voulu te venger, ton frère m'a tué ! » Je dirai à dona Sabina : « J'ai voulu punir don Ramero, ton fils m'a tué ! » Je dirai à don Urdova.....

— Eh ! don Urdova n'est pas mon père ! — Qu'entends-je ! s'écria Andrès. Lâche, traître, infâme ! Il a poussé le comble de l'ignominie jusqu'à renier son père ! »

L'Encarnado tremblait de rage ; il siffla bruyamment ; Mochuelo arriva étonné.

« Tu me réponds de cet homme, lui dit l'Encarnado en

désignant son ami. — Du senor Andrès? demanda Mochuelo de plus en plus étonné. — Sur ta tête, entends-tu bien ! — Très-bien, très-bien, dit lentement Mochuelo, comme s'il eût cherché à s'expliquer cette énormité.

Mais l'Encarnado n'avait pas fini de lutter.

« Vous faire christino? dit le P. Pascual en s'approchant de lui; y avez-vous sérieusement pensé? — Je ferai tout plutôt que de souffrir qu'on tue des femmes innocentes ! — Non, vous ne le ferez pas ! Car si don Urdova n'est pas votre père, et c'est un secret que vous auriez dû garder, Zumala-Carregui a été tué par les christinos au siége de Bilbao. Vous ne pouvez pas l'avoir oublié, puisque vous avez assisté à ses derniers moments, et que vous avez reçu ses dernières confidences. — Vous avez raison, mon père; mais j'avais perdu la tête ! Oh ! vous êtes bien heureux, vous qui n'avez jamais ressenti les cruelles atteintes de la passion qui me dévore ! Vous vous abritez derrière un saint ministère, loin des orages de ce monde ! Mais, du moins, vous avez l'indulgence qui compatit et pardonne aux douleurs ! Excusez donc les paroles que la colère m'a arrarachées ! Versez plutôt sur mes blessures le baume divin de vos évangéliques consolations ! J'en ai besoin, mon père, car je suis bien malheureux ! »

L'Encarnado se laissa tomber dans les bras ouverts du P. Pascual, et pleura silencieusement, se ranimant peu à peu sous l'influence salutaire des encourageantes exhortations que lui prodiguait le ministre de Dieu.

Casilda se promenait, Casilda la reine du cœur de Paquo, Casilda qui, bien qu'ignorant les faits terribles que nous avons racontés, bien que ne sachant rien d'inquié-

21.

tant sur celui qu'elle aimait, Casilda qui était rêveuse et mélancolique. Pourquoi Casilda pleurait-elle de longues journées? et qu'est-ce que Casilda? se demandera peut-être le lecteur. Casilda est la jeune *maya* de Paquo, l'élégant garde du corps de l'Encarnado, le fils bien-aimé du vieux Fabian Christoval, Casilda est celle qu'il aime, celle pour qui, dans ses moments perdus, il consacre de longues soirées à la danse. Or, elle est jeune, elle aime le plaisir, la danse surtout ; Paquo est jeune aussi, il est joli garçon, il est élégant, il danse à ravir, en faut-il donc davantage pour qu'elle raffole de Paquo? Non! aussi l'amour est-il venu au cœur de la jeune fille. Depuis que la Compagnie rouge est venue s'établir dans les environs de Grenade, Paquo a fait dans le cercle des majos de l'endroit sa brillante apparition. Bien des cœurs sensibles ont volé vers lui, bien des œillades assassines lui ont été adressées, au grand dépit de ses concurrents, mais il est resté ferme et inébranlable, il a résisté à la tentation, cherchant autour de lui quelque objet de son choix. Enfin Casilda s'est montrée, et la fierté de Paquo a fondu devant l'amour, comme les neiges du Mulhacen fondent aux rayons du soleil. Pour elle ont été toutes ses attentions, pour elle il a voulu briller, pour elle il a porté d'élégantes toilettes, pour elle il a dansé, et de quelle manière! Il était impossible qu'elle ne succombât pas à de pareils signes d'attachement de la part d'un homme que ses compagnes se disputaient en vain. D'abord, ce fut son amour-propre qui fut flatté, ensuite elle céda aux attraits du plaisir que son novio embellissait encore de sa joyeuse présence: puis, l'amour vint pour tout de bon planter au cœur de Casilda son drapeau triomphant. La forteresse était prise ! Paquo était vainqueur. Mais il tomba d'un excès dans un autre ; pour avoir voulu trop attendre, pour avoir dédaigneusement repoussé les beautés qui s'offraient à lui, Paquo choisit trop bien, il tomba sur une nature exceptionnelle, ardente, enthousiaste, peu volage, nature pure comme le ciel sous lequel elle était née : il en fut trop aimé, Casilda voulait s'attacher à lui comme le lierre s'attache au chêne, comme la vigne s'enroule à la treille, et la liberté de Paquo fut un instant compromise. Heureusement ou malheureusement, selon qu'on voudra l'envisager, Paquo avait d'autres devoirs à remplir que celui d'aimer sa jeune maîtresse, il avait juré à son père de veiller sur don Fernando, il fallait se dévouer, il se dévoua. Tant que dura à Grenade le séjour de don Fernando, sous le pseudonyme de don Juan, les amours de ces deux tourtereaux grandirent et allèrent à merveille ; Paquo s'absentait rarement et chacun y trouvait son compte. Bien qu'il fit de temps en temps quelques courtes absences que Casilda trouvait toujours trop longues, Paquo remplit consciencieusement son rôle d'amoureux, prodiguant à sa bien-aimée tous les plaisirs qu'elle désirait, y compris surtout les fameuses courses de taureaux dont nous avons donné les détails. Mais lorsque le faux don Juan disparut tout à coup, laissant place au véritable Sosie, Paquo disparut aussi, ou du moins il devint plus rare. Casilda lui demanda compte en vain de ces absences longues et fréquentes, son novio eut la fermeté de tenir bon contre les larmes qu'il faisait couler, ou bien il les séchait à force de baisers. Bien que ce ne fût pas une réponse, il arrivait presque toujours que Casilda s'en contentait. Il n'en est pas moins vrai que la curiosité de la fille d'Eve livrait de terribles assauts à la discrétion de ce brave Paquo. Depuis dix jours surtout, Paquo était devenu presque invisible, et Casilda était fort en peine de son novio; à deux pas de se croire délaissée, car il devenait si rare que sa présence n'était faite que pour laisser des regrets. Ce soir où Casilda se promenait silencieuse et triste, elle vit arriver Paquo, souriant, dans son plus élégant costume de majo. En l'apercevant, elle aussi sourit de confiance.

« Enfin te voilà, mon cher Paquo ! s'écria-t-elle. — Oui, ma belle enfant, et tout à toi ! dit le majo. — Pour combien de minutes ? — Tant que tu le voudras. — Toute la soirée ! s'écria-t-elle toute joyeuse. — Comme tu le dis. — Et ensuite ? — Nous ferons tout ce que tu voudras.

Casilda rougit légèrement, mais ses deux grands yeux noirs s'animèrent, et son regard s'illumina doucement.

« Qu'allons-nous faire? demanda Casilda. — Diner d'abord, j'ai une faim d'ogre ! — Quelle délicieuse soirée ! dit Casilda sautillant comme un pinson. — Va faire les provisions, je t'attends ! »

Les provisions furent bientôt faites, le modeste diner fut bientôt dressé, et gaiement assaisonné par la joie et par l'appétit, il se passa à merveille. Paquo roula un papelito.

« Que ferons-nous ce soir ? — Je danserais bien, et toi ? — Soit ! allons danser, » dit gaiement Paquo en offrant le bras à Casilda et en fredonnant un bolero.

Le jeune couple partit en dansant d'avance. La soirée

se passa en plaisirs de toute espèce, boleros, fandangos, rafraîchissements, rien n'y manqua, fête complète ! Alors on rentra au logis, un peu fatigué, mais très-content. Casilda s'appuyait sur le bras de son novio et le regardait en souriant fièrement. Paquo, tout aussi radieux qu'elle, se dédommageait des jours d'abstinence qu'il venait de passer aux Tours Vermeilles. Tous deux causaient échangeant les plus douces pensées, les plus riantes promesses. Puis le calme se fit dans leur esprit, et Casilda revint naturellement à l'idée qui la préoccupait le plus.

« *Mio querido* ! dit-elle à Paquo de sa voix la plus câline, pourquoi ne te vois-je plus ? — Où suis-je donc ce soir ? dit le majo. — C'est vrai, mais depuis une dizaine de jours, à peine t'ai-je entrevu par hasard. — Je suis comme le soleil, il se montre rarement quand il y a des nuages. — Il y a donc des nuages ? — Enormément. — Tu vas me dire pourquoi. — Je t'en prie, ma petite Casilda, laisse-moi commencer par le commencement. — C'est donc bien long ? — Assez ! — Tant mieux, j'adore les histoires. — Tu vas être servie à souhait ! As-tu entendu parler de l'Encarnado ? — Quelle niaiserie ! Est-ce que tout le monde ne le connaît pas ? dit Casilda en riant. — Qu'est-ce que tu en penses ? — Ce qu'on en dit, que c'est un chef galant et courageux ; on prétend même que c'est un gentilhomme ! Est-ce qu'il t'avait enlevé ? ajouta-t-elle vivement. — Non, dit Paquo en souriant, mais j'ai été pris par sa guerilla la Compagnie rouge. — Quand donc ? — Il y a quelques jours. — C'est donc pour cela que je ne t'ai pas vu ? — Il n'y a pas d'autre raison. — Comment se fait-il que les guerilleros t'aient pris et qu'ils t'aient relâché? — Voilà! ils m'ont fait jurer un secret absolu. — Mais tu n'en as pas pour ta Casilda. — Hum! cela dépend! — Comment! vous me cacheriez quelque chose? — Voudrais-tu entrer au service de l'Encarnado? — Pourquoi faire? — Il a trois prisonnières qu'il voudrait garder, et comme ce sont de grandes dames, il lui faudrait quelqu'un pour les servir. — Ah çà! comment es-tu si bien au courant des affaires de l'Encarnado? — Je les ai surprises, dit vivement Paquo. — Tu mens, répondit Casilda. — Je t'assure, ma chère petite… — Je te dis que tu mens, et je m'explique maintenant tes longues et fréquentes absences. — Que veux-tu dire? demanda Paquo inquiet. — Tu veux me le cacher, mais je le devine, dit Casilda en riant; les trois belles dames prisonnières sont les filles des Ramero; on ne parle que de cela à Grenade, et tu fais partie de la Compagnie rouge. — Moi, dit Paquo d'un air étonné. — Oui, toi! Je me demandais ce que tu pouvais avoir à faire ainsi chaque fois que tu me quittais, et j'en étais inquiète, mais maintenant, je n'ai plus peur, je suis tranquille, je sais où tu es, tu m'aimes toujours, je suis heureuse! — Vraiment! dit Paquo joyeux. — Tu vois bien que c'est vrai! — Eh bien! oui, dit Paquo; mais sois discrète! — Oh! je suis curieuse, mais pas bavarde, sois tranquille! Quel poste remplis-tu? — Aucun. — Oh! tu es simple guerillero! dit-elle avec regret. — Non, dit Paquo en relevant la tête; je suis mieux que cela, mieux que le lieutenant. — Bah! dit Casilda joyeuse et étonnée. — Je suis l'ami de l'Encarnado. — Vraiment: — Mon père m'a placé près de lui pour le défendre, tu avais raison: c'est un gentilhomme. — Mon bon Paquo! je vais

t'aimer d'avantage pour les dangers que tu vas courir.
— Veux-tu les partager? —Oui! répondit héroïquement
Casilda. — Alors tu viendras demain matin avec moi. —
C'est convenu. — Surtout, mon enfant, ne nous trahis
pas! Songe qu'un mot de toi compromet la vie de deux
cent cinquante hommes! — Je te le jure, mio querido!—
Songe bien surtout que je suis placé par mon père pour
veiller sur l'Encarnado, et que l'on passera sur mon corps
pour arriver jusqu'à lui! — Pauvre ami! — Si je te dis
tout cela, ma bonne Casilda,, ce n'est pas pour t'effrayer,
c'est pour te faire comprendre de quel intérêt il s'agit,
c'est pour que tu puisses apprécier de quelle gravité serait la plus légère indiscrétion. — Rassure-toi, je t'aime
trop! — Je le crois, et c'est ce qui m'a engagé à parler
de toi à l'Encarnado, pour remplir auprès de ses captives
le rôle de confiance que je viens te proposer.

Il m'a autorisé en m'adressant les sages observations
que je te transmets. Et si tu as si bien deviné, c'est que
je t'ai mise sur la voie, c'est que je voulais m'assurer que
ton amour ne faiblirait pas devant la fausse position dans
laquelle je me trouve, pour obéir à la volonté de mon
vieux père.

— Ainsi, tu as douté de moi? dit Casilda d'un ton de
reproche. — Non, mon âme, non! J'ai craint seulement
de te voir frémir en apprenant que je faisais partie de la
Compagnie rouge. — Je ne t'en aime pas moins, mon
Paquo, car si la Compagnie rouge a frappé, elle n'a puni
que les méchants, et elle a sauvé bien d'honnêtes gens!
Jamais le peuple de Grenade n'oubliera le dévouement
avec lequel elle a combattu et éteint l'incendie qui me-
çait de dévorer un village! — Merci, Casilda, tes paroles

me font du bien ! Elles me prouvent que j'ai sagement agi en plaçant ma confiance en toi, et l'Encarnado sera heureux d'apprendre cette bonne nouvelle. — Où est l'Encarnado en ce moment? — Tu le sauras demain. — Pourquoi demain ? — Parce que nous irons ensemble aux Tours Vermeilles. »

Casilda donna à Paquo un baiser qui acheva de le rassurer. Paquo était enchanté de Casilda. Casilda voyait en Paquo le héros d'une légende populaire.

XLVI

LA RENCONTRE.

Le lendemain matin, à la pointe du jour, nos deux amoureux se mirent en marche et quittèrent Grenade pour monter aux Tours Vermeilles, où se tenait la guerilla de l'Encarnado. Le soleil était superbe, l'air frais du matin répandait ses exhalaisons odorantes des arbustes en fleurs, le ciel souriait, l'alouette chantait dans le sillon, la caille faisait entendre son cri si aimé des chasseurs, l'aigle décrivait de grands cercles au-dessus des nuages ; les bœufs se dirigeaient à pas lents dans la plaine, et traînaient paisiblement la lourde voiture, dont les roues criaient en labourant la terre féconde ; un murmure confus annonçant le réveil de la nature, semblait saluer de ses lointains hourras la perspective d'un beau jour. Paquo et Casilda, bras dessus bras dessous, cheminaient gaiement, comme font deux amoureux, s'arrêtant çà et là pour cueillir une fleur et un baiser. Casilda contemplait silencieusement Paquo et le regardait comme s'il eût grandi de dix coudées depuis la veille ! Paquo était l'ami de l'Encarnado! d'un gentilhomme espagnol, d'un hidalgo! Il n'occupait pas un de ces postes subalternes qui placent l'homme sous une dépendance absolue; il était le chef après le chef. Quelle position pour un joli garçon qui est bandit par ordre de son père! Mais la curiosité de Casilda était éveillée; elle avait déjà essayé d'arracher au jeune majo quelques confidences sur l'Encarnado, et comme il avait répondu à ses questions insidieuses d'une manière plus que péremptoire, elle en avait conclu qu'il ne savait rien. Sa vanité féminine ne pouvait pas s'avouer que Paquo pût rien lui cacher. On voit que celui-ci n'entendait révéler à sa novia que ce qu'il voulait qu'elle connût. Il se rappelait peut-être l'histoire bien authentique de Samson et de Dalila; aussi quelque confiance qu'il eût dans l'amour et la discrétion de sa fiancée, il la borna sagement aux strictes limites qu'il était forcé de garder.

« Ainsi, mon bon Paquo, tu ne sais rien sur lui? demanda la maja. — Sur qui? répondit Paquo. — Sur l'Encarnado? — Peu de choses, ma belle amie, je sais que c'est un parfait gentilhomme. — Qui te l'a dit? — Mon père, Fabian Christoval. — Et il ne t'a pas appris autre chose? — Oh! mon Dieu, non! — C'est bien étonnant! — Pourquoi? Si ton père te disait : ma bonne Casilda, je t'ai élevée, je t'ai choyée, je t'ai aimée; eh bien! en échange de ce que j'ai fait pour toi, je te charge de veiller sur un homme à qui je dois tout. — Je le ferais, dit énergiquement Casilda. — Et lui en demanderais-tu davantage? — Ah! je ne sais pas! — Non, tu ne le ferais pas, ma Casilda, parce que ton cœur est bon, parce que tu es dévouée, et tu partirais comme je suis parti sans demander compte à ton père des secrets qu'il n'a pas le droit de te révéler. — Tu as toujours raison, mon ami, je ne suis qu'une étourdie. »

Ils étaient arrivés ainsi cheminant gaiement, lorsque Paquo s'arrêta subitement et prit Casilda par le bras. Elle obéit au mouvement de son compagnon de route et s'arrêta également.

« Attends-moi là, dit Paquo, et si tu aperçois quelqu'un tu m'appelleras, et surtout cache-toi dans ce buisson de lauriers. »

Il disparut à son tour dans les arbustes qui bordaient le côté opposé de la route, et se glissa avec les plus grandes précautions dans le taillis qui l'abritait, en reprenant en sens inverse le chemin qu'il venait de parcourir. Paquo était habitué à ces sortes de ruses, il dépista donc facilement celui qui paraissait vouloir s'attacher à ses pas. Il aperçut alors marchant à pas lents sur la route et presque sur la pointe des pieds, un homme d'une stature colossale, grisonnant déjà, le visage orné d'une moustache énorme très-fournie, et surtout très-défiguré ; il n'avait qu'un œil. C'était Rodolfo qui cherchait aventure. Mais Rodolfo n'était qu'un brave soldat, qu'un compagnon solide et assez rudement éprouvé ; les finesses de la guerre qu'il avait entreprise pour le compte de son maître lui étaient étrangères ; c'était une puissante machine mise en mouvement par un levier. Le levier c'était don Horacio. La machine par elle-même ne pouvait rien. Il en résulta que Rodolfo qui suivait quelqu'un se trouva suivi par lui, et que Paquo put voir à son aise les singulières contorsions de l'observateur maladroit qui s'agitait devant lui. Rodolfo avait vu de loin disparaître Casilda dans le buisson, il s'approcha de l'endroit où elle se trouvait, et écartait de la main les branches qui obstruaient son passage, lorsqu'une main nerveuse se posa sur son bras, tandis qu'une voix pleine de gaieté lui criait :

« Qu'y a-t-il pour votre service ? »

Rodolfo se redressa fièrement pour toiser l'audacieux qui l'apostrophait ainsi ; mais quand il reconnut celui qu'il suivait quelques minutes avant, son étonnement se traduisit par une pantomime muette fort amusante, sans doute, car elle provoqua les éclats de rire de Paquo. Rodolfo était très-sérieux.

« Qu'alliez-vous faire dans ce buisson? demanda Paquo. — Promenais, articula péniblement le soldat. — Ce n'est pas généreux de votre part, mon ami, de vouloir ainsi surprendre une femme ! »

Rodolfo haussa les épaules.

« Que faisiez-vous donc sur nos pas? reprit le majo. — Marchais. — Vous nous suiviez? — Quoi? — Est-ce oui ou est-ce non ? décidez-vous. — Qu'importe! — Il est probable que cela m'intéresse puisque je vous le demande. — Egal. — C'est différent, mais je vous déclare que je n'aime pas à être suivi et qu'il pourrait vous en arriver malheur ! »

Rodolfo sourit d'un air incrédule.

« Vous ne me croyez pas, monsieur Goliath? — Non. — Eh bien, vous n'avez qu'à l'essayer! — Oui. — Ah çà ! dit Paquo en se croisant résolument les bras sur la poitrine, depuis quand deux amoureux ne peuvent-ils plus se promener tranquillement sans être inquiétés par un importun? »

Rodolfo fronça les sourcils, mais il continua à sourire sans répondre.

« Vous êtes donc muet? demanda Paquo. Répondrez-vous à la fin? — Non! — Ah! dit Paquo dont la main caressait sa navaja, prenez garde, senor, je ne suis pas patient, ne m'irritez pas! »

Rodolfo se recula d'un pas avec un air de superbe mépris, comme un bouledogue qui regarde aboyer un roquet. Mais le roquet allait mordre, la navaja avait déjà lancé un éclair, elle était dans la main du majo, il allait frapper. Rodolfo s'affermit d'abord sur la défensive, puis une lueur vint traverser sa charpente, et il s'avança vers Paquo grave et calme :

« Non, dit-il. — Vous allez parler! » dit Paquo étonné.

Rodolfo fit signe que oui. Paquo remit sa navaja dans sa ceinture, et se rapprocha de Rodolfo.

« Pourquoi nous avez-vous suivis? — Connaître... — Vous croyez connaître la senorita? — Oui. — Et la connaissez-vous? — Non! — Alors?... — Adieu! »

Et Rodolfo, tournant sur lui même, reprit sa promenade. Paquo le regarda s'éloigner en silence. Puis, haussant les épaules comme s'il eut dédaigné de s'occuper davantage du soldat demi-muet, il détourna la tête et se rapprocha vivement de Casilda. Puis ils reprirent ensemble la route qu'ils suivaient non sans s'être assurés qu'ils n'étaient plus épiés, et bientôt après ils virent luire aux rayons du soleil levant, les murailles de pain grillé qui s'appelaient les Tours Vermeilles.

XLVII

LE SECRET D'UNE FEMME.

Paquo était enchanté ; il avait trouvé chez Casilda ce qu'il avait le plus désiré, il satisfaisait de cette façon aux désirs formulés par l'*Encarnado* ; la fortune lui souriait de tous les côtés ; amour et amitié s'étaient unis pour lui tresser une couronne de roses. Casilda, comme toutes les femmes, brûlaient d'impatience de connaître les tours Vermeilles, la Compagnie rouge, l'Encarnado. Elle était littéralement dévorée de la soif de l'inconnu, et ses petits pieds frappaient la terre, tandis que sa tête inquiète cherchait à dominer les obstacles qui entravaient sa vue. On eût dit qu'elle satisfaisait déjà par le regard la curiosité qui la dévorait. Elle maudissait sa petite taille, elle s'élevait sur la pointe des pieds, s'appuyait sur le bras de Paquo et s'élançait en l'air pour entrevoir cet endroit mystérieux dans lequel elle allait pénétrer. Et puis, ce mystère lui plaisait ; il lui semblait qu'elle avait acquis plus d'importance depuis qu'elle tenait entre ses mains la vie de deux cent cinquante hommes. Laissons la jeune fille rêver joyeuse, et suivons Rodolfo qui s'éloigne lentement. Il a été sur le point de se battre avec Paquo ; l'air de superbe défi avec lequel il s'était posé, le regard étincelant qu'avait lancé l'œil unique qui lui restât, l'avaient indiqué suffisamment. Puis une réflexion lui était venue : c'est que, s'il était tué, sa mort ne profiterait à personne ; et que, si l'individu qu'il suivait tenait tant à ne pas être suivi, c'est qu'il avait des motifs sérieux pour craindre un regard indiscret. Rodolfo, si épaisse que fût son intelligence, comprit qu'il fallait agir de ruse et épier. Puis sa rencontre avec Paquo et Casilda avait cela d'heureux, à son point de vue, qu'elle lui avait montré à découvert le visage de ces deux personnages ; il les examina attentivement, afin de bien graver leurs traits dans sa mémoire, et s'en alla de l'air le plus indifférent du monde ne voulant pas compromettre un résultat qui devait devenir fertile, en s'exposant seul à des dangers auxquels il était certain qu'il ne pourrait pas échapper. Il se résigna donc au rôle d'observateur qu'il s'était tracé, et pour lequel il avait pris en affection une *fonda* isolée dans laquelle son domicile était momentanément établi. Parfaitement décidé, s'il voyait encore aller et venir le couple charmant qu'il avait arrêté quelques minutes avant, à prévenir don Horacio, il savait qu'au moyen de quelques soldats habilement cachés et déguisés au besoin, le couple serait pris et forcé de parler. Ce raisonnement, de la part de Rodolfo, était d'autant plus profond que l'intelligence du pauvre soldat n'était pas extraordinaire et qu'il était plutôt fait pour les coups de main que pour les conceptions difficiles. Stimulé par le dévouement qu'il avait voué à don Horacio, dévouement d'autant plus grand qu'il n'était pas raisonné, il se promit de mener à bien cette affaire, pour peu qu'elle lui présentât quelque chance de succès. Il était tellement satisfait de l'idée qu'il avait eue, qu'il s'en fût adressé des compliments s'il eût été bavard ; et qu'il eût souri de plaisir si l'expression de sa physionomie avait pu se prêter à cet effort. Le lendemain, Rodolfo était à son poste ; mais il se garda bien de se montrer. Seulement il dévora du regard, à travers sa fenêtre, la route au bord de laquelle était placée la *fonda* dans laquelle il s'était établi. Après quelques heures d'attente, pendant lesquelles pas un individu ne passa devant lui sans qu'il ne pût en donner le signalement, Rodolfo eut la satisfaction de voir venir Casilda, la jeune *maja*, se rendant sans doute à Grenade. Rodolfo triomphait. Qu'était devenue depuis la veille la jeune fille qu'il avait aperçue au bras de Paquo? Et puisqu'elle revenait seule, qu'avait-elle fait de son cavalier? Cependant, il voulait user de patience; il attendit encore. Deux heures après, Casilda suivit le même chemin, se dirigeant du côté des Tours Vermeilles; puis il ne la vit plus de la journée. Rodolfo résolut immédiatement d'aller informer son maître de ce qu'il venait de surprendre. Don Horacio, depuis cinq jours déjà était debout, il se réconfortait doucement, grâce au cordial que lui avait donné son nouveau médecin et caressait plus que jamais ses idées de vengeance. Au moment où Rodolfo pénétra chez lui, il le trouva silencieusement accoudé sur une table, feuilletant des papiers que lui avait remis le père Pascual sous les habits du médecin. Ces papiers étaient la copie des documents constatant la trahison de son frère pendant la nuit du 16 février 1809, au siége de Saragosse. Don Horacio était soucieux; il songeait au déshonneur qui allait résulter pour la famille des Ramero de la production de ces documents et il tremblait. Il n'avait résisté aux désirs du père Pascual qu'en vertu de cet orgueil qui ne voulait ployer devant rien; mais il était morne et abattu en présence de l'effrayante réalité qui se présentait devant lui. Le père Pascual lui avait annoncé que, pour venger Inès, l'Encarnado, entre les mains de qui ces preuves étaient maintenant, les enverrait à la reine après les avoir publiées à

Grenade, et don Horacio était chancelant; il hésitait encore; mais il était près de céder. Il pensait à rendre Inès à son frère. Mais une dernière pensée surtout le soutenait dans la lutte qu'il avait entreprise. Si Andrès eût été mort, don Horacio aurait rendu Inès sans hésiter plus longtemps. Mais son orgueil ne pouvait se faire à l'idée de voir Inès prodiguer à un autre les caresses dont elle l'avait privé, les tendres paroles qu'il n'avait jamais entendues, les mots d'amour qu'elle lui avait refusés. Don Ramero insistait vivement auprès de lui, bien car il ne croyait pas à la mort de la fille de don Urdova, il suppliait son frère d'éviter un éclat fâcheux. Il faisait ressortir l'ancienneté de leur noblesse ternie tout à coup pour un écart de jeunesse qu'il déplorait amèrement. Son frère allait céder. C'est sur ces entrefaites que Rodolfo fit son apparition dans la chambre de don Horacio.

« Que me veux-tu ? demanda celui-ci. — Seuls ? dit Rodolfo en regardant autour de lui. — Parle sans crainte Rodolfo ! — Observé. — Et tu as vu quelque chose — Oui. »

Rodolfo fit un effort violent. Il se recueillit, puis il dit avec une souffrance visible :

« Parle vite, alors ! — Depuis trois jours je campe dans une *fonda* située sur le bord d'un petit chemin encaissé qui conduit aux Tours Vermeilles, — C'est donc pour cela que tu n'es pas venu ici ? — Oui. — Dis ce que tu as vu. — Un homme et une jeune femme. — Tu leur as parlé ? — Me battre avec le *majo*. — Pourquoi ? — Suivi — Ah ! ah ! dit Horacio en rapprochant son siège ; et ensuite ? — S'éloigna. — Tu as eu tort. — Non ; tué. — Tu es devenu bien prudent, Rodolfo ! » dit don Horacio d'un ton dur.

Rodolfo mordit son épaisse moustache grise ; c'était l[e] signe le plus évident de sa contrariété.

« Observé, dit-il. — Faudra-t-il donc t'arracher chaq[ue] parole de la bouche ? Parle donc ! — La jeune fille e[st] revenue seule ce matin, reprit Rodolfo en faisant un no[u]vel effort plus puissant encore que le premier. Elle e[st] sans doute allée à Grenade ; puis deux heures après el[le] est repassée portant un paquet. — L'as-tu suivie, cet[te] fois ? — Non. — C'est bien, mais quelle est ton idée ? qu[e] me veux-tu ? — Je vous demande vingt-cinq homm[es] déguisés pour arrêter, ou le jeune *majo*, ou la petite sen[o]rita, ou tous les deux ensemble. — Va, prends-les, et me les amèneras ! — Immédiatement. »

Rodolfo pirouetta sur ses deux talons avec une roide automatique, porta vivement la main à son chapeau, s'éloigna sans en demander davantage. Don Horacio [ne] l'avait pas même remercié. Mais cet incident le préocc[u]pait ; il était possible que le gros bon sens de Rodolfo e[ût] réussi là où la finesse de don Ramero avait échoué. Peu [à] peu il s'écarta des idées dans lesquelles il était plon[gé] lors de l'arrivée de son fidèle serviteur, il s'abandonna [de] nouveau à ces deux passions qui s'élevaient alternativ[e]ment dans son cœur comme dans une balance : la hai[ne] d'un côté, l'amour de l'autre. Il fit prévenir son frèr[e.] Don Ramero s'empressa d'accourir, et reçut avec u[ne] indifférence assez marquée, la confidence de don Horaci[o.] Il n'avait qu'une confiance médiocre dans la diplomat[ie] de Rodolfo, il attendit pour juger. Trois heures apr[ès] Rodolfo revenait dans la chambre de son maître, et [un] même salut accompagna son entrée, qui avait précédé [sa] sortie.

« Là, dit-il — Qui? — Senorita. — Tu l'as arrêtée?
— Oui. — Comment? — Prise. — Par tes soldats? — Oui.
— Quand? — Grenade. — Elle y allait? — Non. — Elle
en revenait? — Oui. — Fais-la entrer. »

Rodolfo ne se faisait jamais répéter un ordre ; il sortit pour l'exécuter, et revint quelques minutes après précédé de Casilda.

« Reste-ici pour la surveiller, » dit don Horacio.

Rodolfo se tint debout devant la porte, dans une immobilité qui eût fait douter de son animation.

« Approchez, dit don Horacio à Casilda, et répondez ! »

Casilda, tremblante, jetait autour d'elle un regard d'effroi ; elle contemplait les sombres draperies de la chambre dans laquelle elle se trouvait; ses yeux se reportaient sur ces deux hommes qui étaient assis devant elle, sur Rodolfo qui ne bougeait pas plus qu'un dieu Terme, et un frisson parcourait son corps.

« Que faisiez-vous près des Tours Vermeilles? demanda Horacio. — Je me promenais, répondit la jeune fille. — Il est inutile de feindre. — Alors, pourquoi me le demander? dit Casilda. — Vous êtes affiliée à la Compagnie rouge. — Oh! non, mon bon senor. — Vous y avez un frère ou un *novio*? — Vous vous trompez ; je ne connais personne dans la troupe de l'Encarnado. — Vous ne voulez pas l'avouer? — Je ne saurais dire ce que j'ignore. — Vous êtes bien sûre de n'y connaître personne? — Oh! certainement. — De sorte, fit don Horacio, qu'il vous est parfaitement indifférent que tous soient tués ou brûlés dans leur repaire? »

Casilda commençait à trembler plus fort; cependant, elle eut assez d'énergie pour répondre : — Cela m'est absolument indifférent ! — Dans ce cas, vous allez venir avec nous, tout est préparé pour le siège des Tours Vermeilles, et, dès demain, vous nous y accompagnerez. — Mais, qu'ai-je besoin d'être là ? — Je veux que vous voyiez brûler ou fusiller celui que vous aimez. — Si cela était vrai, vous seriez cruel, senor ! — Quand il s'agit de combattre un bandit, la cruauté n'existe plus : elle se nomme fermeté. Ainsi, vous assisterez ! Le secret est découvert, » ajouta don Horacio plaidant le faux pour savoir le vrai. Il est à remarquer que cette tactique maladroite et grossière réussit presque toujours sur ceux qui ont quelque raison de craindre que la vérité ne vienne à être connue. Casilda n'y voyait plus, elle chancelait. Don Horacio sourit, fit un signe à son frère, et continua :

« Le secret est découvert ; il y a toujours quelques traîtres parmi les bandits, et pour un peu d'or, on en a facilement raison. Ainsi, demain on les attaquera ; s'ils se défendent on les enfumera comme des renards dans leurs terriers et tout sera dit ; il faut que pas un d'eux ne puisse s'échapper. »

Casilda porta vivement la main à sa poitrine, son cœur battait violemment, le sang vint affluer à son cerveau, elle s'évanouit. Elle serait tombée sur le tapis si Rodolfo ne se fût trouvé là pour la recevoir dans ses bras. Don Ramero se leva ; il voyait que ses affaires prenaient une meilleure direction ; il commençait à comprendre que Casilda savait quelque chose, mais il fallait trouver le moyen de la faire parler. Il lui prodigua des soins empressés pour la rappeler à la vie ; mais dès qu'elle ouvrit les yeux, un déluge de larmes et de sanglots se fit jour à travers ses paupières.

« Calmez-vous, mon enfant, lui dit don Horacio, nous ne voulons vous faire aucun mal ; voulez-vous sauver celui que vous aimez ? »

Casilda releva la tête, mais ne répondit pas, et ses larmes coulèrent de plus belle.

« Le voulez-vous? répéta don Ramero. — Non, tuez-moi ! Il ne me la pardonnerait pas ! — Soit, dit don Ramero, il mourra donc comme les autres, et c'est vous qui l'aurez tué. — Que faire? dit Casilda. — L'aimez-vous beaucoup ? — C'est ma vie ! — Alors, sauvez-le. — Oh! ma tête se perd ! s'écria Casilda suffoquant. — Parlez, mon enfant, dit don Ramero, un mot de vous et il est sauvé ! — Mais que voulez-vous que je vous dise, puisque vous savez tout? — Sans doute, dit insidieusement don Horacio, mais plus vous nous en apprendrez, plus nos renseignements seront exacts, plus nous pourrons épargner celui que vous aurez désigné. »

Casilda se désolait, ses blanches mains étreignaient convulsivement ses luxuriants cheveux noirs ; ses larmes continuaient à couler sur son corsage gonflé par des sanglots ; elle faisait peine à voir. Rodolfo lui-même détournait la tête. Mais les Ramero ne faisaient aucune attention aux angoisses de la jeune fille : ils voyaient s'avancer à grands pas la réussite de leurs coupables projets ; ils allaient assurer le triomphe de leur famille, et tuer dans son antre le lionceau qui représentait seul le nom abhorré des Urdova. Casilda se débattait vainement dans les serres de ces oiseaux de proie.

« Dans quelle partie des Tours Vermeilles se tient la Compagnie rouge ? demanda Horacio. — Je ne sais pas, balbutia Casilda. — Tu ne le sais pas? — Non ! — Tu mens ? — Mais... — C'est la mort de celui que tu aimes que tu vas décider, — Je ne sais pas ! »

Casilda savait, mais elle ne voulait plus parler. La crainte lui avait d'abord délié la langue, mais la réflexion la retenait maintenant. Ce qu'on lui demandait était une trahison. Horacio saisit un pistolet, l'arma, et saisissant la jeune fille par la main, il lui appuya le canon sur la poitrine.

« Toi, d'abord ; lui ensuite, dit-il. Réponds, ou tu es morte ! Dans quelle partie des Tours Vermeilles se tient la Compagnie rouge ? »

Casilda se tordit les bras. Horacio fit un froncement de sourcils menaçant. Il était évident qu'il allait faire feu !

« Dans le souterrain, balbutia Casilda, vaincue par la crainte. — Ce souterrain est situé sous le monument lui-même, n'est-ce pas ? — Oui, senor. — Vous voyez bien, s'écria triomphalement don Horacio, que vous n'avez rien à me cacher ! Par où y pénètre-t-on ? — Oh ! ne me torturez pas plus longtemps ! — C'est tout ce que je vous demande, répondez ! pensez à celui que vous aimez, songez que c'est sa mort qui est dans votre bouche fermée ; parlez, sa vie dépend de vos paroles. La vôtre est dans une hésitation ! — Eh bien ! dit vivement Casilda, c'est par la porte de sûreté qu'ils ont exécutée dans la maçonnerie de la grande salle du bas. — C'est exact, dit don Horacio à son frère en lui adressant un coup d'œil significatif. — Et où se trouve cette porte, répondez ! ajouta don Ramero. — Dans l'encoignure, à gauche de la grande porte d'entrée des tours Vermeilles. — Enfin ! nous les tenons ! s'écria don Horacio incapable de se contenir plus longtemps. — Rodolfo ! dit don Ramero, vous répondez de cette jeune fille, gardez-la à vue; je vais prévenir don Sevilla et donner des ordres pour l'attaque de demain. »

Casilda fut terrifiée en présence de cette joie subite.

» Mais vous ne saviez donc rien! s'écria-t-elle à demi folle. — Silence! Tu viens de racheter ta vie, ne me fais pas repentir de ma générosité! — Paquo! mon pauvre Paquo! me pardonneras-tu jamais! » dit Casilda sanglotant, pendant que Rodolfo l'entraînait en la soutenant dans ses bras et en mordant frénétiquement le poil de sa longue moustache.

XLVIII

LE CONSEIL DE GUERRE.

Lorsque les cris déchirants de Casilda se furent éteints dans la longue enfilade d'appartements que Rodolfo lui fit parcourir au sein de cette maison déserte, don Horacio jeta sur son frère un coup d'œil vainqueur.

« Eh bien, mon frère, que pensez-vous maintenant? lui dit-il; croyez-vous que nous tenions enfin l'Encarnado damné et sa bande? — Certes, je le crois, dit don Ramero dont les passions engourdies par la crainte commençaient à se réveiller. — Nous n'aurions donc pas besoin de passer sous les humiliantes fourches caudines que voulaient nous imposer le père Pascual d'abord, et, en dernier lieu, ce médecin bizarre. — Tout nous réussit à merveille, dit don Ramero qui renaissait à la confiance. Ce médecin vous a sauvé la vie dans un but qui, au lieu de servir à vos ennemis, ne profite qu'à nous. — Enfin, je vous reconnais, mon frère, dit don Horacio. Or, franchement, quelle reconnaissance pensez-vous que je doive éprouver pour un homme qui ne m'arrache à la mort que parce qu'il a cru que ma vie pouvait être utile à la cause qu'il soutient? — Vous avez raison, répondit don Ramero comme s'il se rendait à l'évidence, et nous aurions dû depuis longtemps nous emparer, vous de ce père Pascual, et moi de ce damné médecin. — Croyez-moi, mon frère, nous avons sagement agi en ne le faisant pas. Le père Pascual, lorsqu'il est venu me trouver pour m'adresser les propositions humiliantes que vous connaissez, était revêtu de l'habit de son ministère. — Qu'est-ce que cela fait? — Eh! vous savez bien qu'en Espagne on ne touche pas impunément à ce qui fait partie de l'Eglise. — Qui l'aurait su? — Ceux pour qui il est venu négocier cette paix inutile. Mais vous-même, pourquoi ne pas vous être emparé de ce médecin? — Je ne m'explique pas trop moi-même; j'ai subi, malgré moi, l'ascendant exercé par ce personnage étrange. — Vous le voyez bien! — Puis, je l'eusse fait s'il n'eût pas eu votre vie entre les mains. — Mais depuis que je suis rétabli? — Il y a cinq jours à peine, et grâce au cordial qu'il vous a donné en dernier lieu. — Donc c'était bien le moment. — Non, car depuis deux jours il n'est pas revenu; vous lui avez montré les preuves constatant la mort d'Inès qu'il voulait vous enlever et j'avoue qu'à ce moment-là il pouvait encore disposer de votre sort. Un médecin comme celui-là tient entre ses mains la vie de ceux qu'il traite, et, de même qu'il a des remèdes souverains qui guérissent, il doit avoir aussi des moyens prompts et sûrs d'anéantir ceux qu'il veut faire disparaître. — Soit! nous avons sagement agi tous les deux, dit don Horacio convaincu. Le ciel nous protége et a voué à la mort la famille des Urdova pour faire triompher la nôtre dans la lutte que vous avez commencée il y a vingt ans contre l'indifférence de dona Sabina. — Oh! ne me rappelez pas cette femme! Depuis que j'ai appris qu'elle a appartenu à un autre qu'à moi, son nom seul me rend fou! Je sais bien qu'elle n'a cédé qu'à la violence, et que ce n'est pas son amour qui s'est donné à Zumala-Carregui, mais ce tableau déchirant me poursuit partout, et je hais don Fernando de toute la grandeur du crime involontaire qu'a commis sa mère! — Calmez-vous, mon frère, dans peu d'heures nous allons avoir raison de ce damné bandit qui nous maltraite depuis près de quinze jours! »

La conversation des deux frères fut interrompue par l'arrivée de don Juan Ramero et du commandant don Sevilla que Rodolfo avait fait prévenir. Ils entrèrent dans la chambre du colonel pour prendre les nouveaux ordres que celui-ci allait sans doute leur donner.

« Avons-nous enfin obtenu un résultat? demanda don Juan Ramero. — Oui, mon neveu, asseyez-vous, et vous aussi, don Sevilla, car nous avons à causer longuement de cette importante affaire. Nous avons découvert le secret des bandits dans les Tours Vermeilles. — C'est donc là qu'ils sont? demanda don Juan. — Oui, nous ne nous étions pas trompés. — J'en étais sûr! dit don Juan, et cependant je n'ai rien pu découvrir. — Demain matin, sans plus tarder, nous commencerons l'attaque, mais il faut combiner notre plan, de manière à ne pas nous exposer inutilement et à perdre le moins d'hommes possible.

— Eh! que nous importe! s'écria impétueusement don Ramero. — Mais vous n'y songez pas, mon oncle! répondit don Juan ; l'Encarnado a entre les mains mes trois cousines, et il faut que nous les lui arrachions à tout prix. — Nous les sauverons en exterminant ces bandits. — Vous supposez donc, interrompit don Sevilla, que la Compagnie rouge n'usera pas de ses moyens de défense. — Cela dépend, dit don Ramero. — Mais il certain, au contraire que l'Encarnado se fera de vos nièces une arme terrible ! — Si nous pressons trop les bandits, dit don Juan, si nous ne leur laissons aucun moyen de salut, ils tueront Dolorès, Carmen et Lola, et nous aurons fait une campagne inutile, car la vie de ces brigands nous importe peu, et le salut de Dolorès, de Carmen et de Lola nous intéresse davantage que l'existence de la Compagnie rouge tout entière. — Don Juan dit vrai, répondit don Horacio ; nous avons les mains liées, et notre devoir est d'agir avec fermeté, mais avec prudence. J'ai hâte d'embrasser ma pauvre fille. — Et don Luis Ramero ne se console pas d'avoir perdu ses enfants, ajouta don Juan. — Par où peut-on pénétrer dans le repaire de ces brigands ? demanda don Sevilla. — Par une porte secrète cachée dans l'épaisseur de la muraille même des tours. — Et il n'y a pas d'autre issue ? — Non. — Alors, la prudence dont vous parliez est de plus en plus nécessaire, dit don Sevilla, et je prévois que nous serons forcés de parlementer. — Pourquoi ? — Parce que notre régiment tout entier serait anéanti sans résultat. Le nombre de nos soldats n'y fera rien, s'ils sont forcés de se présenter deux à deux au feu d'un ennemi adroit ; nous les perdrons tous, l'un après l'autre. — Alors, dit vivement don Ramero, nous enfumerons leur tanière. — Et vos nièces ? dit don Sevilla. — Vous tuerez donc aussi du même coup mes cousines? ajouta don Juan. — Le plan que nous voulions former est impossible, dit don Horacio ; il faudra agir suivant que les circonstances nous le diront. — C'est mon avis, dit don Sevilla. — Le mien aussi, » dit don Juan.

Quant à don Ramero, il laissa retomber sa main sur ses genoux avec un air de chagrin et de découragement profond ; il avait espéré mieux que ce qui était ! Don Horacio s'en aperçut et lui dit :

« Que voulez-vous, mon frère ? Je suis père avant tout, et je ne puis pas immoler ma fille. Nous ne devons pas nous cacher que nous soyons sous la dépendance de l'Encarnado ! Poussons l'attaque jusqu'à ses dernières limites, mais sachons aussi nous inspirer des résultats que nous obtiendrons pour diriger notre conduite. Réfléchissez que nous sommes en présence de gens qui n'ont aucun ménagement à garder, qui sont habitués à commettre tous les crimes. — Comptez vous donc pour rien le découragement qui s'emparera d'eux, répondit don Ramero, quand ils verront que leur retraite est découverte, et qu'ils n'ont plus de salut, même dans la fuite ? Ils sont hommes comme nous ; ils ont leurs appréhensions, leurs passsions, et pourquoi n'en ferions-nous pas la part à notre avantage, comme nous le faisons pour nous-mêmes ? — C'est précisément parce qu'il est impossible de prévoir ce qui pourra résulter du choc de ces passions diverses que je prétends qu'il est impossible de rien décider, et qu'il faut tout attendre des événements, répliqua don Horacio. — En somme, que ferons-nous, mon oncle ? je demande vos ordres. — Nous n'avons qu'une chose à tenter, c'est de faire en sorte de les surprendre ; ce soir donc, nous prendrons nos dispositions ; mais nous devons bien nous garder de nous montrer aux Tours Vermeilles avant l'heure que nous aurons arrêtée pour l'attaque. Si les bandits nous apercevaient, ils se tiendraient sur leurs gardes, et notre secret ne nous servirait plus à rien qu'à tenter un siége meurtrier, dans lequel l'infériorité serait évidemment pour nous. — Ainsi donc, dit don Juan, nous allons donner l'ordre à nos soldats de se tenir prêts à partir avant le jour. — Oui, répondit don Horacio ; si nous pouvons pénétrer dans le souterrain qu'occupe la Compagnie rouge sans donner l'éveil à l'Encarnado, notre besogne sera plus qu'à moitié faite. — Oui, dit don Ramero, mais il n'y faut pas compter ; vous avez pu voir vous-même qu'ils se tiennent sur leurs gardes. — Maintenant, mon frère, dit don Horacio en s'adressant à don Ramero, qui de nous deux commandera l'attaque des Tours Vermeilles ? — Ce sera vous, mon frère. — J'avais pensé à vous céder ce commandement en raison de droit d'aînesse. — Je n'accepte pas, répondit don Ramero, le régiment que vous avez amené est à vous ; il est habitué à recevoir vos ordres, et... — N'êtes-vous pas colonel comme moi ? — C'est vrai, mon frère ; mais outre que vos soldats vous appartiennent vous avez un jeu à défendre dont j'aime mieux vous laisser la responsabilité que de l'assumer moi-même. — Quel enjeu, mon cher Ramero ? — Je veux parler de votre fille qui est au pouvoir de l'Encarnado. Vous trouverez au fond de votre cœur de père des ressources que je ne saurais avoir, et au besoin l'indulgence, qui me manquerait peut-être pour les criminels que nous allons châtier. — J'accepte à ce titre seulement que Dolorès est ma fille ; mais promettez-moi, si par malheur je suis tué, que vous prendrez le commandement de nos troupes. — Je m'y engage, mon frère. — Vous avez entendu, don Sevilla et vous, don Juan, dit don Horacio. — Oui, répondirent en même temps les deux jeunes gens. — Vous obéirez à mon frère comme vous le feriez à moi-même, telle est ma volonté. Allez vous préparer à l'attaque, ce soir j'irai vous rejoindre. — Ne craignez-vous pas d'être encore un peu faible? demanda à son frère don Ramero. — Faible, moi! Mais ne voyez-vous pas mon œil s'animer, mon visage s'empourprer à la seule idée de punir don Fernando et de retrouver ma fille! Ne craignez rien, mon ami, je me sens fort, et ce médecin a vraiment accompli un miracle, je le prouverai. »

XLIX

UNE IDÉE FIXE.

Pendant que s'agitent à Grenade ces graves questions, pendant que Casilda, prisonnière des Ramero verse toutes les larmes de son corps, et songe à son pauvre Paquo qu'elle a sauvé, mais a tous les malheureux qu'elle a perdus sans possibilité de les prévenir ; revenons aux Tours Vermeilles auprès de Dolorès, qui est toujours jeune et énergique, et de ses deux cousines Carmen et Lola, que cette captivité a brisées. Depuis deux jours déjà elles avaient trouvé à leurs peines un grand adoucissement, grâce aux soins de l'Encarnado qui leur avait donné Casilda. Les attentions délicates et la gaieté de la jeune fille avaient réussi à dérider parfois le front de Dolorès ;

elle se consacrait à la servir avec un tel empressement qu'on aurait pu croire qu'elle lui était attachée depuis longtemps. L'Encarnado à la suite de la scène violente qu'il avait eue la veille avec Andrès, l'avait fait garder à vue. Mochuelo n'avait pas quitté le jeune homme : il avait déploré avec lui la rigueur de son maître : mais comme il s'était fait une loi d'obéir aveuglément à Fernando, il s'était résigné.

« Donc, disait Andrès en frémissant, je suis prisonnier. — Que voulez-vous, senor ! l'Encarnado l'a voulu, répondit Mochuelo. — Mais tu ignores la cause de ma captivité ! — Je ne veux même pas la savoir. — Tu aurais agi comme je l'ai fait. — C'est possible, mais je me serais arrêté moi-même, si l'Encarnado me l'eût ordonné. Croyez-moi, senor Andrès, non-seulement il est plus fort, mais encore il est meilleur que vous. — Je ne m'étonne pas que tu le défendes. — Et moi je ne m'étonne pas que vous le blâmiez. Il vous aime, soyez-en certain, il est resté dix-huit-mois à vous attendre sans vouloir rien faire en votre absence, et il avait la partie belle cependant. Mais il l'a bien plus belle encore, et il refuse de la jouer. C'est impossible ! — Je te le jure ! — Je crois moi qu'il ne veut pas la jouer comme vous le voudriez, mais jamais vous ne me ferez supposer un instant qu'il y renonce complétement. Tu vas en juger... — Je ne veux rien savoir, cela ne me regarde pas ! Je dis seulement qu'il faut que vous l'ayez bien poussé à bout, pour le forcer à agir contre vous ainsi qu'il l'a fait ; car après sa sœur, vous êtes celui qu'il aime le plus au monde. Qui voulez-vous qui le sache, si ce n'est moi ? A qui croyez-vous qu'il se confiait quand vous parcouriez l'Espagne à la poursuite d'Inès ? A moi encore! Qui donc a été confident de ses chagrins, de ses espérances? Moi, toujours moi! C'est pourquoi je vous dis, senor Andrès, qu'il faut que vous ayez été bien imprudent ou bien ingrat pour avoir fait oublier à l'Encarnado une amitié comme celle qui l'unissait à vous. Il faut que vous l'ayez oubliée vous-même! »

Les raisonnements de Mochuelo étaient-ils pourvus d'arguments convaincants? la colère d'Andrès s'évanouissait-elle comme les fumées de l'ivresse que le sommeil dissipe? Ce qu'il y a de certain c'est que le lendemain Andrès regrettait les paroles amères qu'il avait prononcées et qu'il était bien résolu à chercher l'occasion d'une explication nouvelle avec Fernando. L'Encarnado lui aussi, regrettait sa violence de la veille. Il se rappelait ce qu'avait souffert Andrès, ce qu'il devait souffrir encore, et il se disait que la colère l'avait aveuglé. Aussi appelant Mochuelo, lui donna-t-il l'ordre de lui amener le prisonnier. Quand les deux anciens amis furent en face l'un de l'autre :

« Andrès, lui dit l'Encarnado, j'ai cédé hier à un mauvais mouvement, je veux réparer ma faute, tu es libre à dater de ce moment. »

Andrès fut vivement ému, il arrivait à don Fernando avec les mêmes intentions, c'était lui qui avait tous les torts et c'était son ami qui s'excusait auprès de lui.

« Je reconnais bien là ta générosité, dit-il après un silence, mais si j'accepte la liberté, c'est pour rester auprès de toi. Les paroles cruelles que j'ai prononcées hier m'ont fait plus de mal qu'elles n'ont pu t'en faire, et je les regrette sincèrement. — Laisse-nous seuls, Mochuelo, dit l'Encarnado. — Je t'abandonne le soin de poursuivre comme il te plaira ta vengeance, reprit Andrès d'une voix ferme. Je te sais le cœur trop grand pour oublier que ton père et ta mère ont été les victimes de la haine des Ramero. — Oh! ne le crains pas, dit l'Encarnado en relevant la tête. — Songe, lui dit Andrès, que tu es le dernier rejeton d'une famille noble et illustre et que tu portes le nom des Urdova. Que don Urdova ne soit pas ton père, cela peut malheureusement être vrai, mais ta mère n'a pas été coupable ; en présence du nom que tu portes, tu n'en as pas d'autre à défendre, et tous ceux qui te connaissent s'étonneraient de voir que tu laisses dans l'ombre un passé que tout doit te rappeler douloureusement. — Je le sais, Andrès, mais je ne puis me résoudre à me faire le bourreau de ces jeunes filles que j'ai enlevées à l'amour de leur famille, et qui ne sont pas responsables des crimes de leurs parents. — Si j'ai tant insisté hier, répondit Andrès, si je voulais que Dolorès fût sacrifiée malgré toi, dont l'amour voulut la défendre, c'est que la pensée de la mort d'Inès m'avait rendu fou. Je la voyais torturée par don Horacio, et je voulais tuer sa fille comme il avait tué ta sœur ma fiancée. — J'ai compris maintenant le sentiment qui te faisait agir, et il y a quelques mois à peine, Andrès, j'eusse été le premier à tuer froidement Dolorès. Mais maintenant... — Oui! maintenant tu souffres, tu es changé, tu n'es plus le même ! Tu as vu Dolorès! tu as voulu lui inspirer l'amour, et tu n'as obtenu que son mépris. Et c'est toi qui brûles maintenant de cet amour fatal qui enchaîne ton bras et ta volonté, qui fait de toi l'esclave, là où tu devrais être le maître ! — Ne m'accable pas, Andrès, je suis bien assez puni! — Agis à ta guise, don Fernando, rend si tu le veux à leur indigne famille ces trois jeunes filles que tu as enlevées, mais s'il m'est permis de te donner un conseil, moi que tu as nommé ton ami, si tu ne veux pas qu'elles servent d'instrument à notre vengeance, garde-les du moins pour ta sécurité ! Le repos dans lequel on nous laisse depuis quelques jours ne me fait rien présager de bon. Quand le tigre dort, il a faim au réveil, et ses ravages sont terribles ! — Et qu'ont-ils donc de si redoutable ces Ramero ! n'aurais-je pas pu les tuer déjà si je l'eusse voulu? et toi Andrès, n'aurais-tu pas pu le laisser fusiller, cet Horacio, lorsqu'il fut pris par les carlistes, au lieu d'aider Rodolfo à le sauver ! — Je n'ai accompli cet acte de dévouement que pour savoir où était ta sœur, Fernando, parce qu'il me fallait des nouvelles d'Inès et que par nul autre que lui je ne pouvais en avoir — Il n'en est pas moins vrai qu'il te doit la vie, comme il la doit en ce moment au père Pascual. Il a été deux fois arraché à la mort dans le même but : la première fois, tu as échoué, la seconde fois le révérend père a pu obtenir de lui les papiers constatant la mort de ma pauvre sœur ! Crois-moi, Andrès, laisse-moi suivre les inspirations que Dieu m'envoie, et ferme l'oreille à celles qui te sont suggérées par la colère. Un jour ou l'autre nous serons récompensés certainement de ce que nous avons souffert jusqu'ici, et plus grandes seront nos afflictions, plus douces seront nos consolations. — Agis à ta guise, don Fernando ; mais puisque ma voix amie peut se faire entendre, laisse-moi te renouveler le conseil de garder tes prisonnières pour notre sécurité même. »

L'Encarnado aperçut alors Paquo qui marchait silencieusement, la tête baissée, sous l'empire de tristes pressentiments. Il s'arrêtait parfois, écoutant les bruits qui s'agitaient autour de lui, comme s'il eût cherché à reconnaître un frémissement familier, puis, n'entendant rien, il reprenait sa marche. L'Encarnado l'appela, Paquo s'avança vers lui.

« Et Casilda? lui demanda le chef de la Compagnie rouge. — Elle n'est pas revenue ! — Depuis quand ? — Depuis deux jours déjà, dit Paquo en poussant un profond soupir. — Elle est sans doute à Grenade. — Je suis allé à la ville hier soir, et personne ne l'a revue depuis le jour où elle est partie avec moi pour les Tours Vermeilles. — Que penses-tu, alors ? — Je dis qu'elle est morte ou prisonnière aussi. — Tu réponds d'elle ? — Comme de moi ! — Casilda, dit l'Encarnado en s'éloignant, c'est singulier ! »

Comme il disait ces mots, il lui sembla entrevoir dans l'ombre du souterrain la silhouette d'une femme qui paraissait vouloir se glisser inaperçue. L'Encarnado pressa le pas, croyant que c'était peut être cette Casilda dont il parlait tout à l'heure ; il l'atteignit facilement, l'arrêta doucement par le bras, et reconnut Dolorès. Son étonnement fut grand de la trouver à cet endroit.

« Comment se fait-il que je vous rencontre si loin du lieu où vous vous tenez habituellement? lui demanda-t-il. — J'avais besoin de marcher un peu. — Quelqu'un vous aurait-il manqué de respect? dit l'Encarnado en portant la main à sa ceinture dans laquelle étaient passés de magnifiques pistolets ornés de splendides arabesques. — Non, senor, personne, grâce à vous, n'a eu ce triste courage. — Permettez-moi donc de vous suivre jusque dans votre réduit, car le jour vient à peine de naître, et ma guerilla doit dormir encore. — Je l'ignore, je ne suis pas allée plus loin, je ne connais pas cet immense souterrain, j'aurais craint de m'y perdre. — Ne cherchiez-vous pas à fuir? — Croyez-vous donc, répondit fièrement Dolorès, que j'accepterais la liberté ou que je la prendrais, si mes cousines ne devaient pas en jouir comme moi ? Je n'aurais pas cette lâcheté. »

L'Encarnado s'arrêta subitement. Le caractère de celle qu'il aimait se trahissait encore dans les orgueilleuses et énergiques paroles qu'elle venait de prononcer. Il laissa donc Dolorès poursuivre sa route, la salua et la suivit à une certaine distance, jusqu'à ce qu'il l'eût vue regagner le recoin un peu moins obscur dans lequel se trouvaient Carmen et Lola. Alors il s'arrêta pour contempler le groupe gracieux formé par les deux sœurs. Elles s'étaient endormies dans les bras l'une de l'autre, et le sommeil les avait surprises dans des réflexions que leur pose laissait deviner. Carmen, blonde enfant fatiguée par les larmes qui s'échappaient constamment de ses yeux, était toute pelotonnée dans les bras de Lola ; elle s'était endormie sous l'influence d'une crainte anxieuse qui se reflétait encore dans sa pose timide. Lola avait une attitude non moins gracieuse, mais tout aussi attristée. Elle souriait de ce sourire qui dut errer sur les lèvres des martyrs de la foi, au moment de leurs plus cruelles souffrances ; il y avait dans l'ensemble de ses traits une expression ascétique trahissant la sainte résignation et la douleur poignante. C'était l'ange de la mélancolie avec son sourire divin et sa douce tristesse. C'était un pénible tableau pour un homme comme don Fernando, et il en souffrait d'autant plus que ses dispositions actuelles étaient bonnes et généreuses. Il se représenta les souffrances de ces innocentes victimes que ses passions surexcitées avaient faites, et il eut horreur de lui-même, comme s'il eût été le bourreau de ces adorables créatures. Ses forces succombèrent à tant d'émotions douloureuses qui se succédaient ; il se décida à suivre sur-le-champ les inspirations qui l'assaillaient depuis quelques jours et qui avaient provoqué de la part d'Andrès tant de colère et d'indignation que leur amitié en avait été ébranlée. Il est bien vrai qu'Andrès était revenu à la raison, comme don Fernando était revenu à sa générosité habituelle ; mais les idées du fiancé d'Inès s'étaient adoucies et atténuées, au fond elles n'avaient pas changé! Il venait de conseiller encore à l'Encarnado de garder les jeunes filles. Pourtant celui-ci voulait les sauver, et le tableau qui vint s'offrir à sa vue renversa toutes ses hésitations ; il se résolut à le faire, à l'insu d'Andrès et du père Pascual, qui lui-même partageait l'avis d'Andrès.

L

QUI PROUVE QUE MOCHUELO AVAIT RAISON.

Ce fut dans ces pensées que l'Encarnado s'avança vers Dolorès et lui demanda de lui accorder un entretien ; elle y consentit noblement.

« Senora, lui dit l'Encarnado, j'ai réfléchi et je ne veux plus vous faire souffrir cruellement, vous, pour ceux que je voulais punir, et je ne veux pas avoir plus longtemps sous les yeux un spectacle qui me navre le cœur. — Parlez plus bas, senor. — Ne craignez rien, vos cousines dorment encore, et nous sommes seuls dans cette partie du souterrain des Tours Vermeilles. — Permettez, senor ;

avant de vous écouter, j'aurais une question à vous adresser. — Parlez! — Pourquoi nous avoir enlevé la charmante maja qui nous a servies pendant deux jours? — Je ne puis vous l'expliquer. — Ah! encore un mystère! — Oui; mais cette fois, le mystère ne vient pas de moi, puisque je ne puis comprendre moi-même pourquoi son absence se prolonge ainsi. — Elle n'est donc pas revenue? — Non, senora, sans cela vous l'eussiez revue. — Où est-elle, alors? — Je l'ignore, senora; je l'ai fait rechercher hier soir. Paquo est allé chez elle, mais elle n'a pas reparu. — Que peut-elle être devenue? — Je vais vous parler sans détour. Je crains qu'elle ne se soit laissée prendre par les espions que mes ennemis ont semés sur la route. — Qui appelez-vous vos ennemis? — Je ne puis vous le dire, senora; mais dès aujourd'hui, je m'assurerai si mes craintes sont fondées. — Cela vous est-il si facile? — Oui, senora, j'ai moi-même un homme dévoué dans la maison de ceux dont je veux parler. — Ah! fit Dolorès avec dégoût. — Bien que ces explications vous répugnent, je suis forcé de vous les donner. Vous ne comprenez pas, et vous ne pouvez même pas comprendre dans quelle intention je soutiens cette guerre acharnée. Mais vous savez qu'en temps de guerre, les espions sont de première nécessité. — Je n'insiste plus, senor, vous pouvez parler. — Je vous disais donc, senora, que le rôle de geôlier ne me convenait plus, et que je voulais y renoncer. — Me rendriez-vous donc la liberté? — Oui, senora. — Et à mes cousines aussi? — Sans doute. Pourquoi les ferais-je souffrir plus que vous? — Alors, parlez! quel moyen pouvons-nous employer! — Le moyen serait bien simple si ma volonté était seule engagée, je n'aurais qu'à l'ordonner, mais j'ai quelques susceptibilités à ménager, quelques amis dont les idées diffèrent des miennes et que je désire ne pas heurter de front ; je voudrais donc que votre fuite s'accomplît à leur insu. — Je comprends ! répondit Dolorès ; mais quand ? — Sur l'heure, si vous le voulez. »

Dolorès regarda l'Encarnado.

« J'accepte, dit-elle, afin de ne pouvoir douter de votre générosité si vantée à Grenade. — Ah ! ne me remerciez pas ! dit l'Encarnado en se détournant, je n'aurais plus la force d'accomplir ce que j'ai commencé. — Laissez-moi réveiller Carmen et Lola. — J'attends vos ordres, senora. »

L'Encarnado se recula de quelques pas jusqu'à ce que Dolorès le rappela.

« Nous sommes prêtes, dit-elle. — Suivez-moi ! dit Fernando. — Alerte ! mes sœurs, dit Dolorès, nous allons enfin être libres ! »

L'Encarnado les précédait de quelques pas ; il parcourut avec elles l'étendue du souterrain, évitant de passer aux endroits où se trouvait la Compagnie rouge qui était debout dans une grotte immense, devant laquelle ils glissaient, protégés par l'ombre qui les enveloppait. Grâce aux feux que les guerilleros avaient allumés, Dolorès put voir de loin ces figures rébarbatives. Elle tenait dans chacun de ses bras l'une de ses cousines, les protégeant comme l'eût fait une mère, contre les dangers invisibles qui planaient au-dessus d'elles. Un frisson involontaire parcourut le corps des jeunes filles en apercevant les bandits, et en voyant leurs armes reluire auprès d'eux aux reflets rougeâtres du feu autour duquel ils étaient réunis.

Au bout de dix minutes de marche, l'Encarnado suivi de ses prisonnières, était arrivé à l'extrémité du souterrrain. Il ne leur restait plus à parcourir qu'une espèce de couloir sombre et étroit pouvant mesurer au plus deux cents ou deux cent cinquante pas.

« Vous êtes libres, senoras, dit Fernando en se retournant vers Dolorès. — Oh merci ! s'écrièrent à la fois trois jolies voix. — Silence ! » fit l'Encarnado.

Il s'arrêta en étendant la main et se mit à écouter attentivement.

« Qu'y a-t-il? dit Dolorès. — Ecoutez ! » dit l'Encarnado.

Un bruit sourd se faisait entendre. C'était comme ce murmure confus qui s'élève de la foule, c'était comme ce bruit monotone qui s'échappe d'un énorme coquillage lorsqu'on l'approche de son oreille.

« C'est le vent qui souffle dans les tours. » fit observer Dolorès. Chacun retenait son haleine, les poitrines étaient oppressées, les esprits étaient tendus.

« Mon Dieu ! dit l'Encarnado à demi-voix, faites qu'il soit encore temps! — Que voulez-vous dire ? s'écria Dolorès qui l'avait entendu. — Je crains que nous ne soyons cernés. — Par qui ? — Par mes ennemis. Avançons ! »

L'Encarnado fit quelques pas en avant, puis il s'arrêta de nouveau ; deux coups de feu avaient ébranlé les voûtes du souterrain. L'écho les répercuta en roulements sourds dans les grottes qui se succédaient, et une voix forte poussa ce cri.

« Alerte, amigos ! »

En un instant, la Compagnie rouge se précipita à l'entrée du souterrain. C'étaient les deux sentinelles qui avaient fait feu en voyant apparaître à la porte d'entrée les uniformes des soldats de la reine. L'Encarnado comprit qu'il était attaqué ; son premier soin fut de mettre à l'abri les trois jeunes filles qu'il avait voulu sauver ; il regagnait donc avec elles le réduit le plus reculé, lorsqu'il rencontra Mochuelo.

« Soutiens l'attaque jusqu'à mon retour, dit-il, je vais revenir ! »

Il poursuivit sa route jusqu'à l'endroit sûr dans lequel il avait, dès leur enlèvement, relégué les prisonnières, et se mit en devoir de les quitter.

« Pardonnez-moi, senoras, dit-il, mais je cours me mettre à la tête de mes hommes, je ne m'appartiens pas ici ! — Soit ! dit Dolorès, mais jurez-moi que vous reviendrez avant de tirer un coup de fusil. — Je vous en donne ma parole, senora. — Allez donc ! »

L'Encarnado s'éloigna et revint au bout de quelques minutes. — Eh bien ! lui dit Dolorès, pouvons-nous fuir encore ? — Bientôt ! je l'espère, répondit l'Encarnado en s'efforçant de sourire. — N'essayez pas de me tromper, senor, vous savez que si je suis femme, j'ai le courage d'un homme. — Je le sais, senora, mais.... — Il est inutile de vouloir m'en imposer ; je veux savoir ce que nous devons craindre. — Rien pour vous ! — Mais vous ! — Les ennemis m'attaquent. — Ah ! — Et je dois mourir avec les miens ! — Restez, don Fernando, j'ai à vous parler. »

L'Encarnado était stupéfait. Comment Dolorès avait-elle pu lui donner ce nom et qui avait pu l'en instruire ? Aurait-il été trahi par un des siens ? Serait-ce une vengeance d'Andrès ? Les mépris de Dolorès s'adressant à l'Encarnado, l'humiliaient, mais s'ils s'adressaient à don Fernando, ces mépris le tueraient.

« Par qui êtes-vous attaqués? dit Dolorès. — Par les soldats de la reine. — Ils sont commandés par mon père, par mon oncle, et par don Juan? — Sans doute! — Alors vous êtes perdus! — Peut-être! — Ne me cachez rien! Vous êtes perdus! — Hélas! dit l'Encarnado, nous n'avons plus qu'à mourir, mais soyez sans crainte, vous serez respectées, je vais donner des ordres en conséquence, et vous retrouverez les vôtres. — Vous n'avez donc pas la ressource de la fuite? — Fuir, moi, l'Encarnado! dit-il avec une mâle énergie, puis comme s'il eût jugé qu'il était impossible qu'on le crût plus longtemps, il continua: d'ailleurs la fuite est impossible! Je ne regrette rien pour moi qui dois mourir ici, mais pour ces malheureux, qui, pour me sauver, se feront tuer jusqu'au dernier. —Alors, écoutez-moi, don Fernando. »

Il releva sur elle ses yeux ardents, essayant de lire au fond de sa pensée ce que Dolorès allait lui révéler, l'anxiété la plus vive se peignait sur son visage ; Carmen et Lola, non moins étonnées du nom que leur cousine venait de prononcer, se tenaient immobiles, tandis que la fusillade faisait entendre au loin ses sourds grondements.

« Je sais qui vous êtes, je sais que vous appartenez à une noble famille, et je sais ce que vous avez souffert par les miens.

— Mais qui donc a trahi ma confiance? — N'accusez personne, senor, n'accusez que moi! Ce matin j'avais résolu d'avoir avec vous une dernière et loyale explication, je m'étais dirigée du côté où je savais vous rencontrer, lorsqu'un bruit de voix a frappé mon oreille, j'ai écouté, j'ai tout appris. »

L'Encarnado se taisait.

« Je connais, continua Dolorès, toutes les haines que vous avez contre ma famille ; je sais que votre père et votre mère ont été tués par mon oncle ; que votre sœur a été tuée par mon père ; aussi je comprends votre haine, et je vous pardonne ce que vous nous avez fait souffrir en présence des tortures que vous avez subies vous-même. »

L'Encarnado était visiblement ému. Un frémissement agitait tout son être. Sa main droite s'appuyait sur son cœur, comme s'il eût voulu en comprimer les battements. Il était très-pâle. Il fit un geste, mais Dolorès l'arrêta.

« Je n'ai pas fini, don Fernando, reprit-elle, et, si étranges que vous sembleront les confidences que j'ai à vous faire, ne vous en étonnez pas ! Vous connaissez la droiture et la franchise de mon cœur ; je vous dois bien quelques dédommagements aux tourments que mon vain orgueil vous a infligés. »

L'Encarnado était pénétré d'une joie ineffable qu'il ne s'expliquait pas, il se recueillait dans le silence, plein d'aspirations tendres et passionnées. — Vous pouvez ôter votre masque, senor don Juan Ramero, reprit Dolorès en s'adressant à l'Encarnado, car depuis longtemps moi je vous ai reconnu. — Que dites-vous ! s'écria l'Encarnado transporté, en arrachant son masque rouge. — Je dis, Fernando, reprit gravement Dolorès, que depuis trois mois je vous aime, que j'étouffais mon amour sous le poids de mon mépris, tant que je vous ai pris pour un bandit vulgaire ; mais, en face de la mort qui nous tend les bras, maintenant que je connais l'histoire de votre malheureuse famille, que je sais que votre bras est armé pour la vengeance, je vous pardonne et je vous aime ! Je suis Corse,

Fernando, le sang de Guila Bariotti coule dans mes veines, et je sais que parfois la vengeance est sainte ! »

Fernando s'était mis à genoux et tenait dans ses mains celles de Dolorès qu'il couvrait de baisers.

« Relevez-vous, lui dit-elle, ce n'est pas à mes pieds que doit être l'homme que j'aime, c'est devant moi, la main dans la main. Que Dieu me pardonne à mon tour cet amour qu'il m'a inspiré pour vous, don Fernando ! Il sait que je suis restée étrangère aux luttes qui ont divisé nos familles; il sait que j'ai vécu loin de mon père qu'un amour étranger a séparé de moi dès ma plus tendre enfance. J'aurais pu croire, si j'avais appris plus tôt les secrets que j'ai découverts aujourd'hui, qu'il m'avait choisie pour être le lien destiné à réunir dans une seule deux familles divisées par la haine ; mais en présence de la mort qui vous menace, en présence de l'attaque qu'on vous livre en ce moment et dont l'issue n'est pas douteuse je viens vous dire : Fernando, depuis longtemps je vous aime, depuis longtemps je comprime les battements de mon cœur, aujourd'hui la mort est là et l'amour est plus fort, et puisque nous ne pouvons pas vivre pour nous aimer, unissons-nous du moins dans l'éternité : je vais mourir avec vous ? — Non ! s'écria Fernando, non, je veux vivre pour vous sauver, pour faire de notre avenir une longue suite de bonheurs ! Il ne sera pas dit que j'aurai toujours porté malheur à ceux qui m'ont aimé. Vivez, Dolorès, vivez ! je mourrai seul, si je ne puis vivre pour vous aimer ! — Vous êtes insensé, Fernando, vous ne voyez donc pas quel abîme nous sépare sur la terre ! Tenez, ajouta-t-elle en étendant le bras et en s'approchant de la crevasse par où le jour pénétrait et qui dominait l'abîme béant au-dessous des Tours Vermeilles, là est la mort, là est l'éternité ! Une éternité d'amour et de repos ! — Oh ! vous avez raison, Dolorès, notre amour est de ceux qui sont à l'étroit sur cette terre ; à nous l'éternité, à nous la mort qui nous affranchit de ces entraves ! »

Et Fernando, à demi-fou, oubliant le bruit de la fusillade qui retentissait jusqu'à lui, entraîna la jeune fille. Ils s'avancèrent sur le bord du précipice, et leurs âmes se confondirent dans un long embrassement. Ils allaient s'élancer, quand un bruit épouvantable retentit dans le souterrain ; l'air fut déchiré par le cri échappé en même temps à Carmen et à Lola. Dolorès se retourna pour jeter un dernier regard à ses sœurs, mais elle saisit vivement la main de l'Encarnado et l'entraîna dans l'intérieur de la grotte.

LI

LE SIÈGE.

Ce bruit qui avait ébranlé les échos du souterrain était produit par la lutte de deux hommes contre quelques bandits. L'un, don Horacio, était blessé et faible ; l'autre était Rodolfo que Mochuelo tenait en échec. Rodolfo écumait de rage, et ses mains crispées étreignaient son ennemi, mais le poignet de Mochuelo était un étau dans lequel il était serré à étrangler ; de plus, Mochuelo était armé et Rodolfo ne l'était plus. Mais même à armes égales, le gigantesque Rodolfo eût été forcé de reconnaître la supériorité physique de son antagoniste, de beaucoup plus petit que lui cependant, mais plus vigoureusement taillé. Andrès était debout devant don Horacio, pâle de courroux, l'œil menaçant, animé du feu du combat. Le cri qui était échappé à Carmen et à Lola, qui avait fait retourner Dolorès au moment où elle allait mourir, avait été causé par la présence de don Horacio couvert de sang et de poussière.

« Ah! disait Andrès à don Horacio, tu es enfin en ma puissance, lâche tourmenteur de femmes! Eh bien! tu vas expier toutes les tortures que tu as infligées à Inès : je vais te faire mourir dans les angoisses ! »

Don Horacio ne pouvait répondre, mais il écumait de rage. La fusillade grondait toujours au loin comme un orage sourd:

« Approchez, dit Andrès à deux ou trois bandits; vous allez saigner cet homme aux quatre membres et le laisser mourir comme un chien. — Faites vite, bourreaux! dit don Horacio. — Oh! tu essayes de rire en présence de la mort, infâme! dit Andrès que la colère aveuglait et qui voulait garder son sang-froid, mais ma vengeance sera ingénieuse pour trouver les tortures! Tu as tué Inès! Il faut que la vie s'arrache de toi par lambeaux horribles!
— Tuez-moi !

— Grâce! s'écria Rodolfo quand il vit les deux bandits se préparer à exécuter l'ordre que leur avait donné Andrès. — Que voulez-vous? dit Andrès. — Je puis vous rendre Inès si vous consentez à sauver mon maître, » dit Rodolfo tout d'une haleine.

C'est à ce moment que Dolorès et l'Encarnado rentrèrent dans la grotte. Dolorès se précipita vers son père; mais les bandits l'arrêtèrent.

« Retirez-vous, lui dit Andrès; ce n'est pas ici votre place — Sauvez-le, je vous en supplie! dit Dolorès à

Fernando. — Je vous le promets ! » répondit l'Encarnado.

Il s'avança alors vers Rodolfo et lui dit :

« Je ne suis pas un tourmenteur, mais tu as dit que tu pouvais nous rendre ma sœur ; je te jure que si tu ne parles pas, ton maître va mourir sur l'heure. »

Et il saisit un de ses pistolets.

« Oui ! dit Andrès à son ami, cette fois tu es un homme !
— Que faites-vous ? s'écria Dolorès. — Laissez-moi, » lui dit tout bas l'Encarnado en faisant le geste de la repousser.

Carmen et Lola tremblaient comme une feuille morte que le vent va emporter.

« Parle; dit l'Encarnado à Rodolfo. — Je te le défends! » s'écria don Horacio.

L'Encarnado arma son pistolet. Le coup sec du ressort de la batterie produisit sur Rodolfo un effet merveilleux.

« Inès vit ! » s'écria-t-il.

Don Horacio écumait de rage.

« Rodolfo, tais-toi ! hurla-t-il, j'aime mieux mourir ; ne dis rien ! »

L'Encarnado fit un mouvement pour ajuster don Horacio.

« Où est-elle ? dit-il à Rodolfo. — Dans un couvent. — Lequel ? — Celui de San-Francisco. — Où cela — A Jaën. — Surveillez le prisonnier, dit l'Encarnado ; mais songez qu'il doit vivre ! ma parole est engagée, ajouta-t-il sévèrement ; j'ose croire que personne ici ne me désobéira. »

Un silence complet annonça que les ordres qu'il venait de donner seraient exécutés ; et l'Encarnado s'éloigna lentement pour aller rejoindre Dolorès que la vue de son père suffoquait. Don Horacio avait été atteint d'une balle dans les côtes. La blessure par elle-même était insignifiante ; mais l'état de faiblesse dans lequel il se trouvait avait anéanti ses facultés, et ne lui avait laissé qu'un sentiment toujours vivace : c'était sa haine pour don Fernando et pour Andrès. Lorsqu'il se vit désobéi par Rodolfo, sur qui il croyait devoir le plus compter, et qui, en somme, s'était dévoué pour sauver son maître, la rage de Horacio ne connut plus de bornes. Elle atteignit un paroxysme effrayant lorsqu'il sentit ses ennemis maîtres du secret qu'il aurait voulu leur cacher. Il se souleva sur le coude, et, l'écume aux lèvres, il regarda Rodolfo atterré.

« Misérable ! s'écria-t-il, ne pouvais-tu pas me laisser mourir ! Rendre Inès ; mais je préfère qu'on m'arrache le cœur et les entrailles ; jamais je ne te pardonnerai, Rodolfo, tu es un traître ! »

Il fut étouffé un instant par les flots de sang que cette colère furieuse faisait monter à sa bouche.

« Lâche ! continua-t-il, tu ne sais donc pas voir mourir un homme ? Le seul homme en qui j'aie eu confiance, c'est lui qui me trahit ! Niais ! tu as donc cru me sauver ? Tu ne vois donc pas que la rage et la colère m'étouffent ! »

Rodolfo était atterré ; il mordait sa moustache, et peu s'en fallait qu'il ne pleurât.

« Oh ! je vais mourir, je le sens ! » continuait don Horacio. Dolorès se précipita vers lui ; l'Encarnado regardait cette scène ; il avait le cœur brisé.

« Ma fille ! s'écria le blessé ; ma fille, viens près de moi que je t'embrasse ; viens ! Non, va-t'en ; ce n'est pas ma fille qu'il me faut, c'est Inès. Inès que je vais perdre et que Fernando et Andrès vont reprendre ! Où est-elle ? Qu'on me la rende ! Tu ne profiteras de rien. Fernando ;

je veux vivre ; je te l'arracherai membre par membre ! Et Andrès, qu'il ne la voie pas ! Mon Dieu ! s'ils allaient s'aimer ! — Calmez-vous, mon père, dit Dolorès surmontant l'effroi que lui inspirait l'état de surexcitation fébrile dans lequel était Horacio ; calmez-vous. Vous vivrez, vous reverrez Inès ; mais je vous en supplie, ne criez pas ainsi ; ménagez vos forces. — Tu me trompes aussi, toi, ma fille ! Mais tout le monde a donc juré de me trahir à l'heure de la mort. Patience ! mes soldats vont pénétrer jusqu'ici, je vous ferai pendre tous ! Rodolfo aussi, c'est un misérable et un traître ! — Mais vous savez bien, mon, père que Rodolfo vous aime ; qu'il vous a sauvé la vie deux fois lorsque vous étiez prisonnier des carlistes. S'il a révélé la retraite de votre femme c'est encore pour vous sauver ! Il vous aime ; c'est votre meilleur ami ! — Lui, mon ami, Rodolfo ? L'infâme, où est-il ? Il se cache ; sans doute il a peur ! Rodolfo, viens ici, ton maître te l'ordonne ; approche ! Ah ! te voilà, parjure ! Regarde-moi bien : je te méprise ! Va-t'en, Rodolfo ; va-t'en, je te m... »

Rodolfo qui s'était approché en tremblant, comme un chien que son maître veut corriger, se recula épouvanté devant le visage pâle et livide de don Horacio. Mais le ciel n'avait pas permis que la malédiction de don Horacio tombât sur ce serviteur fidèle, et la mort avait brusquement arrêté sur les lèvres du blessé furieux, les paroles terribles qui allaient s'en échapper. Don Horacio était retombé inanimé dans les bras de sa fille qui le soutenait. Cette mort horrible causa une sensation étrange au cœur de Dolorès. Au lieu de ces douces larmes qu'elle aurait dû laisser couler, l'horreur s'empara d'elle, elle se recula craintive et vint s'abriter dans les bras de l'Encarnado.

Elle regardait avec un tremblement nerveux, cette face défigurée par la rage et qui s'était refroidie peu à peu, et avait conservé cette expression farouche qu'elle avait déjà lorsque la mort l'avait frappée. Elle songeait avec douleur que son père ne lui avait pas adressé une parole d'affection ou de regrets. Dolorès était terrifiée. Lorsque cette crainte nerveuse se fut calmée peu à peu et qu'elle se trouva dans les bras de l'Encarnado, qui la consolait, elle eut un mouvement brusque, comme si elle eût été réveillée en sursaut, elle s'éloigna vivement, puis les souvenir, affluèrent à son cerveau.

« Je vous le disais bien, que nos amours ne sont pas de cette terre, s'écria-t-elle ; voici encore un abîme entre nous, ajouta-t-elle en montrant le cadavre de son père.

— Vous avez raison, Dolorès, reprit Fernando, et pourtant je suis heureux que vous me rendiez cette justice que ce n'est pas moi qui l'ai tué, et que j'ai fait tout au monde pour l'arracher à la mort. — Oui, Fernando, je suis fière de votre amour, je vous le jure, mais je sens aussi que cet amour m'est défendu. Je vous aime, je puis vous le dire, mais je ne serai jamais à vous, j'en fais le serment sur le cadavre ensanglanté de mon père. »

Fernando se recula avec égarement. La fusillade éclatait plus vive encore dans les Tours Vermeilles. Fernando ne paraissait pas entendre, Tout à coup une résolution subite sembla s'emparer de son esprit. Il saisit Dolorès, l'embrassa étroitement ; puis, s'arracha d'auprès d'elle et s'élança vers l'endroit où combattaient ses *guerilleros*. Andrès, Mochuelo et les quelques bandits qui les avaient accompagnés disparurent, glacés de terreur, après la mort de don Horacio. Mochuelo plaça Rodolfo en lieu sûr. Quant à Andrès, il connaissait maintenant l'endroit où sa fiancée était enfermée, et elle était libre ! Il fallait à tout prix qu'il fût vainqueur pour la retrouver ! Il s'élança donc en furieux à la tête des assiégés. Mais don Ramero avait pris la direction du siége après la disparition de son frère, ainsi que cela avait été convenu entre eux la veille. La Compagnie rouge avait faibli un instant, privée de ses chefs, la vue d'Andrès la ranima. Une centaine de soldats conduits par don Ramero, étaient parvenus à pénétrer dans le souterrain. Andrès comprit que tout était perdu, si le régiment entier pouvait les suivre. Il se précipita donc à la tête de la Compagnie et fit un carnage épouvantable de ceux qui se trouvaient à sa portée. Bientôt, grâce à ses énergiques exhortations, les bandits reprirent l'offensive. L'avantage était pour eux. Ils connaissaient parfaitement les localités, tandis que les soldats qui arrivaient du dehors se trouvaient plongés dans une obscurité à laquelle leurs yeux n'étaient pas habitués comme ceux des brigands qu'ils combattaient sans les voir. Aussi se trouvaient-ils exposés presque sans défense aux coups de leurs ennemis ; ils tiraient au hasard et les balles passaient en sifflant au-dessus des bandits agenouillés dont chaque coup de carabine abaissée était accompagné, du côté des soldats, de la chute d'un corps ou d'un cri déchirant. Bientôt les guerilleros les pressèrent vivement ; la navaja d'une main, le pistolet de l'autre, ils s'avancèrent pour les forcer à évacuer l'entrée du souterrain. C'est alors que l'Encarnado tomba comme la foudre au milieu d'eux. La présence de cet homme qui était leur Dieu, les éclats de sa voix puissante, les encouragements qu'il prodiguait à chacun, les excitèrent à ce point que bientôt les corps amoncelés des victimes devinrent un rempart suffisant pour garantir les assiégés et pour empêcher le reste des assiégeants de pénétrer à la suite de leurs camarades. Ce résultat, si beau qu'il fût, ne suffisait pas à Andrès ni à l'Encarnado, ils voulaient reconquérir leur liberté. Ils avançaient donc, escaladant les cadavres entassés, approchant peu à peu de la porte fatale par laquelle avait pénétré le régiment de don Horacio. Mais la résistance était opiniâtre. Ce qui restait de soldats commandés par don Ramero, encouragés par les cris de leurs amis, se défendaient héroïquement et les bandits chancelaient à leur tour, en voyant tomber autour d'eux les cadavres des plus braves membres de la Compagnie rouge. L'Encarnado et Andrès s'agitaient comme des démons dans cette atmosphère de sang, et leur voix se faisait entendre, dominant le bruit de la fusillade et les cris des mourants.

LII

LE PARLEMENTAIRE

Le combat continuait dans le cercle restreint où il était enfermé, mais il n'en était que plus acharné. Don Ramero avait entendu la voix de l'Encarnado dominant celle des autres, et la haine l'avait mordu au cœur avec telle violence qu'il perdit toute prudence pour se jeter sur lui.

« Je vous trouve enfin, dit-il à l'Encarnado, votre dernière heure a sonné, don Fernando Urdova! »

En même temps, il abaissa son pistolet et en dirigea le canon sur l'Encarnado. Mais à côté de Fernando, il y avait deux hommes qui veillaient sur lui, c'étaient Paquo et Mochuelo. L'un d'eux aperçut le mouvement que venait de faire don Ramero, et se précipita au-devant du coup qui allait atteindre son maître. Le coup partit, et l'homme qui s'était élancé, tomba aux pieds de l'Encarnado frappé mortellement d'une balle qui ne lui était pas destinée ; mais il avait sauvé celui auquel il s'était dévoué. Don Ramero, vit l'Encarnado debout et menaçant encore, et se jeta sur lui avec une frénésie furieuse, mais avant qu'il ne l'eût atteint, il tombait à son tour au millieu des morts et des blessés entassés sur la terre humide de sang. Celui qu'il venait de blesser s'était relevé, et dans un effort suprême il avait plongé sa navaja tout entière dans le cœur de don Ramero ; puis il était retombé en disant ces seuls mots :

« Vous prierez pour Mochuelo, maître ! »

Les soldats étaient encore une fois privés de leur chef, ils ne savaient plus que faire et se laissaient impitoyablement massacrer, tandis que le reste du régiment demeurait inactif et l'arme au bras dans les Tours Vermeilles. Ils ne pouvaient pas en effet pénétrer dans l'intérieur du souterrain. La retraite sonna donc et le reste des cent hommes qui avaient pu réussir à pénétrer dans le repaire de la compagnie rouge, rejoignit le détachement. Ils étaient à peine quinze ou vingt. L'Encarnado en voyant tomber Mochuelo, avait en effet ressenti une telle fureur qu'il s'était précipité en aveugle au plus fort de la mêlée. Paquo se trouvait toujours à sa gauche prêt à subir le même sort que son infortuné camarade ; le lieutenant avait pris la droite de l'Encarnado, la place qu'occupait si dignement Mochuelo ; la défense du bandit était réellement héroïque. L'Encarnado était splendide à voir ! En peu de temps, le souterrain fut déblayé, les soldats de la reine tombaient comme des mouches sous la grêle de coups que leur distribuaient leurs ennemis. Leur panique était à son comble, et la retraite avait sonné à temps pour sauver ce qui restait du détachement commandé tout à l'heure par Ramero. Tout à coup un silence morne remplaça la fusillade meurtrière qui résonnait depuis une heure environ ; les assiégeants se consultaient. L'Encarnado quitta momentanément le théâtre sanglant sur lequel il s'agitait tout à l'heure ; il ordonna à son lieutenant de fermer la porte secrète et de la barricader solidement, puis il courut rassurer les jeunes filles et apprendre à Dolorès le résultat de sa victoire. Il la trouva assise auprès du cadavre de son père ; pas une larme ne coulait de ses yeux ; on eût dit la statue de la Douleur. Lorsqu'elle vit venir à elle l'Encarnado, les narines dilatées, l'œil ardent, couvert de sang, elle eut un mouvement de frayeur qu'elle eut peine à réprimer. Pourtant, elle triompha de ce sentiment involontaire, et lui lança un coup d'œil interrogateur.

« Je triomphe ! lui dit l'Encarnado, mes ennemis en déroute ont évacué le souterrain et vont sans doute quitter les Tours Vermeilles. — C'est impossible ! dit Dolorès. — Je vous le jure ! — Je ne crois pas que don Ramero ait ainsi renoncé à sa vengeance ! — Don Ramero est mort. — Lui aussi ! Et c'est vous qui l'avez tué ! — Non, il s'est jeté sur moi animé d'une fureur sauvage, il m'a menacé d'un coup de pistolet et j'allais mourir, quand Mochuelo s'est élancé. Le coup qui m'était destiné a frappé mon malheureux ami qui s'est affaisé sur lui-même, don Ramero se précipitait sur moi quand Mochuelo s'est relevé, et lui a enfoncé dans le cœur sa navaja tout entière. — La mort, s'écria Dolorès, toujours la mort! — Cela s'est accompli en si peu d'instants que je n'ai pas eu le temps de faire un mouvement, dans la même seconde j'ai vu don Ramero s'élancer, et je l'ai vu tomber.

— Ah! dit Dolorès, Dieu n'a pas permis qu'il survécût à ceux que nous avons perdus! Résignons-nous à sa volonté sainte, Fernando nous aurons pour nous les joies de l'éternité! Loin des passions humaines qui corrompent le cœur, dégagés des entraves que le monde impose, nous jouirons de la félicité parfaite que le ciel réserve aux élus.

— La malédiction de don Urdova me poursuivra donc jusque dans la tombe! s'écria Fernando.

— Ne blasphémez pas, Fernando, songez aux dangers auxquels vous venez d'échapper miraculeusement, et ne prononcez le nom du Seigneur que pour le remercier.

— Oh! c'est que la douleur m'égare! Je suis fou! Vous voir, vous aimer, me sentir aimé par vous, et trouver cette barrière infranchissable, la haine de deux familles qui subsiste même au delà du tombeau! Si comme moi depuis six ans vous subissiez tous les jours la même torture, si la plaie au lieu de se cicatriser était excitée chaque jour par le fiel et la haine, vous comprendriez; Dolorès, pourquoi le calice déborde, et pourquoi dans certains moments j'en arrive parfois à douter de la divine Providence!

— Résignons-nous, Fernando, et songez à la consolation qui vous reste dans votre malheur que mon amour vous appartient tout entier, et que je ne serai jamais à d'autre puisque je ne puis être à vous! »

Andrès arriva près d'eux.

Le même silence continuait à régner dans les Tours Vermeilles depuis que l'attaque tentée par les soldats de la reine avait été victorieusement repoussée par l'Encarnado et par la *Compagnie rouge*.

« Qu'y a-t-il? demanda l'Encarnado à Andrès.

— Les ennemis nous demandent à parlementer.

— Que veulent-ils?

— Je l'ignore encore, mais don Juan demande à pénétrer ici pour s'entretenir avec toi, pourvu que tu lui donnes ta parole.

— Amène-le, Andrès, et dis-lui bien qu'il est aussi en sûreté ici, que s'il était auprès de sa mère. »

Dolorès regardait l'Encarnado d'un air inquiet, elle semblait vouloir deviner ses pensées, et craindre un nouveau malheur.

« Rassurez-vous, Dolorès, lui dit l'Encarnado, j'ai donné ma parole de gentilhomme. »

Andrès et Paquo arrivèrent conduisant chacun par une main don Juan Ramero qui avait les yeux bandés.

Sur un signe de l'Encarnado, ils lui ôtèrent le bandeau qu'on lui avait mis par prudence, et les deux sosies se trouvèrent en présence.

« On vient de m'apprendre, dit l'Encarnado, que vous aviez demandé à me parler, je me suis empressé d'acquiescer à vos désirs. Que puis-je faire? parlez!

— J'ai réclamé votre parole, dit don Juan Ramero, parce que je sais que vous n'êtes pas homme à y manquer, et surtout parce que j'ai jugé préférable de traiter avec vous seul à seul la question délicate que j'ai à vous soumettre. — Expliquez-vous, senor don Juan.

— Je commencerai par rendre hommage à votre bravoure, et à celle de vos soldats. Commandés par vous, leur résistance ne pouvait qu'être terrible, nos pertes récentes l'ont bien prouvé.

— Ensuite? car ceci, je pense, n'a aucun rapport avec ce que vous aviez à me communiquer.

— Vous allez en juger. Après la mort de don Horacio, et celle de don Ramero, mes oncles, le commandement de notre expédition revenait à don Sevilla, je n'ai rien fait pour l'usurper. C'est lui qui est venu me trouver ; il m'a fait observer, que le but de notre campagne étant, avant tout, de retrouver mes cousines que je vois auprès de vous, il était bien plus naturel que ce fût moi qui me chargeasse de poursuivre l'œuvre, j'ai accepté avec joie.

— Ah! dit l'Encarnado, pourquoi avec joie? Vous me haïssez donc bien!

— Au contraire, senor, je vous connais de réputation depuis fort longtemps, je n'avais jamais vu votre visage à découvert, bien que j'aie déjà eu l'honneur de me trouver avec vous; mais je savais que vous étiez un des plus fermes soutiens du parti carliste, et que vous étiez un galant homme. — Je vous remercie, senor don Juan Ramero, dit l'Encarnado, mais je ne comprends pas.

— C'est pourquoi, continua don Juan Ramero, en s'inclinant, c'est pourquoi je suis venu vous trouver sur la foi de votre parole. — Après? s'écria Andrès.

— Vous comprendrez parfaitement, senor, reprit don Juan Ramero que je ne veux pas renoncer à une entreprise dont l'issue ne saurait être douteuse pour moi, mais j'ai résolu de ne pas exposer inutilement la vie des hommes que je commande, et qui mourraient l'un après l'autre grâce à l'avantage de votre position, sans que j'aie pour cela conquis un pouce de terrain. »

Paquo paraissait fort étonné de la manière de procéder

du senor don Juan. L'Encarnado attendait tranquillement.

« J'ai donc résolu, dit don Juan, de vous prendre par la famine, et d'établir autour de vous un blocus sévère, ainsi qu'on le ferait pour une ville imprenable. »

Andrès pâlit visiblement.

« Senor, dit l'Encarnado, vous continuerez votre œuvre comme il vous plaira, et j'avoue que les confidences que vous venez de me faire ont lieu de m'étonner, je ne vous les demandais pas.

— Je le sais, mais j'ai pensé qu'avec un homme de votre caractère et de votre loyauté, la loyauté était la seule arme que je dusse employer, c'est pourquoi j'ai désiré m'expliquer avec vous.

— Je vous remercie encore de m'avoir jugé ainsi, et je vous jure que vous employez en effet le meilleur moyen pour me convaincre, s'il était jamais possible que je fusse convaincu.

— Peut-être! reprit don Juan Ramero. En somme, je n'ai qu'un but en continuant le siége des Tours Vermeilles, ce but vous le comprendrez sans peine. Je veux rendre à leur père, Carmen et Lola, et Dolorès orpheline à son oncle. Je ne sais pas dans quel but vous les avez arrachées à l'amour d'un vieillard qui ne vivait que par elles, et qui, toute sa vie, est resté étranger aux luttes politiques, et j'oserais presque dire, aux passions qui soulèvent parfois le cœur des hommes. »

A mesure que don Juan parlait, le cœur d'Andrès se gonflait de joie, il songeait à Inès qu'il pourrait revoir et aimer! Paquo songeait à Casilda! il était toujours triste, le brillant *majo!*

« J'ai donc osé espérer, continua don Juan, que vous consentiriez à rendre ces prisonnières que vous ne pouvez avoir la pensée de torturer, et que nous pourrions ainsi terminer, sans verser plus de sang, une affaire dans laquelle la vie de douze cents hommes environ se trouve fatalement compromise. »

L'Encarnado restait abimé dans ses réflexions, il voyait Dolorès violemment séparée de lui sans espoir de la revoir jamais, il eût cent fois préféré la mort ! D'un autre côté, il envisageait forcément cette sorte de capitulation sous le côté avantageux qu'elle présentait. Pouvait-il en effet sacrifier à sa passion égoïste la vie de ses hommes qu'il pouvait sauver d'un mot, et qui depuis deux ans lui avaient prodigué tant de preuves d'affection et de dévouement.

Andrès le voyait hésiter, mais il comprenait tout ce qu'avait d'honorable et d'heureux la proposition de don Juan.

Il alla donc appeler à son aide le P. Pascual qui pendant toute cette scène de carnage n'avait pas cessé de prier à deux genoux le Dieu de miséricorde et de bonté.

Mis par Andrès au courant de la situation, le père intervint brusquement dans l'entretien suprême des deux capitaines.

Son costume, son visage austère ennobli par la prière et par le rôle de paix et de conciliation qu'il voulait essayer de remplir, s'il en était temps encore, firent sur tous ceux qui étaient présents une profonde impression.

« Parlez, dit-il à don Juan Ramero, quelles sont les conditions auxquelles vous désirez que ces jeunes filles vous soient rendues.

— Je ne suis pas venu ici en vainqueur, mon père, dit don Juan, je veux éviter l'effusion du sang, et pour vous prouver à quel point je désire résister, et combien je tiens à rendre mes cousines à leur famille, je laisse à l'Encarnado le soin de dicter lui-même les conditions qu'il voudra en échange de la liberté de ses prisonnières.

— Merci pour vos paroles, jeune homme ! répondit le P. Pascual, vous êtes jeune et vous êtes bon, vous avez échappé aux passions mauvaises qui ont entraîné la catastrophe dans laquelle vos deux oncles ont été frappés par le bras d'un Dieu juste ! Merci ! »

Puis se tournant vers l'Encarnado, le P. Pascual ajouta ! »

« Vous voyez, mon enfant que les voies de la Providence sont grandes et impénétrables ; répondez ! »

L'Encarnado demeurait silencieux.

« Songe à Inès ! lui dit Andrès.

— Ma pauvre Casilda ? s'écria Paquo. »

LIII

LA CAPITULATION

L'Encarnado s'approcha lentement de don Juan, et regardant ceux qui l'entouraient, il leur dit avec un sourire de résignation :

« Soyez contents, mes amis ! »

Puis s'adressant à don Juan, il ajouta :

« Senor, je vous sais gré de votre généreuse franchise mais vous comprendrez que j'ai comme vous des intérêts à défendre, des hommes à ménager, et qu'il me faut par conséquent une capitulation honorable.

— Soyez certain que je l'accepte d'avance, si elle n'a rien qui puisse blesser mon courage ou mon honneur.

— Vous avez eu trop de confiance en ma loyauté, senor don Juan, pour que je vous expose à une pareille honte.

Je vous rendrai donc vos cousines (et un profond soupir sortit de sa poitrine), mais à la condition d'une amnistie complète pour les miens. — Et pour vous, senor ?

— Oh ! pour moi, je ne demande rien ! Ma vie est finie en ce monde, mes illusions sont tombées, mes chères espérances que je caressais doucement se sont évanouies, mon bonheur est détruit ! Vous ferez de moi ce qu'il vous plaira ! — Vous serez libre, plus que tout autre, senor, répondit gravement don Juan.

— A quoi bon ! ne vous faut-il pas une victime pour justifier votre conduite. »

Dolorès s'était approchée de l'Encarnado.

« Vivez ! lui dit-elle tout bas, je le veux ! »

L'Encarnado la contempla d'un air désolé.

« Jurez-moi, continua-t-elle, que vous vivrez, quoi qu'il arrive, je le veux !

— Je le jure ! dit l'Encarnado après une hésitation nouvelle, mais dominé par le regard de la jeune femme.

— Quoi qu'il arrive ? — Je vous le jure ! Dolorès.

— C'est bien ! Fernando, je vous aime ! »

Andrès, le P. Pascual et Paquo s'approchèrent pour faire changer la décision de l'Encarnado.

« Personne n'acceptera la vie si vous refusez vous-même de la prendre, » dit le P. Pascual.

L'Encarnado embrassa Andrès, serra la main du P. Pascual et dit à Paquo, avec des larmes dans la voix:

« Oh ! mon ami, tu m'es dévoué toi, et Fabian Christoval sera content !

— Tout ce que je vous demande, senor, répondit Paquo, moitié riant, moitié pleurant, c'est de me faire rendre ma Casilda ! — Sois tranquille, mon ami ! »

Don Juan assistait plein d'émotion à ces scènes diverses.

Bien qu'il n'eût rien compris de ce que Dolorès avait pu dire, lorsqu'il vit l'Encarnado entouré par tant de preuves d'amitié qu'il était forcé de se rendre, il s'écria :

« Eh bien, senor, c'est convenu ! Dès à présent, la Compagnie rouge peut quitter les Tours Vermeilles, j'en donnerai l'ordre. Qu'elle se retire en silence, et nous aurons rempli un devoir d'humanité qui nous soulagera le cœur ! — Et Casilda ? demanda Paquo.

— Elle vous sera rendue, dit don Juan, elle est là tremblante que vous ne lui pardonniez pas d'avoir révélé votre secret.— C'est donc elle qui a parlé ? dit Paquo vivement. — Elle y a été contrainte, mon ami, rassurez-vous; elle a besoin plutôt d'être consolée que punie, vous allez l'embrasser. Allez dire à don Sevilla que je le demande. »

Don Sevilla entra bientôt suivi de Casilda et Paquo qui s'étreignaient dans un doux embrassement.

Un grand silence se fit.

« Senor don Sevilla, dit don Juan, j'ai heureusement mené à fin cette malheureuse expédition. Vous allez faire ranger votre régiment de manière à laisser un vide par lequel sortira la Compagnie rouge sans que l'on touche aux vêtements d'un seul homme, sans qu'un murmure se fasse entendre. Cela fait, vous viendrez me prévenir et nous ramènerons à Grenade les jeunes filles que nous sommes venus chercher.

— Mais cela est impossible, senor don Juan ! s'écria don Sevilla, laisser sortir ces hommes avant que l'on vous ait rendu les prisonnières !

— J'ai la parole de l'Encarnado, et puisque je me contente de cette parole, elle doit vous suffire, allez ! »

Don Sevilla s'éloigna soumis, mais peu convaincu.

L'Encarnado fit venir alors dans cette vaste partie du

souterrain la compagnie à laquelle il commandait depuis deux ans.

« Mes amis, leur dit-il, vous êtes libres! Mais avant de me séparer de vous, j'ai voulu vous témoigner toute ma gratitude pour l'abnégation et le dévouement que vous n'avez cessé de me témoigner. Votre courage a été soumis à de rudes épreuves, et toujours il en est sorti vainqueur. Tous les sacrifices que je vous ai demandés, vous les avez accomplis; toutes les fatigues que je vous ai fait endurer, vous les avez supportées sans vous plaindre, vous avez été pour moi des amis et non des serviteurs! C'est donc l'ami qui vous remercie et dont vous emportez les regrets sincères. Puissiez-vous en me quittant trouver le bonheur que je ne puis vous donner! Rentrez au sein de vos familles, vous y trouverez les baisers d'une mère, la tendresse d'un père ou les caresses d'une épouse : soyez heureux! Emportez de moi le souvenir que je garde de vous, mes vœux auront été exaucés. Adieu!

— Vive l'*Encarnado*! vive! » hurla la Compagnie rouge d'une seule voix.

Ce qu'on aura peut-être peine à comprendre, c'est que parmi ces hommes endurcis, il en était plus d'un à qui les larmes étaient venues aux yeux, et dont le cœur se brisait à l'idée de quitter le capitaine.

Pourtant, il fallut se décider, et la *Compagnie rouge* défila en poussant un dernier hourra en l'honneur de l'*Encarnado*.

Puis un grand silence se fit.

L'*Encarnado* restait seul dans le souterrain des Tours Vermeilles.

Auprès de lui s'étaient groupés le P. Pascual, Andrès et Paquo.

Don Juan rassurait Carmen et Lola, qui souriaient à l'idée de voir enfin le beau ciel bleu de l'Andalousie et les plantes aimées de leur délicieux jardin.

Dolorès seule restait préoccupée. Elle était en proie à une agitation d'autant plus vive qu'elle essayait de la contenir. Elle marchait lentement et comme au hasard.

Elle arriva ainsi près de la crevasse au bord de laquelle elle allait tout à l'heure chercher la mort avec l'*Encarnado*.

Tout à coup, avant qu'on eût pu rien prévoir de ce brusque mouvement, elle se retourna, et envoyant à Fernando un baiser dans lequel se concentra son âme entière, elle lui dit:

« Fernando! je t'aime, et tu m'as juré de vivre! »

Puis s'adressant à don Juan Ramero:

« Don Juan, s'écria-t-elle, je suis libre, me voilà. »

Et elle s'élança dans l'abîme!

Un grand silence se fit, les spectateurs de cette mort horrible semblaient paralysés, un faible cri sembla monter du fond du précipice et murmurer le nom de Fernando, puis tout rentra dans le calme.

La brise continua de balancer dans les airs les branches des arbustes en fleur, le soleil dardait toujours ses rayons dorés, le ciel bleu souriait à la nature.

Dolorès était morte!

La douleur de l'*Encarnado* fut de celles que la plume est impuissante à décrire.

Il voulut s'élancer et mourir avec celle qu'il aimait, mais d'un geste le P. Pascual le retint.

« Fernando! dit-il, tu lui as juré de vivre! »

Alors Fernando tomba dans les bras du P. Pascual en proie à un accablement profond. Ses larmes coulèrent sur le saint habit du moine, amères et abondantes, un frisson convulsif agita son corps, comme celui d'un enfant que le chagrin dévore.

C'était de toutes les scènes auxquelles on venait d'assister la plus douloureuse et la plus poignante! Chacun détournait la tête pour essuyer une larme.

Don Juan avait tout compris.

Andrès avait pris la main de son ami qui la serrait avec frénésie, sans pouvoir proférer une parole. Les deux grands yeux de l'Encarnado le regardaient à travers un déluge de larmes, et à cette vue, sa douleur éclatait plus bruyante, car Andrès lui rappelait son amour pour Dolorès et ses luttes auxquelles il avait donné lieu.

« Mon fils, dit le P. Pascual à l'Encarnado, il est un refuge ici-bas pour ceux que Dieu a violemment éprouvés, et qu'il veut consacrer à son service par un baptême de douleurs. Venez avec moi, don Fernando, vous trouverez dans les joies de la prière l'adoucissement à tant de maux! Vous vous recueillerez dans la retraite pour songer à votre passé, et pour offrir à celui qui a souffert pour nous, l'holocauste de vos douleurs! C'est une sainte mission, croyez-moi, que celle qui consiste à verser dans les cœurs malades le baume de la parole divine! Plus on a été éprouvé, plus l'on sait trouver les paroles qui consolent et cicatrisent les blessures morales! Venez avec moi, mon fils, venez pauvre orphelin, vous réunir à la grande famille dont notre Dieu est le père! Venez, il vous donnera la force de supporter avec résignation les coups dont il se plaît parfois à frapper l'orgueil des hommes. »

L'Encarnado se laissa entraîner sans mot dire par le P.

Pascual qui le soutenait vaillamment comme inspiré d'un feu sacré.

Ils disparurent dans les profondeurs du souterrain.

Le lendemain il n'était bruit dans Grenade que de la défense héroïque de la Compagnie rouge, défense tellement énergique qu'on avait dû subir les conditions qu'avait imposées l'Encarnado.

FIN.

Wassy. — Imp. Mougin-Dallemagne.

www.ingramcontent.com/pod-product-compliance
Lightning Source LLC
Chambersburg PA
CBHW050904230426
43666CB00010B/2012